《瑶学论丛》编委会

主　　编：李建盛
委　　员：（以姓氏笔画为序）

万汝青　王明生　王宪昭　车玉钦　朱雄全　任　涛
许文清　刘晓萍　刘朝善　李少梅　李建盛　李筱文
杨显茂　张华兵　张劲松　周大鸣　周生来　周龙江
赵金春　盘　淼　盘美花　盘金祥　黄爱平　黄　海
黄　晋　黄志坚　黄贵权　曾长春　蓝芝同　潘雁飞
魏佳敏

李建盛 ◎ 主编
中国瑶族文化传承研究中心组编

瑶学论丛
（第五辑）

四川民族出版社

图书在版编目(CIP)数据

瑶学论丛. 第五辑 / 李建盛主编. -- 成都：四川民族出版社，2023.5
 ISBN 978-7-5733-1070-5

Ⅰ.①瑶… Ⅱ.①李… Ⅲ.①瑶族-民族文化-中国-文集 Ⅳ.①K285.1-53

中国国家版本馆 CIP 数据核字（2023）第 018503 号

YAO XUE LUN CONG·DI WU JI

瑶学论丛·第五辑
李建盛　主编

出 版 人	泽仁扎西
责 任 编 辑	周文炯
出　　　版	四川民族出版社
地　　　址	四川省成都市青羊区敬业路 108 号
邮 政 编 码	610091
联 系 电 话	（028）80640534
制　　　版	潇湘悦读文化研究会（湖南读书会）
印　　　刷	长沙市精宏印务有限公司
成 品 尺 寸	185mm×260mm
印　　　张	20
字　　　数	320 千字
版　　　次	2023 年 5 月第 1 版
印　　　次	2023 年 5 月第 1 次印刷
书　　　号	ISBN 978-7-5733-1070-5
定　　　价	98.00 元

■著作权所有·侵权必究

前　言

　　2021年，是"十四五"开局之年，全面建设社会主义现代化国家新征程开启之年。为助力瑶族地区乡村振兴，加快高质量发展，中国瑶族文化传承研究中心及中共江华瑶族自治县委、江华瑶族自治县人民政府以"铸牢中华民族共同体意识，培育以爱国主义为核心的民族精神，研究探讨如何从少数民族文化中汲取营养，加强提炼、阐发、弘扬，为培育和践行社会主义核心价值观提供更多文化养分"等七个方面为研究主题，面向全国范围征集评选论文，并邀请国内瑶学研究专家学者参加论文撰写和学术研讨，共收到全国各地来稿73篇。经组织专家评选，评出优秀论文14篇，入选论文33篇，现结集出版，以供学术交流。

　　限于时间和人力，该书疏漏难免，敬请读者批评指正。

《瑶学论丛》编委会

文献编

虞陵"地脉"的生态文化治理空间
——《虞陵纪要》封禁主题的解释 ………………………… 周　欣 002
论瑶族神话的分类体系、情节模式与思想特质 …………………… 沈德康 010

源流编

盘王其人及其生活年代探析 ………………………………………… 黄盛全 028
过山瑶（勉）漂洋过海迁徙考 ………………………… 郑德宏　郑艳琼 042
古代濮人、陆浑戎与楚、瑶之间的关系 …………………………… 冯金陵 047
简述通城古瑶举族南迁的主要原因 ………………………………… 胡中甫 057
瑶族图腾的起源与演变 ……………………………………………… 曹长春 062

民俗编

从"食为天"到"食为尚":江华瑶族粑粑的民俗文化特征考察
.... 周生来 周梦瑶 070
江华瑶族自治县潇江湾村传承划龙船文化习俗考 .... 唐德雄 077

开发编

江华姑婆山何仙姑信仰文化研究暨旅游点策划 .... 刘佳音 刘翼平 086
通过文化振兴丰富和打造乡村振兴的内涵特色
　　——以江华瑶族自治县争创全国乡村振兴示范县为例 .... 黄志坚 096
文化寻根与故事创生
　　——试论"瑶族姑娘"竹筒饭文化品牌创意与策划 .... 魏佳敏 102
象征创造与文化表达
　　——"醉喜多"作为过山瑶文化象征的意义及应用 .... 林　源 108
瑶族民间手工艺助力乡村振兴 .... 曾凡忠 117
乡村振兴视野下瑶族文化保护与传承的策略探析
　　——以湖南省江华瑶族自治县为例 .... 唐晓君 124
关于贵州省榕江县过山瑶"塔石羊瘪"文化研究 .... 盘祖湘 132
瑶族地区旅游商品开发现状及对策建议
　　——以江华瑶族自治县为例 .... 罗会义 140
乡村振兴背景下提升江华中国爱情小镇文旅品质的思考 .... 陈菊香 147
乡村振兴视域下江华瑶文化的传承与发展探析 .... 杨红艳 153
乡村振兴背景下大化瑶族自治县发展路径的探讨 .... 罗承革 罗康艳 159

文化编

试论千家峒瑶文化在青少年思想道德建设中的作用 …………… 谭　竣 168
弘扬乡贤文化　助推瑶都振兴
　　——关于在江华瑶都普及"乡贤协会"的建议 …………… 杨盛科 176
乡村振兴背景下瑶族文化与新时代发展融合方式探析 ……… 谯　飞　魏慧英 184

艺术编

花瑶挑花及其价值研究 ………………………………………… 蒋欢宜 190
论瑶族口传歌谣在社会主义核心价值观中的重要意义 ……… 潘明荣　潘清妹 197
瑶族迁徙史诗的学术价值探讨 ………………………………… 张严艳 210

田野编

瑶族与其他民族交往交流交融关系研究
　　——以贵州省荔波县瑶族为例 …………………… 黄　潮　覃　桐 218
论费孝通先生大瑶山调查与瑶族研究的贡献 ………………… 潘宏特 224
江永瑶族音乐调查报告
　　——以千家峒为例 ……………………………………… 林春菲 231

保护编

非物质文化遗产生产性保护中的"人、物、域"
　　——以贺州过山瑶服饰的田野调查为例 ·················· 严浩月　朱雄全 242
潇贺古道驿站文化的挖掘保护与开发利用 ························· 黄忠美 256
多维视野下的瑶族物质文化遗产研究 ····························· 盘姿柏 266
瑶族非物质文化遗产与旅游业深度融合的思考 ····················· 罗金勇 271

文献编

虞陵"地脉"的生态文化治理空间
——《虞陵纪要》封禁主题的解释

◎ 周　欣

《虞陵纪要》（以下简称《纪要》）创行于清乾隆年间。时任太子少傅兵部侍郎巡抚湖南部陈宏谋，"以巡边道经宁远，诣九嶷，谒舜陵"，对九嶷山"发脉、过峡、停顿、护卫"颇为关注，因"缘王事倥偬，不克假片刻继目周览"。乾隆二十八年叶于梅"进省来谒"，俱呈九嶷山开采矿山及禁封事宜，并刻有《形胜图》，将其始末完整收录在康熙四十八年徐旭旦所编《九嶷山志》中。最特殊之处在于图像的采用，使虞陵地脉显得清晰而具体。

《虞陵纪要》作为明清时期的生态治理文献，陈宏谋曾建议刻之于石，但叶于梅并未采纳，"镌诸石，恐风雨剥蚀，历久模糊，莫若具其说，附诸《九嶷志》中，差为经久。"至嘉庆元年，吴绳祖刻《九嶷山志》时，去除其详，文字略有损益。

叶于梅所辑《虞陵纪要》，除了陈宏梅《序文》及叶氏《纪要文》外，还有《形胜图》及《虞陵要文》，是现存九嶷山祭舜文献中的珍贵原始样本。遗憾的是，徐旭旦《（康熙）九嶷山志》流传不广，方志文献中又均无记载，不为世人所重视，目前仅有清华大学图书馆有徐志藏本，因此，《虞陵纪要》从什么样的起点展开？封禁主题的背后有着怎样的深层意蕴？

一、祭舜文化：虞陵地脉的生成环境

九嶷山作为虞舜的归葬之地，最早记载的是司马迁（前145—前90）《史记》"（舜）践帝位三十九年，南巡狩，崩于苍梧之野，葬于江南九嶷，是为零陵。"此处所谓的"苍梧之野""江南九嶷""零陵"均为今之永州宁远九嶷山，其后历代

文献均延续此说，如班固《白虎通义》："如是舜葬苍梧。"王肃注《孔子家语》："（舜）巡守四海，五载一始。三十年在为，嗣帝五十载，陟方岳，死于苍梧之野而葬焉。"《水经注》："苍梧之野，峰秀数郡之间，罗岩九峰，各导一溪，岫壑负阻，异岭同势，游者疑焉，故曰九嶷山。"《山海经·海内经》："南方苍梧之丘，苍梧之渊，其中有九嶷山，舜之所葬，在长沙零陵界中。"都为舜葬江南九嶷提供了佐证。

祭祀舜帝是历代朝廷庄严的政治活动。舜帝在古圣先贤的历史传承序列中具有重要地位，禹帝、秦始皇时等均有望祭，《史记·秦始皇本纪》载："三十七年十月癸丑，始皇出游……行至云梦，望祀虞舜于九嶷山。"遥望祭祀，表达对舜帝的崇敬。至汉唐时期，又有太庙、山川祭舜。"窃闻之古先圣王封祀名山大川，以其出云雨、赞化育、利四民之用，而供百神之祀也。况疑山又有虞氏过化存神之所龙蜕在焉。"（《康熙·九嶷山志》）以"封祀名山大川"祭祀，凝聚天地生气，长生久视，突出在历史传统中的意义。明洪武四年，太祖朱元璋亲制御祭文并遣官至九嶷祭舜，开启了陵庙祭祀的先河。作为治世的表征，明清时期植入了深刻的政治、礼仪制度，以彰显自身的身份与政治正统，诸如登基祝寿、政局扰攘等等重大事件都遣官致九嶷祭舜。其中清代有皇帝亲自遣使至九嶷祭舜44次，以此作为循礼作乐的诸大事，宣言皇威，维护历史正统。显然，虞陵作为舜帝藏精之所，凸显的是国家祭祀的地理实体。

而当我们将考察视域凝聚在九嶷山时，祭祀舜帝也有着世俗的一面——将舜帝仙逝后得道成仙的精神世界相关联，由此塑造一个神灵世界的时空单元。典型代表就是与舜帝同时代之人何侯，宋时始舜祠的左边即建有何侯宅。王万澍《衡湘稽古》有言："夏后及群臣诸来葬帝于何（侯）之九嶷山。时何为此地诸侯。玉琯岩有何侯宅，宅前为岩。"何侯作为神话的人物，充满神迹佚事，《九嶷山志》又有："何侯，真元，唐尧时人。隐居九嶷，阴行善……舜南巡，止其家，五老降庭授仙药一器，舜封为何侯。遂慕长生之术，凿九井，炼丹宅后。七月七日，以仙药投酒中，聚族欢饮。余酒洒宅壁，举家三百口并鸡犬拔宅上升。"何侯得道升仙，长生不老，有着通向仙真世界"之想"。而其中的"九井""鸡犬"享用人间烟火，与农耕生活密切相连，作为现实世界的升华，让人充满想象，为虞陵增添了神秘色彩。元结《宿九嶷无为观》有："山中旧有仙姥家，千里花飞绕丹灶。"其中的丹灶，即是指何侯炼丹的炉灶。此外，值得关注的还有紫霞岩，亦有着神异之处，"寂寂有天藏世界，茫茫无路到瀛洲。""洞里仙真常出入，园里萃景足鲜妍。"将紫霞岩定位为仙人所居之地，弥漫着宗教性的仙境意味，使得山林幽静之中带有一定的灵气，成为明清时的高频词汇。而这种世俗性与宗教性交融的特点，也为后人的想象提供了丰富的依凭。

而寺观作为一种超越境界的存在，不仅强化了神灵世界的话题，而且推动佛道寺僧对舜陵的保护。舜祠之右为永福寺，"相传南齐敕建，以卫舜祠，有断碑可识。宋太平兴国五年易今名，元丰间以为禅寺。"（嘉庆）《宁远县志》记载："《寰宇记名》：'永陵三代祀于大阳溪，秦始皇、汉武帝皆望祭。'宋禁樵采，置守陵五户，明因之，国朝置守陵四户。"为保护九嶷山环境，禁止樵采，汉唐时就在寺庙伽蓝中设置守陵人，并有相应的祭田，成为虞陵地脉的重要文化现象。可见，《虞陵纪要》保护生态环境，并非突然出现，它自有历史背景。

值得注意的是，虞陵不仅保持着宗教特色，而且传承了具有区域特色的文化，即九嶷山文化圈的地域性，或者说地理属性。九嶷山作为瑶族的聚居之地，继承了南蛮的文化传统，将祭舜礼仪打上了生态环境的文化烙印。在不少地方官员来九嶷山祭祀时从不同角度记载了瑶民祭舜的夸张风格，如明邓云霄《游九嶷记》、蒋鐄《游九嶷山记》、赵有德《观瑶女歌舞》、刘作霖《游九嶷山记》等记文，在一定程度上还原了祭舜的本土文化图景，成为一个极为引人瞩目的现象。明清府志中，也有大量记述："瑶在宁邑者，遇有官司春秋祭虞陵，男女罗谒，笙歌跳舞，遇国家庆典，遣官祭陵亦如之，此则高山瑶也。若夫平地瑶，耕织畜牧、婚姻葬祭与乡民同地……风尤朴茂，故至今为湘南瑶籍之最。"文人描述或方志文献的出现，体现的不仅是瑶民对舜帝的虔诚与敬仰，更是对巡察民情、安抚南方各族百姓，传播华夏风俗教化，以劳定国、以死勤国的认同，见证着祭祀与具体地域的紧密关联。

多层历史背景，多种文化交织，重重积淀，造成九嶷山区域参差错落的节奏变化，作为舜帝归葬之地，既体现虞陵地域所衍生的复杂信仰世界，也表现为复杂的人文环境。随着祭祀舜帝与瑶族民俗、国家正统与区域文化之间不断地融合、演进，瑶民亦瑶亦民，在情感或心理上较为复杂，始终面临着一种内在的紧张，正如（嘉庆）《宁远县志》所说："康熙雍正间，民风淳朴，有年至七十，足迹未入城市者。乾隆初年犹近古今，则渐不如前，多好讼，瑶峒尤甚，然未尝不怕官怕差，县府所临，无敢恣肆。"在这些潜在危机之下，如何沟通、维护瑶族风俗与社会治理，是九嶷山文化圈所面临的现实问题。

二、风水意象：虞陵地脉的地理格局

《虞陵纪要》既反映了官方对矿砂的治理，也透露了虞陵当地的地理形胜、社会情况。对其缘起，陈宏谋在《序》中曾说道："虽邑《志》《九嶷志》备载如林，如司马子长、蔡中郎汉篆凿凿，唐之柳柳州、张谓、元结诸名宿均有记述，下此则宋明骚人韵士提咏，亦未易更仆，然不过道扬形胜、撷拾往迹而已。其间若未虞陵发脉、过峡、停顿、护卫之处，种种根据，胥未之及。"从中可见，以往《宁远县志》《九嶷山志》对文人题咏、山川形胜记载较多，但虞陵发脉、生态保护较为疏略，"斯编较有取焉，颜其名曰'纪要'，纪旬要矣，于以羽翼帝陵"。叶氏将虞陵矿砂保护的书札汇集成文，名为"纪要"，提供了不同于以往的虞陵信息，不仅多了一些生态意象，亦补充了对九嶷山生成环境的认识，重新定位了虞陵地脉的相关问题。

据徐旭旦《九嶷山志》所载《虞陵纪要》显示，乾隆二十七年，瑶民赵万志、赵万悬等人偷挖矿砂，私自售卖，促使桂阳州监生杨万荣、生员邓协武等人呈请试采九嶷山南海冲矿砂，"以供鼓铸，以济穷黎事"。主管矿山的衡永郴桂观察使孔某令宁远知县叶于梅勘查，就南海冲是否为瑶寨、附近有无陵墓、瑶民是否情愿、有无妨碍瑶民生活，以及砂石成分等问题予以勘查，并绘图呈现。知县于叶梅沿途访问，"予周览凡四日，随历随指示二生，终不首肯。予因摹绘确图呈于观察，未几，按临沿途访问，将抵县，随有大阳、丹桂、仙政、太平等乡之士庶，及韭菜源、黄花源、鲁观诸瑶民络绎遮诉。蒙洞悉原委，立示封禁。二生旋怏怏避去，阖邑称快。"从叶氏序文可见，真正推动《纪要》形成的，不是经济发展的需求，而是沿途士庶、瑶民的诉求。

"大阳、丹桂、仙政、太平等乡之士庶"合词请禁的缘由，在细节略有差异，但问题的焦点主要体现在三个方面，值得特别注意：

一是，地理形胜与风水福祸密切关联。将虞陵山水描述为"过脉行龙"，以此说明虞陵得天地灵秀之气，在地理空间中地位重要："余惟水生于金，龙从水聚。潇水、子江、别江婿，缘兹矿以沛达，且为虞陵聚精会神、发脉起伏之关键。灵爽之式凭在兹，万井之荫庇兹。倘遽尔准开，行见金销水竭，脉凿灵虚，将圣帝在天之灵夹靡所凭依，万姓倚赖之良田顿成旷土，上之国赋难输，下之民生罔恃，是得不偿失事，非经久幸刀水鉴，永斩祸源。"首先，"水生于金""龙从水聚"，瑶民对此多有阐述，奇峰林立，山脉委婉曲折，构成一个连贯的脉络，即"镇山"。其次，水作为生气血脉，《山海经·海内东经》载潇水"出舜葬东南陬"，潇湘发源于九嶷山，且"潇水、子江、别江婿"脉隐然相连，与山川配合犹如阴阳互济，具有一定"活力"。再次，从九嶷山水流看，潇水发源于三峰石，舜源峰立于群山之中，正象征着理想的风水宝地："峰峦高与天齐，名三峰石,各有泉涌出峰巅。其左右二派,则分注东西两粤。唯中一派则倚峰叠下,入地潜流,数十余里,名潇水山之脉,则蜒顿跌倏落,突坚一峰若三台,名三台山,潜伏之水随峰勃发,至是始成一溪涧。"虞陵居于"中特起一峰,秀圆峻立,左右群峰胪列,面则万山俯拱"。

在叶氏看来,九嶷山水脉不仅仅隐藏在蜿蜒起伏的山势中,更重要的是,聚集有生气流注的脉络,不仅关乎人间的吉凶祸福,亦影响到国家的兴衰成败,不容小觑。这种深信风水的观点,附近瑶民也反复强调:"夫南海冲实舜陵第一过峡之所,后龙来脉攸关,今一旦挖掘,纵民瑶之田产、庐墓不足惜,将上古大舜之精灵倏尔云亡。""南海冲正虞陵来龙之处,一经开采,上欺于君,下欺于民,斩断来龙,毁败舜陵,欺君莫甚。""南海冲乃灵陵过脉之区,正宜保护,以妥先灵,其不容凿。"(万历)《九嶷山志》亦云:"九嶷山,有九峰,峰下各出一水。四水南流,会于南海;五水北注,会于洞庭。一云九水并注于洞庭。"虞陵地脉化育万物,丰和润民,也是湖湘水源的源头,岂能遭到破坏?

而在保护地脉的背后,所彰显的正是九嶷山舜帝陵在国家礼制中的崇高地位。舜帝作为中华道德文明的始祖,《史记》云:"天下明德皆自虞舜始。"《中庸》亦说:"祖述尧舜,宪章文武",将尧舜视为儒家所理解的中华文明史的开端。载在《尚书》之首的《尧典》《舜典》,更是将舜帝作为中国古代政治的最高典范,史称唐虞之道、尧舜之道。舜帝"崩于苍梧之野,葬于江南九嶷",受到历代帝王祭祀,近年又发掘有汉代祭祀遗址,说明九嶷山虞陵在传统社会中的崇高地位。

二是,环境治理与瑶寨安宁相互并峙。"九嶷界连两粤,历有劫掠大贼",保护戍边安全,扼守隘口,驻守舜陵,是瑶民主要工作职责,《抚瑶颂碑》就很典型地体现出这一点。而"南海冲崇山峻岭,东通八非,六寨瑶苗杂处。借此开矿,往来聚集,势必有碍地方。""(九嶷)屡经控详,封禁则人迹不通,两粤盗贼难至,永垂虞陵之秀丽,远保地脉之安宁。"因此,一经开采,人员流窜,附近民族趁机侵犯掠夺难以控制,无疑会对瑶族群众的生活生产造成威胁,特别是明代两粤及九嶷山一带群众起义,对抗朝廷,使得当地士庶尤为谨慎:"前经大盗劫杀伏藏斯地,官民两累,一经开采,聚集游民为害不浅。""昔年粤贼窜聚,劫掳李万族、蒋国英荆之宝,官民两累。蒙前宪申报剿除,宁民乃获安堵,则此地不容聚众滋事也明矣。"显然,官方将瑶族的稳定作为第一要务。

三是,瑶族群众利益与社会风俗不可或缺。南海冲虽为龙脉的"第二层过脉",但开采矿砂无疑会阻断河流,影响田地水源灌溉,有害生产,成为民生的重负,这亦是瑶族群众反对的主要原因。"荷本朝之推崇,设立巡捡,周围古木无敢剪伐，无非隆重至意。且三分石之水源远流长，所有王道宜、李伯廷、李铭大阳乡一带，粮田万顷，悉由疑水灌溉，其不容断源截流可知矣。"虞陵开采，影响到附近"粮田万顷"，百姓皆蹙頞愤怒。"南海冲下潇水环流，灌溉粮田千有余亩，自矿砂积水滞不行，民田遭乾。"当地民众都清楚，水脉回旋，灌注谷中，保护良田，这是维护民生的重要举措，不仅对诏抚后的瑶族群众极为重要，也与虞陵地区的风俗有着重要关系："昔为帝舜过化之乡，濂溪汤沐之地，习俗相沿，朴意犹存。但地极三湘界，联百粤而左衽椎髻众，潜据参处于山窍濛洞间，居民咸枕戈籍甲，以待大都有山泽陂塘之利，丝布鱼稻之饶，火耕水耨、食物常足，商贾工作皆著本业。"虞舜以劳治国，德治天下，"舜耕历山，渔雷泽，陶河滨，作什器于寿丘，就时于负夏。"（《史记·五帝本纪》）维护普遍民生，正与舜之耕、渔、陶之事迹意旨相合。

《虞陵纪要》图

凡上所举，从"峦""沙""水"及"穴"等诸多角度考虑，虞陵精气聚集，皆在禁采，因此士庶反复强调："历代官山，朝野利赖，何敢异蚁妄阻？国计切此地，若可开采，上可裕国，下可便民，日后之利害祸福宁复计议？但历来封禁注载，邑乘恐南海冲议开，将帝王在天之灵，爽无所凭依，而千万年之血食一朝斩尽，情万难已，只得备情迫诉。太爷台前，父母斯民，必为忧深虑远，详达舆情，严饬封禁以妥。"出于上述考虑，叶氏"立示封禁"，以警后世。而《虞陵纪要》的出现，恰恰是九嶷山地域为自求多福、福荫后世的自觉表现。

三、生态延续：虞陵地脉的治理保护

《虞陵纪要》以志书形式记载，一方面对九嶷山虞陵地脉提供了图示，说明了虞舜空间与地理环境之间的关系，另一方面也是对封禁主题的框定，在请禁的背后，流露出深层的文化思考。

透过保护虞舜地脉、保障瑶寨安全、维护庶民利益的个案禁令，看到地方政府对地脉的重视，反映了时人对待"地脉"与"矿脉"的态度。尽管桂阳州监生杨万荣等人提出了"凡系铜铅黑白矿厂，尽行开采""复思鼓铸，税课尽属公务，既有砂苗，未便弃置""鼓铸穷黎，亦大有裨益矣"等充足的理由，但叶氏兴利除弊，不为小利所惑，为底层民众发声，封禁矿脉，得到当地庶民的高度赞扬，并作《阖邑公立碑序》以昭示这一伟绩："自古神所凭依，民所依赖，贤良之宰，慈惠之师也，而其大要则在兴利除害二端而已，乃往往难其人者，盖不以妥神便民为心也。伏惟我公，在必兴益人，不妨损己，害在必去，杜渐而更塞源……公则不辞跋涉，溯本穷源，知利小而害甚大，尽力申详，绘图具说，使根绝而祸不萌，是不特为人所依赖，而且为神所凭依矣。公之功不与宁并哉？"这不仅充分说明政府与虞陵士庶交往密切，同时也反映出瑶民对虞舜文化的普遍了解。更为重要的是，叶氏形势图的绘制，确定了虞陵水脉的坐标原点，由此溯源，对当今虞陵生态环境保护意义重大，更为后人留下深刻的启示。

与其他禁示碑刻文献不同，《纪要》是民间与官方之结合，士庶请愿，官命推行而产生，自然能得到后世的高度称颂。它不是地方干扰的治安威胁，也不是因瑶族群众与政府之间的矛盾而产生，虽然这些问题在虞陵地域有可能是潜在的危机，但是预防大于救治，民生大于治理，体现了官方对于虞陵保护的态度。而透过这一事件的展现，可见瑶族士庶期望着一个和平共存的社会场景，一处共祭舜帝的盛大仪式，一种共同保卫家园免于外来势力干扰的理念。但这些期望的实现，则基于各个宗族利益的维持：抚瑶以指示瑶族群众顺从政府，相互和睦，以此达成政府维护瑶族群众权益之责，这一切即构成了"认同"的内涵，积淀于九嶷山文化空间。在这一空间，"封禁"固可使虞陵得以宁谧固安。

《虞陵纪要》所蕴含的样本价值，值得深思。受徐志的影响，光绪九年重刻吴绳祖《九嶷山志》时，又延续了这一做法，并增刻《勘九嶷矿砂禀言》《附勘九嶷矿砂禀言后》《虞陵禁采续纪》《奉檄诣勘九嶷矿砂记》《虞陵纪要后记》等文，均为同治年间禁采西江源矿砂的禁令，并在舜帝陵刻有《奉宪禁采碑》，以集体的力量来消

除某些不合社会规范的行为，以达警戒诫勉的目的，促进了社会风俗的变迁。而实际上，此碑与《虞陵纪要》有着明显的理念渊源关系："西江源开采既于地方不便，自不可不慎之于始，应照所□仍行封禁"，特别强调"西江源即癞子山地界，为九嶷来脉，一经开采，于虞陵民生均大有妨碍""西江源开采既于地方不便，自不可不慎之于始"。永州太守杨翰亦表达同样的看法："此非先相国陈文恭暨前宁远叶令惩前毖后发为文章，载在志乘者乎？况值多事之秋乎！"延续于叶梅等人以来对生态环境的保护，"令该处专保瑶总随时严密巡查"，并将之视为社会的基本规则："无论有无矿砂，一概严行永远封禁，以杜奸宄而弭弊端"，遂使虞陵封禁成为千古定论。显而易见，九嶷山文化圈的生态保护打上深刻的时代印记，已经渗透到区域文化的观念之中。

括而言之，《虞陵纪要》作为地方上的保护制度，发挥了保护虞陵地脉的功能，演变为对待生态环境的共识，由此呈现出虞舜文化研究的另一观察视角。

论瑶族神话的分类体系、情节模式与思想特质

◎ 沈德康

瑶族是我国56个民族中的一员,第七次全国人口普查(2020)显示其人口为263万。在国内,瑶族主要分布于广西、湖南、广东、云南、贵州4省1区,且相对集中地分布在"粤北湘南桂北滇南"一线。瑶族不仅人口多、分布广,还形成了源远流长、内蕴深厚且独具特色的民族文化。瑶族神话是瑶族文化的重要载体,是其口承传统的核心部分,以其多样的文本类型、独特的情节结构、厚重的历史感以及丰富的内涵闻名于世。

笔者搜集到收录瑶族神话的公开出版物和各类资料63种,在此基础上结合田野调查,整理出瑶族神话192篇。这些神话流传于瑶族聚居的5省(区)20市(州)下辖54县(区),其中有97篇是从广西壮族自治区的桂林、河池、百色、贺州、柳州、南宁、来宾、防城港8市下辖25县(区)搜集得来,占总篇数的51%;从湖南省的永州、郴州、邵阳、衡阳4市下辖13县搜集33篇,占17%;从广东省的清远、韶关2市下辖4县(市)搜集15篇,占8%;从云南省的文山、红河、西双版纳、曲靖4市(州)下辖9县搜集23篇,占12%;从贵州省的黔东南、黔南2州下辖3县搜集24篇,占12%。从流传的广度、数量以及多样性来看,这些文本具有一定代表性,大体能反映瑶族神话的基本情况。

在本文中,笔者拟全面、系统地对瑶族神话分类,接着从情节模式入手,分析诸神话类型的特质,由此归纳、总结其整体特征。

一、神话的分类：从"基础存在论"到"神话四分说"

针对口承文学的研究，故事形态学的开创者普罗普（V.Propp）曾说："正确的分类是科学描述的初阶之一。"[①]就神话而言，要建立一个普适性的分类体系是比较困难的，这主要是因为人们对神话的整体认知不一。

笔者认为，哲学家海德格尔（M.Heidegger）通过定义"此在""存在者""存在"这三个基本概念以及阐发此三者之间的关系，提供了一个"人""物""世界"三者间根基性的关系模式，即"基础存在论"，这对神话分类具有启发意义。关于"基础存在论"的重要论断有三：一是"此在"是特殊的"存在者"，其特殊性在于"此在"是"存在者"存在的前提和基础（人与物）；二是"此在"与"此在"共在（人与人）；三是"此在"在"世界"之中存在（人与世界）。

首先，根据上述三个论断可引出"人与物""人与人"这两种基本关系。"人与物"的交接构成一般意义的"自然"，"人与人"的交接构成通常所说的"社会"，这样，内容多样的神话就大体可分为"自然神话"与"社会神话"。

其次，根据前面三论断，局部、有限的"此在""存在者"与整体、无限的"存在"有本质的区别，且前二者从属于（包含于）后者，这样，"人（物）与世界"这一基本关系启发我们从"局部"与"整体"这一对范畴出发，分别审视"自然神话"与"社会神话"。

再次，从"局部"的角度审视"自然"，就形成了一类解释个别的自然物质来源、自然现象发生之原理的神话，这就是"自然释原神话"；从"整体"的角度审视"自然"，就形成了一类从根源上追问"整体"的世界之由来的神话，即"世界起源神话"。"自然释原神话"与"世界起源神话"同属"自然神话"。

最后，从"局部"的角度审视"社会"，也就是通过"个体的人"即"文化英雄"展示其在生产技术、风俗礼仪、社会制度等方面的贡献与意义，这就是"文化起源神话"；从"整体"的角度审视"社会"，其实就是从根源上追问源初的、种属意义的人的由来，这就是"人类起源神话"。"人类起源神话"与"文化起源神话"同属"社会神话"。

综上，基于对"基础存在论"的理解，笔者从人与物、人与人、人与世界这三对基本关系出发，结合局部（有限）与整体（无限）这一对范畴，将神话分为

[①] 普罗普.故事形态学[M].贾放，译.北京：中华书局，2006：3.

自然释原神话、世界起源神话、人类起源神话、文化起源神话，此可称为"神话四分说"。对此需补充说明的是：首先，人与物、人与人这两对基本关系根植于人的"生存性"，且分别与人的自然性、社会性对应；其次，局部（有限）与整体（无限）这一对范畴隐含着先民"思维演进"的历程。

笔者以"神话四分说"为基本框架，再结合瑶族神话的实际情况，从情节入手，将瑶族神话分为六类，它们分别是：世界起源神话、自然释原神话、人类起源神话、洪水后人类再生神话、族群源流神话以及文化起源神话。

二、瑶族的"自然神话"

从思维演进的角度看，人是从认识个别、有限的自然物、自然现象发展到认识整体、无限的世界。因此，构造"世界起源神话"需要远超构造"自然释原神话"的思维能力。在神话或创世史诗中，尽管世界之形成、天地之开辟的情节往往出现在开篇处，但实际上这部分内容形成的时间相对较晚。

（一）瑶族的"世界起源神话"：密洛陀型、盘古型与兄妹创世型

"世界起源神话"在本文中特指从根源上追问"整体"的世界之由来的神话，与之相对的是从"局部"的角度解释自然物之由来、自然现象发生之原理的"自然释原神话"。笔者搜集到瑶族的世界起源神话30篇，将其分为密洛陀型、盘古型、兄妹创世型三种。

"密洛陀型"指的是史诗《密洛陀》与由其衍生的诸散体神话，此类神话相对集中地流传于广西巴马县、都安县、大化县、东兰县、田东县、南丹县的布努瑶人群，笔者搜集到6部史诗、9篇散体文本。《密洛陀》是布努瑶（布努语属苗语支）的创世史诗，目前有6个汉译版本：一是黄书光、莎红、孟晋在巴马县搜集整理的《咪罗陀——杜沙歌》；二是莎红以巴马县本为基础整理的《密洛陀——瑶族创世古歌》；三是潘泉脉、蒙冠雄、蓝克宽在都安县搜集、整理的《密洛陀》；四是蓝怀昌、蓝书京、蒙通顺在都安县、巴马县搜集、整理的《密洛陀——布努瑶创世史诗》；五是蒙冠雄、蒙海清、蒙松毅整理的《密洛陀——瑶族创世史诗》；六是张声震主编的《密洛陀古歌》。

以长篇创世史诗的成熟形态出现的《密洛陀》内容极为丰富，但大体上只有史诗开篇处密洛陀分开天地、打柱撑天的情节符合前文定义的"世界起源神话"概念。密洛陀造日月、人类并安排诸神造山、水、路、桥诸物，这部分情节分属自

然释原神话、人类起源神话以及文化起源神话。"密洛陀型"创世神话构造了一个以密洛陀为中心,以十二对男神女神或布陀西、卡恩、牙佑、罗班、怀特等为辅佐的神灵集团,是瑶族"世界起源神话"中最有特色的部分。

"盘古型"指的是以盘古为主角的创世神话。根据笔者搜集的4篇韵体古歌、9篇散体神话来看,此型流行于广西南丹县、西林县、宜州区(属河池市)、八步区(属贺州市)以及湖南宁远县,广东乳源县,云南屏边县、西畴县等地。首先,此"盘古型"创世神话的情节与汉文古籍中的盘古神话基本一致:盘古或以神力开辟天地,或以其身化生万物,有的文本则开辟、化生兼有。其次,盘古开辟、化生之外,有的文本则以太古老、伏羲、羲和、常羲、臾区等辅佐盘古创世,说明这些神话受华夏神话影响很深。最后,"盘古型"流传地比较分散,也非瑶族独有,苗族、壮族、白族、彝族等也有盘古神话。综上,瑶族中流传的盘古神话是原生的还是外来的?它与其他民族的盘古神话有何关系?创世主角盘古、盘瓠、盘王兼有,此三者之间的关系如何?笔者认为这些问题仍有探讨的余地。

"兄妹创世型"是用类比的方式把"男女婚媾生人"作为原型来解释"天地和合化物"。流传于广西都安县的《米罗沙布罗梳造天地》、金秀县的《尼托尼莫造天地》和湖南道县的《青布做天木盆做地》都属此型。《战国楚帛书·甲篇》中神话"雹戏女填生四子创世"[①]与之类似,从地缘因素和情节相似来看,此神话与苗瑶语民族中流传的"兄妹创世型"神话应有一定联系。

(二)瑶族的"自然释原神话":释原型与射日型

从整体的角度看,世界之广大者为天地;从个别的角度看,世界之显要者为日月。天地之形成、开辟是"世界起源神话"的主要内容;日月之形成以及围绕日月形成的各种观念则是"自然释原神话"关注的重点。笔者搜集到瑶族"自然释原神话"30篇,这些神话探讨了日月山原、河川湖海、花草木石、飞禽走兽的由来,解释了白昼黑夜、日食月食、风云雷雨、旱涝地震等自然现象发生的缘由与消除自然灾害的方法。先民创造此类神话,一方面在于"认识"自然,另一方面在于展示"干预"自然亦即消除自然灾害的方法,由是观之,我们可将其分为"释原型""射日型"两类。

"释原型"神话旨在解释自然物的由来与自然现象发生的原理,当然,这种解释是神话式的,是用极富想象力的类比、隐喻的手段来解释。瑶族的"释原

---

① 陈斯鹏.简帛文献与文学考论[M].广州:中山大学出版社,2007:1-22.

型"神话又可分为两类。第一类可称为"绝地天通类",此类解释天地绝离、神人疏远的缘由,比如流行于广西巴马县的《登天》讲人类登仙界误伤公主致玉帝怒断天梯,广西金秀县的《天为什么这样高》讲神不喜欢人的粪便而使天升高,这与《山海经》《尚书》《国语》中的"绝地天通"神话相似。类似的神话在其他民族中也有流传。第二类可称为"诸神造物类",此类讲诸神创设各种自然物、自然现象。比如,在史诗《密洛陀》中,密洛陀分天地、立天柱、造日月星云昼夜,又委派都称补天、卡恩造山、罗班治水、布桃娅和山拉把栽花草树木、雷公电母兴风雨雷电、诸神用糯米饭造飞禽走兽。再如,在盘古化生神话中,盘古以身化日月草木禽兽诸物。另外,流行于广东连山县的《太阳与月亮》讲兄妹生诸子后变为日月;贵州从江县的《造千种万物》讲英雄发枚造日月;广西钟山县的《张六角和他行的传说》讲张六角造山和草木;广西巴马县的《陆驮公公的故事》中有巨人造山;广西南丹县的《雷公》讲雷公在天上舀水布雨;云南西畴县的《月食为什么用箭射》、贵州荔波县的《射天狗》都用天狗吃月解释月食。

瑶族"射日型"神话特别显著,笔者搜集到15篇。流传于广西南丹县的《格怀射太阳》、上思县的《阿大射太阳》、兴安县的《练公王打太阳》,流传于云南金平县的《十营贵射日》、师宗县的《令公射日》以及贵州荔波县的《瑶王勾洼射日月》、从江县的《长脚哥哥射太阳》,都属此型。

首先,"射日型"神话的情节模式为:英雄为克服旱灾历尽艰辛,最终以一己之力射掉多余的日月。神话解释了世间唯有一对日月的缘由,也解释了昼夜、星辰、月影的由来,还解释了日食、月食、公鸡报晓等现象。神话将旱灾的发生归因于日月,因而"射日"行为可能意味着先民是以拉弓射日的手段解除旱情,故"射日"情节是巫师祈雨仪式的神话式表达,与之相仿的如《卡达找箭》讲英雄卡达用弓箭射云来止雨解涝[①],蕴含其中的观念是相通的。

其次,"射日型"神话塑造了格怀、阿大、练公王、十营贵、令公、勾洼、长脚哥哥、雅拉、果阿常、里丹、张葛、尼勒、昌郎也兄弟、怀特等十余位射日英雄。"射日型"神话形成的时代已非"自然崇拜"(日月崇拜)占主导地位的时代,先民已认识到自身的力量,进而崇拜理想化的人即英雄,试图靠人的力量消除自然灾害。"射日止旱"看似荒诞,但意义重大,这在于神话及相关巫术、仪式中蕴含的认识、改造自然的动机、勇气,为后续技术进步创造了可能。

最后,"射日型"神话还透露了瑶族先民的一些重要观念:一是以类比的思

---

① 苏胜兴,等.瑶族民间故事选[M].上海:上海文艺出版社,1980:201-203.

维视日月为夫妻,星辰则为其子息,这与先民视万物为天公地母所生养的观念如出一辙。用人际关系类比地表达自然关系,这体现了先民"近取诸身,远取诸物"的"天人合一"观念重要内容之一。"人"与"天"的构成元素和外表结构相类似,即所谓"天人相副"。二是神话中常出现"公鸡唤日"情节,这意味着先民将习见的公鸡司晨与日出联系在一起,这与古人因鸟、日同在天空活动(空间)且俱在白昼为人所习见(时间)而视鸟、日同形同性的观念有关。三是此类神话在解释"月影"由来时透露出先民视月亮为永生不朽者的观念。流传于云南麻栗坡县的《月亮娃娃》、河口县的《梭罗树上的人》,都说月中的阴影是一棵砍不断并能结出不死果的仙树或娑罗树,树干上夹着一个想吃不死果的孩子。其实,月亮、仙树、不死果、孩子都是永生不朽、青春永驻或生命轮回的象征,这根源于月亮的永恒存在以及月相的循环不止。视月亮为不朽者,这是各民族中普遍存在的信仰。

三、瑶族的"社会神话"

如前文所述,"社会神话"蕴含着"人与人"这一根基关系。人是构成社会的基本单元,人与人的交往、接触构造社会。因此,从集体性的层面审视人,那就是人类、民族系统、民族;从个体性的层面审视人,在神话中往往就是具有神性的"英雄"。总之,"社会神话"是先民从社会的不同层面认识、建构人自身之种属性、文化性以及民族性的神话。基于这样的观点,我们就可以说:"人类起源神话"是从物性、生物性的层面追问"种属"的人的由来;"洪水后人类再生神话"是从"文化性"作为人的特质的层面追问"文化"的人的由来;"族群源流神话"是从"民族文化特性"的层面追问"民族"的人的由来;"文化起源神话"则是在个体与集体之关系的层面追问"文化英雄"对部落、民族乃至人类的意义。

(一)瑶族的"人类起源神话":化生型、造人型、孕生型与进化型

"人类起源神话"在本文中特指从"整体"角度追问源初的、种属意义之人由来的神话。笔者搜集到瑶族的"人类起源神话"共17篇。根据人类起源的方式,笔者将其分为化生型、造人型、孕生型、进化型四类。

云南西双版纳瑶族流传着地母、雷公把黄瓜切成碎屑变化为人的神话[①]。地母、雷公的组合含蓄地透露了先民对两性关系的认识。最初的人群由同一根黄瓜

---

① 徐祖祥.瑶族文化史[M].昆明:云南民族出版社,2001:295.

碎块所化，这象征地表达了人类的同质性。云南河口县的《昆虫繁衍人的故事》讲一女人将虫茧放在篾箱中化为婴儿，还讲一虫子爬到女人身上女人就怀孕生子①，这是"化生"兼有"感生"的情形。此神话用昆虫神奇的"变态"现象来类比人的产生。此外，这里的"虫"是男性性器的隐语，其中同样蕴含着对两性关系的认识。云南西畴县、麻栗坡县的《造人烟》讲神灵达发曼把剪成人形的树叶放在鸡棕房子中变化为人②，这属"化生型"向"造人型"过渡的情形。以上三例均属"化生型"，但是，较晚形成的通过男女结合而"孕生"的观念已渗透其中。"化生型"应是较早阶段形成的解释人类起源的神话，因为在把人类起源归因于人自身亦即两性生育前，先民常把人类的起源归因于外物。

"造人型"人类起源神话体现出显著的独属于人类的主观能动性。"造人型"神话是先民意识到自身创造力，并以制造各种器具的活动为原型，类比地解释人类起源的神话。此型中最具代表性的文本是史诗《密洛陀》系统的"造人型"神话，笔者收集到11篇，韵体、散体皆有，其情节基本相同，属同一神话的异文，其基本情节为：密洛陀或以密洛陀为核心的诸神用蜂蜡捏人模并置于箱中，由此化为四个人群。首先，《密洛陀》造人神话还隐约保留着远古图腾制痕迹。在有的版本中，捏制人模所用的材料不仅有蜂蜡还有蜂蜜，它们源自四种蜂，即蜜蜂、古蜂、马蜂、黄蜂，四种蜂分别化生四个人群，这意味着布努瑶先民可能存在以各种蜂为图腾的情况，其目的是在布努瑶内部分群。其次，密洛陀等诸神捏蜂蜡造人的神话尽管属"造人型"，但也渗透了两性结合以及孕生的观念，比如，"采花（蜡）"这一情节是两性关系的隐语，是用蜜蜂采花授粉来类比两性结合；造人的密洛陀、花宜伢、花也伢、花发练等神灵皆是女性，与生育、哺育密切相关；蜡人捏好后被置于"人缸"或"金箱银柜"中，这是人类"孕育""孕生"的神话式表达，因为缸、柜等空腔体在神话中往往代表孕育生命的母体、母腹、子宫；蜡人化为婴儿的时间在神话中通常是"二百七十天""九个月"，这与人类孕期相仿；在有的版本中还讲蜡人化为十二对男女，再由他们配对繁衍人类。上述情节、细节表明先民在相对较晚阶段才形成的对两性生殖的认知融入了较早形成的"造人型"神话中。除《密洛陀》外，流传于贵州荔波县的《务告造人》讲女神务告捏泥造人③，与女娲抟黄土造人相似。捏泥造人的情节根源于先民对泥土

---

① 河口瑶族自治县文化局.云南民间文学集成·故事、歌谣、谚语（河口县卷）[Z].河口县，1992：31-32.
② 刘德荣，等.瑶族民间文学集 [M].昆明：云南美术出版社，2002：4-5.
③《中国民间故事集成·贵州卷》编辑委员会.中国民间故事集成·贵州卷 [M].北京：中国ISBN中心，2003：13.

的来源即大地创生力的领会与崇拜,也与先民抟泥制陶的活动有关。

"孕生"的观念在前文诸神话中已有体现。此外,流传于广西南丹县白裤瑶中的《人和蜂的来历》讲神将耙山人的板油放筷箩中化为一对男女进而繁衍人类①。流传于广西荔浦县的《兄妹结婚的故事》中,日月化为兄妹后结婚怀孕生一肉球,切碎化诸人群②。此二例皆有"化生"情节,但更显著的是二者将人类的起源都归因于两性婚媾。笔者认为,基于两性关系的"孕生型"人类起源神话的形成时间相对较晚。

"进化型"指的是将人类的起源放在生物演化的大背景上,认为人类是由其他物种进化而来的。流传于广西马山县、都安县的《特推阿公教猴子》讲猴子从树上来到地面,在适应地面环境的过程中演化为人类③。笔者认为这种观念在相当晚近的历史阶段才能产生。

(二) 瑶族的"洪水后人类再生神话":本格型、黏着型与脱落型

"洪水后人类再生神话"的一般情节是:仅存的一对兄妹(姐弟)在洪水灭世的绝境中为了赓续人种而被迫婚媾,最终使人类再度繁衍兴盛。此类神话在我国40多个民族中流行,在南方少数民族中尤其显著④。笔者搜集到25篇瑶族的"洪水后人类再生神话"。

把瑶族此类神话与国内其他民族同类神话相比,二者在情节上并无显著区别。笔者曾研究过我国西南地区藏缅语民族的同类神话,认为此类神话的第一个重要特征是:通过在洪水灭世绝境中人类遭遇的繁衍危机,表达先民对生殖的认知、对生育制度的建构以及对婚姻礼俗的重视。此类神话是在"洪水灭世"这一"死"的大背景中追问和凸显"生"的本质。所谓"生"的本质,在笔者看来主要就是人特有的"文化性",即人为了生存而积极主动地认识世界并认识自身,进而构建各种文化以求得更好生存境遇与条件的倾向与特质。事实上,先民对生殖、生育的认知以及围绕婚姻构建的礼俗,是人类文化演进的早期阶段最重要的文化事项,这在学者维柯(G.Vico)、摩尔根(L.Morgan)、韦斯特马克(E.Westermarck)等的主要著作中都有论及。也正是在此意义上,笔者认为"洪水后人类再生神话"是从"文化

---

① 陈日华 韦永团.广西民间文学作品精选·莲花山仙踪(南丹县卷)[M].南宁:广西民族出版社,1998:10-12.
② 广西壮族自治区编写组.广西瑶族社会历史调查(第四册)[M].南宁:广西民族出版社,1986:242.
③ 李肇隆,红波.瑶山里的传说[M].北京:中国民间文艺出版社,1984:157-158.
④ 王宪昭.中国少数民族人类起源神话研究[M].北京:中国社会科学出版社,2012:233.

性"作为人的特质的层面追问"文化"的人的由来。

此类神话的第二个重要特征是：从情节结构角度看，以"洪水"为界，洪水灭世前的社会和人类再生后的社会在伦理道德、血缘谱系、物质技术以及制度礼俗等方面形成显著的差异与鲜明的对照——洪水前的社会混乱、无序；洪水后的新生人类彬彬有礼、和谐共生。人类社会从"洪水猛兽"意义上的"混乱"（蒙昧）演化为由血缘谱系、道德伦常、制度礼俗以及物质技术为表征的"有序"（文明），这说明此类神话从整体到细部，无不体现"文化"的价值，无不强调"文化性"乃人之为人（把人与兽区别开来）的本质属性。

在神话中，兄妹婚配所生诸子发展成由多个民族组成的"民族系统"。通过对诸民族在血缘、地缘以及文化层面的比较，此类神话强调了独特的文化或传统才是体现一民族之"民族性"的关键，这是此类神话的第三个重要特征。在神话中，兄妹婚配所生肉团、怪胎、冬瓜或石头碎裂后化为多人并发展成瑶族、侗族、水族、苗族、布依族以及汉族等组成的大小不一的民族系统，或发展为瑶族内部诸支系，或发展为诸姓氏人群。此外，神话中诸民族（人群）之间的异质性往往通过算盘、犁耙、斧刀、锄头等劳动工具的差异来表达。工具的差异代表生产方式以及建立在经济基础之上的上层建筑的差异。"生产方式"与"上层建筑"都属广义"文化"范畴。总之，此类神话强调了"文化性"是人的本质属性，"文化性"不仅是区分人与兽的标准，在民族与民族之间，"文化特性"则成为区分诸民族最重要的理据。

在下文中，笔者拟从情节结构入手对瑶族的"洪水后人类再生神话"进行分析。首先，此类神话大部分文本的情节结构都很稳定，但也有少量文本在情节上通过转换、移用显出细微变化。基于这种变化，笔者将瑶族的"洪水后人类再生神话"分为三类，即本格型、黏着型与脱落型。"本格型"指的是以洪水灭世、兄妹幸存、兄妹婚配、人类再生的顺序组织情节的类型，此型结构稳定、分布广泛。流传于广西金秀县的《伏羲兄妹的故事》、湖南江华县的《伏羲兄妹造百姓》、广东连南县的《开天辟地的传说》、贵州荔波县的《水淹人间十三年》以及云南文山州的《日月成婚》，都属"本格型"。

"黏着型"指的是在"本格型"情节链上黏附了其他情节的类型。"黏着型"有四种黏附情形：一是瑶族特有的如"盘瓠神话""渡海神话"黏附在"本格型"上，流传于广东乳源县的《月亮神的传说》属此例；二是"世界起源神话"中创造天地的情节黏附在"本格型"上，流传于广东连南县的《洪水淹天的故事》、湖南道县的《青布做天木盆做地》以及云南屏边县的《盘古王与伏羲兄妹》属此例；

三是一些具有传说性质的情节黏附其上，如流传于广西南丹县的婚礼歌《天地始歌》，将白裤瑶与楼刻（汉人）争夺"天书"的情节黏附在"本格型"上；四是解释物质技术、风俗礼仪以及宗教信仰的起源，因而本属文化起源神话或风物故事范畴的情节黏附在"本格型"上，流传于云南富宁县的《伏羲兄妹》、广西上思县南桂乡的《瑶人的由来》属此例。

"脱落型"指的是"本格型"必备的一些情节脱落、消失而形成的类型。这是"洪水后人类再生神话"向其他神话类型或民间故事演化的形态。流传于广东乳源县的《伏羲想吃雷公肉》、广西荔浦县的《兄妹结婚的故事》、广东连山县的《乌龟身上的尿臊味》皆可归为"脱落型"。

（三）瑶族的"族群源流神话"：蜂祖型、猴祖型、犬祖型与人祖型

"族群源流神话"也可称为"族群起源神话""祖先起源神话"，简称"族源神话"，此类神话旨在追溯祖先的由来以及族群的起源、分化、融合，是早期"图腾神话"历史化基础上进一步发展的结果，具有显著的传说的特征。始祖的由来、族群血缘谱系的延展以及民族遭受战乱、灾害被迫迁徙的历程，是此类神话的主要内容。总之，"族源神话"更多的是从"民族文化特性"的层面追问"民族"的人的由来。这里的"民族文化特性"是指一民族独特的"历史文化传统"，即特定的始祖信仰、历史记忆、语言、习俗以及生产方式等，这些内容都是体现一民族之"民族性"的要素。笔者搜集到瑶族的"族源神话"52篇，将其分为蜂祖型、猴祖型、犬祖型、人祖型四类。"族源神话"还体现了瑶族独特的历史意识、族群意识，即"英雄祖先""弟兄民族"的历史心性。

蜂祖型、猴祖型、犬祖型都保存了远古图腾制的痕迹。"蜂祖型"是先民认为其始祖由蜂类化生并认为其族人与蜂类有亲缘关系的神话类型。笔者在前文论述布努瑶史诗《密洛陀》及相关神话时已论及"蜂祖型"神话。在《密洛陀》中，创世女神密洛陀联合诸神用蜂蜡混合蜂蜜造人；史诗还将蜂箱中的蜂蛹与婴儿在形态、动作以及声音层面进行类比；史诗中，四种蜂与所化四个人群对应。这些情节都是布努瑶蜂图腾崇拜的遗存。此外，流传于广西都安县的《米罗沙布罗梳造天地》以及南丹县的《人和蜂的来历》，都与《密洛陀》有关，也都保留了蜂图腾的痕迹。

"猴祖型"是将猴类视为族群始祖的神话类型。"猴祖型"神话或猴祖崇拜在我国西南藏缅语民族中特别显著，在苗瑶语民族中并不突出，但在布努瑶的族源神话中十分显著。流传于广西都安县的《多歪》与母猴》、南丹县的《母猴妈妈》以及巴马县的《祖公与母猴》，其情节大体相同，讲一男性始祖与母猴生多对儿女,男始祖带着儿女渡河远徙,抛弃了母猴。此神话主要在红水河流域的布努瑶中流传。此外,流传于广西田东县的《维路桑与她的七个儿子》讲始祖母维路桑是猿猴,生七对男女,形成汉、满、蒙、畲、回、壮、苗七族[①]。

"犬祖型"族源神话是将神犬视为族群始祖的神话类型。瑶族"犬祖神话"的突出代表是"盘瓠神话",其情节可概括为:神犬盘瓠揭榜立功娶公主,迁入深山生育多对子女,最终繁衍瑶族十二姓。盘瓠神话在苗瑶语民族中广为流传,但就瑶族而言,此神话主要在操勉语勉方言、金门方言人群或"盘瑶"中流传。在这些人群中形成了以始祖盘瓠为核心的信仰与祭仪,这在社群整合、文化传承以及民族意识的形成、民族认同的表达等方面都具有重要意义。

盘瓠神话的版本、异文很多,韵体、散体皆有,瑶语、汉文悉备。以韵体歌谣流传的文本称《盘王歌唱》《狗皇歌》《斗羊角歌》《盘王来历歌》《盘护歌》《唱盘王祖公》《历史源流歌》等等,名殊实同,王矿新等整理的《盘瓠》有一定代表性。在瑶区还流传着不少用汉文书写的《评皇券牒》,或称《过山榜》,都不同程度地保存有盘瓠神话。除上述两类,笔者搜集到盘瓠神话散体口传文本25篇,包括流传于广西金秀县的《盘王的传说》、永福县的《板瑶的祖先》、龙胜县的《花瑶祖源传说》以及凌云县的《盘瑶、蓝靛瑶及背篓瑶祖源传说》;流传于湖南江华县的《盘王与瑶人的来历》、江永县的《盘瓠》、宁远县的《盘王三获的传说》、蓝山县的《狗头瑶的传说》以及双牌县的《狗头瑶》;流传于贵州荔波县的《狼狗与公主》、三都县的《平王与盘王》;流传于广东乳源县的《瑶族来源的传说》。以上诸篇,其情节模式化倾向显著,情节结构稳定。

盘瓠神话在形式和内容上的流变体现在两个方面:一是盘瓠神话的"传说化",具言之即神话中的"犬"变成了"人",如流传于湖南新田县的《盘王的传说》,其情节结构与一般盘瓠神话无异,但主角从神犬"盘瓠"变成了英雄"黑毛人","神犬"则被矮化为帮助"黑毛人"立功的"猎犬"[②];二是盘瓠神话的"民间故事化",即盘瓠神话的情节被改造甚至完全弃置不用,只保留崇狗、敬狗的观念,如流传于广西钟山县的《黄竹狗头瑶的来历》讲猎狗引导家人在深山寻得遇难猎人的尸体,猎人后裔因此感谢猎狗,于是族人忌食狗肉并戴狗头帽,遂有"狗头瑶"之谓[③],这基本上已是"风俗起源故事"的格局。

---

① 广西壮族自治区编写组.广西瑶族社会历史调查(第六册)[M].南宁:广西民族出版社,1987:96.
② 新田县民间文学集成办公室.中国民间故事集成·湖南卷·新田县资料本[Z].新田县,1987:32-33.
③ 赵甲春.广西民间文学作品精选(钟山卷)[M].南宁:广西民族出版社,1991:7.

主角盘瓠身份的变化与神话情节的改造，是盘瓠神话"传说化"与"民间故事化"的主要手段。除前述两例，流传于广东连南县的两篇追溯"八排瑶"起源的故事将此类文本的演变体现得淋漓尽致。《八排瑶人的由来》讲八排瑶源于"一位汉人妇女与神犬相交，生下八个儿子"①，其情节明显因袭盘瓠神话。《八排瑶来源的传说》则讲最初有四兄弟因旱灾从道州迁连南，在迁徙中一只白狗探路，另一只黄狗引路，最终到达目的地并发展成八排瑶②。这两篇故事都旨在追溯八排瑶的起源，但比较之下不难发现：核心人物从"神犬"变为"四兄弟"；关键情节由"人犬婚生八子"变为"四子繁衍八排"；"神犬"被矮化为探路、引路的狗；"人犬婚配"的情节在后者完全消失。以上例举皆说明盘瓠神话的演变有迹可循。

瑶族的"人祖型"族源神话以"渡海神话"为代表。"渡海神话"具有较明显的传说性质，其基本情节为：瑶人因缺粮、瘟疫、地震或战乱被迫南迁，族人乘船渡海遭遇风暴，陷入绝境，于是向盘王许愿求佑。盘王显灵，族人脱困，因感念盘王恩德，瑶族形成"还盘王愿"的礼俗。渡海神话的韵体文本比较多，如流传于湖南江华县的《瑶人迁徙歌》、广东连南县的《古老歌·过大海》云南河口县的《漂洋过海》，都是其中的代表。笔者搜集到散体"渡海神话"9篇，包括流传于广西金秀县的《渡海与还盘王愿》、湖南江华县的《盘王节的来历》以及广东乐昌县的《祖先根牒》。此外，"渡海神话"在泰国、老挝的瑶族中也有流传。在神话中，盘王（在少数文本中为盘瓠、盘皇）是护佑族裔的神性始祖。始祖护佑族裔，族裔感念始祖，这是祖先崇拜的一般心理。由此观之，"渡海神话"中的盘王是瑶族神格化了的始祖，此类神话是通过祖先崇拜来展现瑶族认祖归宗的民族心性，这种民族心性也可在瑶族"盘王始祖随身带，木本水源不可忘"的俗谚中见出，这一切都说明"渡海神话"是瑶族以"祖先崇拜"为灵魂，以"渡海迁徙"的历史记忆为载体，旨在整合族群、凝聚族裔的"人祖型"族源神话。

整体来看，上述四种族源神话深刻地表达了瑶族的历史意识、族群意识，即"英雄祖先""弟兄民族"的历史心性。首先，瑶族的"英雄祖先"如盘王、盘瓠、密洛陀等在诸神话中皆是以"共祖"身份出现，而"共祖"是整合社群、凝聚人心的神圣符号；与族源神话相关的如盘王节（还盘王愿）、达努节等节日庆典是表达族群"同一性"的神圣时间；神话中出现的如"南京十宝

---

① 竹村卓二.瑶族的历史和文化 [M].朱桂昌，金少萍，译.南宁：广西民族学院民族研究所，1986：247-248.
② 广东省连南瑶族自治县文化局.瑶族民间故事 [Z].连南县，1983：7-9.

殿（峒）""会稽山""千家峒"等祖居地则是表达族群"同一性"的神圣空间；"九节牛角""金香炉""黄泥鼓""长鼓"等则是表达族群"同一性"的显圣物。

其次，"兄弟民族"的观念是瑶族认识、构建和处理族群关系的基本理念、方法。从"英雄祖先"到"兄弟民族"，这昭示着族群一以贯之的血脉渊源与不断延展的血缘谱系。"血浓于水"的信念赋予的亲和力，"同胞兄弟"的认同汇聚而成的向心力，都是增进民族团结、协调族群利益的思想资源、精神力量。总之，瑶族的族源神话，以"兄弟关系"表达"族群关系"，分别强调了"瑶族与其他民族""瑶族内部支系"在"血缘"层面的同质性、一体性。

最后，瑶族的族源神话通过文化层面的差异来表达族群的异质性。这里所说的"文化"主要包括生产方式、语言、习俗诸方面。流传于广西凌云县的《蓝靛瑶住山的由来》、巴马县的《娅台和七子》以及湖南宁远县的《三种瑶族名的传说》与《果和格乃》，就是将生产方式的差异、生产技术水平的高低作为区分族群、人群的依据。总之，在这些神话中，"血缘"与"文化"成为表达族群意识、协调群际关系、彰显本民族之民族性的重要手段，二者的不同之处在于："血缘"（地缘）是表达族群同质性的主要手段，而"文化"更多地用来表达民族之间的异质性。

（四）瑶族的"文化起源神话"：以"谷种起源神话"为中心

"文化起源神话"是反映先民在物质技术、道德礼俗、知识观念等方面创造发明的神话类型。总体而论，瑶族的"文化起源神话"以探讨农业起源、反映早期种植业情况的"谷种起源神话"最为显著。此类神话在瑶族中广为流传，笔者搜集到20篇。

"谷种起源神话"是一类探讨农业生产所需谷种之由来的神话类型，此类神话反映了先民寻求谷种、开荒垦田、春播秋获的艰辛与不易，还表达了先民渴望风调雨顺、丰衣足食的生活理想以及感恩大地、敬祀农神的信仰。从情节结构来看，瑶族的"谷种起源神话"大致可分为"取谷种型"与"谷种退化型"两类。

"取谷种型"指的是先民为发展农业而依靠动物、神灵，想方设法获取包括谷种在内的各种作物种子的神话类型。根据获取方式的不同，笔者将"取谷种型"分为三类。

第一类是各种动物接力传递、团队协作，帮人类取回谷种。取种团队成员多样，流传于广西金秀县的《谷种的来历》中是猫、狗、鼠，南丹县的《谢古婆与格怀》中是野鸭、老鼠与鱼儿[1]，龙胜县的《耗子粮》中是狗与老鼠[2]，贵州荔波县的《谷种棉种树种》中是岩鹰、老鼠与鸭子[3]，各种动物接力、合作，完成某项伟大事业，这样的情节模式在很多民族神话中都有。

第二类是单靠一只神勇的狗渡过大海（河），帮人们取来谷种。此类神话极为常见，流传于广西兴安县的《谷子来源的传说》、湖南常宁县的《龙犬盗谷种》、湖南隆回县的《稻米的由来》、湖南汝城县的《"延寿人"因何不吃狗肉》，皆属此类。"狗取谷种"或"狗尾藏种"的神话流传广泛、数量众多，其原因有三：首先，猎狗是狩猎时的得力助手，狗代表狩猎经济，普遍存在的"狗尾藏种"的情节是一个隐喻，代表狩猎或渔猎经济向农业经济的过渡；其次，在农业时代，狗是看田护禾的能手，这促使人们进一步将谷种的获得也归功于狗；最后，瑶族中如盘瑶、红瑶、板瑶等支系因犬祖崇拜，向来有崇狗、敬狗之俗，人们完全可能因这种崇拜而把谷种的获取也归功于狗。

第三类是仙女与凡人相恋、结婚，仙女将谷种从神界带到人间，或在仙女帮助下发展农业，流传于广西马山县、都安县的《瑶家种粟子糯米的由来》，贵州荔波县的《仙女相助建家园》都属此种情形。一方面，此类神话将"仙凡婚配"（娶亲）与"获取谷种"（取种）进行类比，用"人的生产"类比"物的生产"，以此凸显凝聚在"谷种"之中的那种蓬勃而神秘的增殖的力量。另一方面，"仙凡婚配"中的神界与人世代表不同的血缘群体，仙凡婚配的同时人类从神界获得谷种，这意味着人群之间因通婚，不仅促成了血缘的交流与融合，同时也促进了包括谷种在内的物种（物产）、生产方式以及文化的交流与融合。

"谷种退化型"的基本情节为：人类因无礼、懒惰或疏忽大意而冒犯神灵，神灵降灾人世，致谷物发生由大变小的退化，或致人类彻底丧失谷种。流传于湖南江永县的《稻谷由大变小的缘由》、云南富宁县的《谷子的传说》、广西金秀县的《谷种的来历》都属此型。整体观之，"谷种退化型"重在表达先民的农业理想。如神话所述，谷种退化、丧失前，谷粒大如葫芦，成熟后自动滚到家门、滚进谷仓，人们不用劳作，吃用不愁，这意味着先民把对未来的生活理想投射到了渺远的过去，目的是在现实的农业与理想的农业之间形成反差，以此表达对农业生产现状的不满，进而展望农业发展的前景，畅想丰衣足食的理想生活。

---

[1] 陶立璠，李耀宗.中国少数民族神话传说选[M].成都：四川民族出版社，1985：101-104.
[2] 广西壮族自治区民间文学研究会.瑶族文学资料·民间故事（第十一集）[Z].内部资料，1963：65-66.
[3] 周隆渊.射岩箭——瑶族民间故事选[M].贵阳：贵州人民出版社，1987：109-112.

"谷种退化型""获取谷种型"之外，还有将此二型黏合在一起的情形，其基本情节为：人类冒犯神灵，致谷物变小或人类丧失谷种，接着在狗的帮助下，人类重获谷种。流传于广西金秀县的《大谷壳》、兴安县的《谷子的由来》，云南广南县的《谷子的来历》、富宁县的《谷子的传说》，都属此例。

整体来看，瑶族的"谷种起源神话"在情节结构上与南方其他民族的同类神话并无显著差异，但此类神话反映了一些具有地方特色的农祀仪式及信仰，如流传于广西金秀县的《刘大娘与"游神护禾"》通过刘大娘显圣、除蝗、护禾的神迹，体现了瑶民对丰收的渴望，对护禾神灵的信仰。在"游神"仪式上，瑶民抬着刘大娘塑像唱道："一把大娘像塑好，蝗虫自己消灭了，三年又游神一回，游神五谷得丰收。"[1]这些仪式、歌谣是对此类神话的生动展演，形象地诠释了蕴含其中的农业理想与农业心态。英国学者简·哈里森（J.Harrison）曾说："仪式是生活的模拟，尤其重要的是仪式总有一定的实际目的，这些目的指向现实，是为了召唤丰衣足食的季节的轮回。"[2] 在本文的开篇处，笔者从"基础存在论"的角度为神话分类，同样是基于对神话的这样一种认识：神话深刻而全面地体现了人的"生存性"，即人寻求生存所需的物质给养与对生存之意义的寻求。所以，凝聚在神话中的先民的热情、焦灼、理想与智慧，超越千年万里的时空鸿沟，将开拓进取的英雄祖先与前赴后继的万千族裔勾连在一起。

四、余论：从"技术三分说"看瑶族的"文化起源神话"

"谷种起源神话"重在探讨农业的起源及其意义，而"农业"是属于更广泛的"生产方式"的范畴。采集、渔猎、种植、饲养、畜牧等生产方式及其相关礼仪、信仰在诸民族神话中都有体现，此外如人工取火、纺纱织布、修房造物、制陶冶金等大致可纳入比"生产方式"更宽泛的"物质技术"的范畴。瑶族中也流传着一些反映狩猎、人工取火、纺织技术等内容的神话，但笔者目前只搜集到很少几篇，远不如"谷种起源神话"那样突出。在其他民族中常见的如"火起源神话"在瑶族中比较少见，具有代表性的是流传于贵州荔波县的《取水火》，讲远古之时娘老祖教儿女击石取火之法。

"物质技术"是与"身体技术""社会技术"并列的技术门类。笔者将"技

---

[1] 广西壮族自治区编写组.广西瑶族社会历史调查（第一册）[M].南宁：广西民族出版社，1984：408.
[2] 哈里森.古代艺术与仪式[M].北京：三联书店，2008：87.

术"作如此三分，是基于对人与人、人与物、人与世界这三种根基性关系的理解，基于对人的生物性、集体性（社会性）、个体性的认识。哲学家如叔本华（A.Schopenhauer）、尼采（F.Nietzsche）、爱默生（R.Emerson）等都认为：一切技术或文化都是人类身体的延伸。老子《道德经》亦云："吾所以有大患者，为吾有身，及吾无身，吾有何患！"[①] 以上观点皆有助于我们认识技术或文化的本质。通常来说，所谓"文化"或"技术"就是人基于生存、为了生存而积极创造、构建的一切物质的、思想的工具的总和。身体（身）诸器官是意志（心）的外化，身心之外的器具（器）、道德（道）则分别是身、心的延伸：由身之诸器延伸出手中诸器，这代表由心灵、身体、身体技术再到物质技术的延伸序列；由心之良知良能延伸出道德礼法诸端，这代表由心灵、道德、身体技术再到社会技术的延伸序列。

"身体技术"指的是人类在后天发展起来的、以身体为载体但与本能不同的技能。"语言起源神话"是反映"身体技术"最重要的一类，其进一步发展就是如汉籍中"仓颉造字"一类的"文字起源神话"。所谓"言为心声""书为心画"，皆强调语言是沟通心、物的桥梁，是人的意志得以外化的手段。"语言起源神话"是探讨人类语言能力的获得、演进及其意义的神话类型。流传于广东乳源县瑶族中的《禁牛说话》讲牛因为人的诡计失去了本来具备的语言能力，只能任劳任怨地助人耕田。此神话的重点虽在解释耕牛的由来以及人们对待耕牛的复杂心态，但是也间接透露了先民用语言的标准以及用思维水平的高低来确立人兽之分际的观念。在神话中，先民通过对人兽之间语言之有无的比较，凸显语言在思维、思想、观念层面的价值，并以此体现出人的特性。在人类从"自然状态"到"文化状态"再到"文明状态"的演进中，语言（口语）与文字发挥了极其重要的作用。

"社会技术"是根植于人的良知良能而生发出的道德礼法诸端之总和。伦理道德、生活习俗、社会制度、宗教礼仪都属"社会技术"的范畴，这些内容在瑶族各类神话中都有体现。瑶族反映"社会技术"的神话主要是"洪水后人类再生神话"与"族群源流神话"。

"洪水后人类再生神话"在前文已有较详细的论述，此类神话关涉婚姻礼仪的起源、生育制度的构建。婚礼、葬礼是最重要的人生礼仪。从"个体生命历程"的层面看，婚礼是个体生命的谋划与准备，葬礼是个体生命的终结、过渡与

---

① 楼宇烈.老子道德经校释[M].北京：中华书局，2008：29.

轮回生命观的预演。孔子有云："死生亦大矣。"学者维柯也认为婚礼、葬礼与天神崇拜是诸民族文化演历的早期阶段最重要的三大根基文化。很多民族都有反映生死观念或葬礼起源的神话，除前文论及的"洪水后人类再生神话"外，流传于广西南丹县的《起屋吃母亲》、凌云县的《他们不再杀父母亲吃了》以及贵州荔波县的《天葬改洞葬》《猴舞的传说》都涉及瑶族葬礼的起源与改革，也都表达了瑶族的生命意识。

"族群源流神话"涉及图腾崇拜与祖先崇拜。瑶族的"族群源流神话""洪水后人类再生神话"都通过对英雄祖先的歌颂、崇拜体现出强烈的"族群意识"，这两类神话都是从"民族历史演进"的宏观层面展开的，与之相关的重要节庆如盘王节、达努节都是以"祖先崇拜"为灵魂的社会性、民族性祭典，其目的是通过神圣的祭仪让万千心灵复归历史的开端处。唯有这样，瑶族同胞才得以从英雄祖先那里汲取强大的精神力量，那就是凝聚在英雄祖先身上的坚韧、勇气与智慧。

源流编

盘王其人及其生活年代探析

◎ 黄盛全

盘王是瑶族的灵魂，"盘王文化"是瑶族传统文化的内核，在整个瑶族文化中占据重要地位，对整个瑶族意义重大、影响深远。那么，盘王叫什么名字？他是否真实存在？是什么时代的人？目前，在瑶学界有不同的意见和看法，可谓"仁者见仁，智者见智"。本文试就这个问题，谈谈粗浅的看法。欠妥之处，还请各位方家批评指正。

一、关于盘王其人其名

盘王是瑶族的始祖，是一位护国卫民的大英雄。相传，历史上他帮助皇帝打败了敌人，被皇帝赐封为王和招为驸马，许配第三公主，后入驻南山，生下六男六女，传下瑶家12姓。

盘王的故事传说，所有的版本大体都是这样叙述。但对于盘王大名的写法和提法上，则有两种不同的版本：一种是官方古籍史册。如最早的《风俗通》（东汉应劭著，又名《风俗通义》《风俗演义》）和稍晚一点的《后汉书·南蛮西南夷列传》以及新中国成立后官方组织编写的《瑶族简史》《瑶族通史》中都写成"盘瓠"；另一种是瑶族民间保存的《评皇券牒》《过山榜》中则写"盤護"（盘护）。但不管是官方史册上的"盘瓠"、还是民间史料上的"盘护"，读音都一样。

到底应该是"盘瓠"还是"盘护"呢？"学院派"和一些瑶族民间的专家学者（下称"民间派"）有截然不同的意见。"学院派"认为，官方古籍史料一直以来记载的（写的）都是"盘瓠"，所以，应沿用历史上官方史册的写法写成

"盘瓠";而瑶族民间的一些专家学者则认为,瑶族民间文献《评皇券牒》《过山榜》中都是写"盤護"(盘护),在《瑶族通史》中也应该写为"盘护"。

本人认为,盘王的故事,不论是《风俗通》《后汉书·南蛮西南夷列传》等官方的古籍史料,还是瑶族民间文献《评皇券牒》《过山榜》等均采用了"盘瓠""龙犬"之神话、传说。不同的是,《风俗通》《后汉书·南蛮西南夷列传》等以"盘瓠神话"来记述,多了由"耳虫"化为"五彩龙犬"的情节;而《评皇券牒》《过山榜》等则以"龙犬故事传说"来记述,少了"耳虫"化为"五彩龙犬"的内容。尽管如此,但两者的内容和故事情节是基本一致的。

鉴于"学院派"和"民间派"对"盘瓠"与"盘护"的解读都有自己的依据,而且都有一定的道理。为此,本人建议,新修编的《瑶族通史》中,在记载(记述)瑶族祖先"盘王"的尊姓大名时,应加上"瑶族民间文献《评皇券牒》《过山榜》记载为'盘护'(亦称'盘太宁''盘大护')"等类似的标注和表述,体现尊重民间意见;建议其他专家学者的论著也应如此。

二、关于盘王生活年代

盘王生活在什么年代?是什么时代的人?目前瑶学界也有两种截然不同的意见:

(一)以一些瑶族"民间派"为代表的意见

他们认为,盘王是东周平王姬宜臼(约前770—前720)时代的人,是帮助姬宜臼建立东周王朝的大功臣。他们的依据和理由是瑶族民间历史文献《平王券牒》。他们认为,瑶族世代珍藏的、记载自己祖先盘护来历的文献《平王券牒》中,就清楚记载有"平王"二字,而"平王"在中国历史上仅有两个:一个是东周平王姬宜臼,一个是楚国楚平王熊居。这两个"平王"中,一个是东周建立者、东周第一代帝王,一个是楚国国君;东周是大国天朝,楚国是诸侯国。只有大国天朝才有权颁发昭告天下的榜牒文书,《平王券牒》中的"平王"理所当然就是东周平王姬宜臼。至于其他版本《评皇券牒》中的"评皇",只不过是"平王"的误写。

为此,他们巧妙利用西周末年姬宜臼母子借助犬戎国力量,击杀和推翻周幽王,夺回王位的历史事件,编造了盘王是帮助姬宜臼建立东周的大功臣的故事。他们说,"盘护出生在西周晚期""盘护是申国犬戎人姜姓之女(即姜妁)的亲生子,年轻的姜妁在未与周幽王结婚前,在中国与一男青年生下盘护。因为未婚生子，就把盘护他丢在路边""婴儿被抛弃在路边，被移到荆林里，最后又被移到水渠的冰上，七天七夜没有死，姜妠知道以后，认为他是神，于是又把他抱回来抚养长大，并给他起名叫盘护。"①盘护15岁时，申后送其去申侯国"军马场"当了"养马倌"。后来，在申后和儿子姬宜臼与幽王的王位争夺战中，盘护智杀了暴君幽王，帮助周平王姬宜臼夺回了王位，为周平王立下了大功，被周平王赐封为王和招为驸马，许配第三公主，后送入都城洛阳南边的会稽山，永留清山存身养世。盘护顾全大局，同意隐居深山。后来与三公主生育六男六女，平王依序赐姓六男六婿，传下瑶家12姓。平王为此还颁发了特许文牒，让王瑶子孙永留深山，免除所有徭役，永耕天下山场②。

故事到此还没完，有推手"狗尾续貂"："盘护获得周朝天子赐予三公主后，住东周时都城洛阳南边辖申、邓、谢等诸侯国的南京都十宝殿，毕竟树大招风，明智的盘护来个三十六计走为上策，带着周平王所赐金银携三公主远离是非之地，千里迢迢来到古方国时期的桂国越地青山白云下的世外桃源，生下六男六女，就是千家峒瑶族世祖，也是《千家峒》里说的千家峒十二姓始祖。"③

（二）以"学院派"为代表的意见

他们根据《风俗通》《后汉书·南蛮西南夷列传》等众多史册记载认为，"盘护"其实就是"盘瓠"，"盘护"是"盘瓠"的同音字。"盘瓠"（"盘护"）是华夏上古五帝之一的帝喾高辛氏时代（约前2275—前2176）的人物，而且是与帝喾高辛氏有过密切关系的人物。

据《风俗通》《后汉书·南蛮西南夷列传》等史册记载，帝喾时代，帝喾部落联盟经常与犬戎（戎吴）国交战，由于犬戎国有一个姓吴的将军，善于用兵，打仗非常厉害，高辛王的军队与之交战，败多胜少。为此，高辛王在全国各地招募兵勇，并告示群臣，谁能打败犬戎国的吴将军，并取其头者，愿将自己的爱女送他为妻，并提升职务，给予金银。群臣惧怕吴将军，无一人敢应允此事。这时，盘瓠挺身而出，揭下榜文，率领部族迎战犬戎。盘瓠部落作战勇猛，打败了犬戎国的吴将军，并将其头砍下来献给了高辛王。帝喾履行诺言，把女儿（史册和苗瑶

---

① 邓福桑.婆王"同一母题的叙事变形"辨证.瑶风，2018（4）：15.
② "盘王智杀周幽王"一说见于广西金秀瑶族自治县"盘瑶博物馆"之《盘王身世》展板上，但该展板上没盘王是"私生子""弃儿"和"犬戎人"等内容.
③ 盘福东.盘瓠族源神话与盘护祖先崇拜正本清源.瑶风，2018（3）：21.

民间称其为"辛女")三公主许配给了盘瓠。婚后,公主(即"辛女")随盘瓠入居深山,以狩猎和山耕为生,生育六男六女。

本人认为,盘王是"帝喾(高辛氏)时代的人物,是与帝喾高辛氏有过密切关系的人物"之说比较靠谱。理由如下:

1. 帝喾高辛氏为中华上古时期部落联盟首领、五帝之一。这是有《史记》等大量古籍史册记载的,是中华各民族一致公认的,连早期的甲骨文都记载有帝喾姬俊(夋、夔)之名。可见,帝喾高辛氏之人在中华上古时期是真实存在的、是可信的。

2. 犬戎(戎吴)国或犬戎(戎吴)部落,在历史上真实存在,而且,犬戎(戎吴)国或犬戎(戎吴)部落经常侵扰帝喾联盟,两者经常发生冲突,这也是事实,亦有不少古籍史册记载,真实可信。

3. 在帝喾高辛氏领导的部落联盟中,有一个以"龙犬"为图腾的氏族部落,其首领就是盘瓠(盘护)。这一说法有五条依据:一是苗瑶畲族先民"九黎部落联盟"与帝喾同为东夷集团(帝喾高辛氏统领的部落联盟中,很多成员就是当年蚩尤统领的"九黎部落联盟"的遗民),关系密切;二是帝喾高辛氏与盘瓠(盘护)二者活动区域基本一致,同在山东西部、北部和河南东部之黄河下游地区;三是存在时间大体一致;四是盘瓠(盘护)战胜犬戎或戎吴后,其本人及其后裔所获封地大体在今山东南境、河南东境以及湖北、江苏境内;五是与瑶族同源的畲族,传说其始祖龙麒(盘瓠之异称)也在山东境内。畲族《高皇歌》追述,当年龙麒打败犬戎部落和平定燕氏族部落骚乱后,被高辛氏封为"忠勇王",一年以后,又加封为"盘护王"(笔者认为,盘王"盘护"之名,很可能与此有关、由此而来)。福建的畲族中就有"谣咏不忘高帝力,鹏程欲溯凤山踪"的说法,意即"瑶族、畲族(畲瑶)永远不忘高辛帝的恩德""即使远走高飞、事业有成,总是回眸从祖居地凤凰山出发的踪迹"。

4. 在过去曾是苗瑶先民"武陵蛮""五溪蛮"及"梅山蛮"生活的、今湖南省湘西土家族苗族自治州泸溪县及沅水流域两岸的沅陵、麻阳、辰溪等县居民,至今仍然普遍信仰盘瓠与辛女,在这些地方流传有大量关于盘瓠与辛女的传说,也保存有许多大大小小的盘瓠庙和辛女庵、辛女庙来供奉祭祀盘瓠与辛女。与此同时,在这里的很多地名,如山坡、水沟、河滩、聚落甚至桥梁等多用"盘瓠"与"辛女"来命名。在社区居民的行为中,也展现出对盘瓠与辛女的信仰,他们的歌舞、服饰、节日、交往,尤其是流行在当地的"辰河高腔"或"大戏"中都有关于盘瓠与辛女的神话故事。湖南电视台2016年还投资数百万拍摄制作了26集动漫片《盘瓠与辛女传奇》。

"苗瑶畲同宗同源",历史上"苗瑶畲是一家",苗瑶畲都信奉蚩尤、盘瓠,这在史学界、民族学界也是认可的。如果盘王是东周平王时代的人、其妻子是周平王的三公主,湘西苗族为何不信奉和祭祀"周女"(周公主),而信奉和祭祀"辛女"呢?因此,从湘西等地苗族信奉、祭祀"盘瓠与辛女"的文化现象也可以看出,盘王是帝喾(高辛氏)时代的人。

三、关于"盘王是东周平王时代的人"观点之谬误

"盘王是东周平王姬宜臼时代的人"之故事编造得活灵活现,令人感叹。然而,仔细推敲,就发现其漏洞百出。

(一)"盘王是东周平王姬宜臼时代的人"之观点不符合历史事实,于史无据

理由如下:

1. "盘王是东周平王姬宜臼时代的人"之观点,没有可靠和过硬的官方史料作依据和支撑,所引用的史料牵强附会。古代史籍《左传》《国语》《战国策》《吕氏春秋》和《史记》以及《东周列国志》等史书上都讲周幽王是在逃往临漳的路上,逃到骊山脚下时,被犬戎军队追上杀死的,而不是"盘护智杀"。战国末期秦国丞相吕不韦组织门客编写的《吕氏春秋·慎行论·天义》这样记载:"周宅酆、镐,近戎人。与诸侯约,为高葆于王路,置鼓其上,远近相闻。即戎寇至,传鼓相告,诸侯之兵皆至救天子。戎寇尝至,幽王击鼓,诸侯之兵皆至,褒姒大说,喜之。幽王欲褒姒之笑也,因数击鼓,诸侯兵数至而无寇。至于后,戎寇真至,幽王击鼓,诸侯兵不至。幽王之身,乃死于骊山之下,为天下笑。"[翻译:周朝的都城建在丰、镐(今作"丰都"),接近西戎。(周幽王)与诸侯约定,在大路上建一座高堡,把鼓放在高堡上,远近都可以听见鼓声。如果戎寇(犬戎兵)到了,就以鼓声相传信息,诸侯的军队都要来救幽王。戎寇曾经来过,幽王击鼓,诸侯的军队都来了。纷乱扰攘、热闹欢腾,褒姒高兴地笑了。幽王想看见褒姒的欢笑,于是几次击鼓,诸侯的军队几次来都城都没有戎寇。到了后来戎寇来了,幽王击鼓,诸侯的军队都没有来。幽王就死在骊山山脚下,被天下人耻笑。]

"周幽王被犬戎兵所杀"的史实,各种文献中屡见。搜索"周幽王简介""周幽王之死"即可看到:"犬戎兵紧紧追逼,周幽王的左右在一路上也纷纷逃

散，只剩下一百余人逃进了骊宫。周幽王采纳臣下的意见，命令放火焚烧前宫门，以迷惑犬戎兵，自己则从后宫门逃走。逃不多远，犬戎兵又追了上来，一阵乱杀，只剩下周幽王、褒姒和伯服三人。他们早已被吓得瘫痪在车中。犬戎兵见周幽王穿戴着天子的服饰，知道就是周天子，就当场将他砍死。又从褒姒手中抢过太子伯服，一刀将他杀死，只留下褒姒一人做了俘虏（一说被杀）。至此，西周宣告灭亡"和"犬戎攻破镐京，杀死幽王退走后，申侯、鲁侯、许文公等共立原来的太子姬宜臼为天子，于公元前770年在申（今河南省南阳市北）即位，是为周平王。因镐京已遭战争破坏，而周朝西边大多土地都被犬戎所占，周平王恐镐京难保，于公元前770年在秦护送下迁都洛邑（今河南洛阳），在郑、晋辅助下立国。东迁后的周朝，史称东周"等描述。

尽管"盘王是东周平王姬宜臼时代的人"之作者在有关著作、论文中，把"盘护"的出生年月都罗列出来了，给人以仿若真实之感，但事实上，《左传》《国语》《战国策》《吕氏春秋》和《史记》以及《东周列国志》等史书根本就没有"盘护"和"盘护智杀周幽王""龙犬咬死幽王"的记载。如有记载，为何作者在有关著作、论文中没有引用原文？没有注明具体的出处？

2. "盘王是东周平王时代的人"之观点望文生义、主观臆断。"盘王是东周平王时代的人"之观点仅凭瑶族民间有极少数《平王券牒》文献；同时，又因《评皇券牒》中的"评皇"二字与"东周平王"中的"平王"二字读音相近，就断定盘王是东周平王时代的人，说服力不强。要知道，盘瑶民间保存的券牒榜文，大部分都叫《评皇券牒》，而非《平王券牒》。黄钰先生1989年辑注、1990年6月由广西人民出版社出版发行的《评皇券牒集编》中收集的107篇（含"附件编"6篇）券牒榜文中，名叫《平王券牒》的仅3篇，叫《评皇券牒》的占70%以上。因此，不能因为有"评皇"（平王）二字就断定"盘王是东周平王时代的人"和"《评皇券牒》是周平王颁发"的。不排除《平王券牒》中的"平王"二字是因为瑶族先民识字不多，认为"平王"二字笔画简单，而在抄写过程中将"评皇"写成"平王"的。

同时，《评皇券牒》中的"评皇"二字虽然与"东周平王"中的"平王"二字读音相近，但写法不同。为什么我们瑶族中保存的《评皇券牒》绝大部分不用简单易写的"平王"二字，而用笔画众多、写起来要困难得多的"评皇"二字呢？这可不是用"评皇"二字是"平王"二字的同音误写解释得了的。会不会还隐藏有其他含义？会不会是"盘王券牒"的音译呢？对此，瑶学专家郑德宏先生就认为，"'评''平'是'盘'字的汉字记勉语音，勉语'盘'与'平'是近音，

'盘'勉语读 pien^{31}，'评'勉语读 pn^{31}。用汉字记勉话音，目的是让外族人看不懂。所以不公开而秘藏"[1]。黄钰先生辑注的《评皇券牒集编》中就收辑了9篇名叫《盘王券牒》《盘王圣牒》《盘王过山榜文书》《盘王榜牒》《盘古圣皇榜文券牒》《盘古王圣牒榜文书》《盘皇牒》《盘古平王圣牒》《盘瓠王开山公居图》的券牒榜文，比名叫《平王券牒》的券牒榜文多出6篇。

3. "盘王是东周平王姬宜臼时代的人"之观点断章取义，选择性地引用《评皇券牒》资料。众所周知，保存于瑶族民间的《评皇券牒》《盘王券牒》《瑶人榜文》等俗称"过山榜"的文献，是瑶族灿烂文化的瑰宝，是研究瑶族的重要历史资料。这些瑶族民间文献，黄钰先生把它分为"正本（古本）型""简本型""修编型""非牒型"4种类型。这些文献虽名称各异，版本多样，长短也不尽相同，但其内容基本上包括了关于民族起源的神话传说"龙犬故事"、瑶族先民的迁徙和封建王朝授予瑶族先民的官爵及瑶族耕种山场、蠲免国税夫役等"特权"，有的券牒文后还附上本地历史事件和当地山林土地的占有划分的记载及本姓氏的宗支谱系。笔者统计过，黄钰先生辑注的《评皇券牒集编》107篇中，有"龙犬神话故事"的共75篇、占70%；没有"龙犬神话故事"的仅32篇（其中："非牒型"19篇、"简本型"6篇、"修编型"2篇、"正本或古本型"5篇），占30%。事实上，《评皇券牒》中的"龙犬神话故事"，与《风俗通》《后汉书·南蛮西南夷列传》记载以及《瑶族简史》《瑶族通史》中引用的"盘瓠神话"的故事情节基本一致。然而，"盘王是东周平王姬宜臼时代的人"之作者，只从《评皇券牒》《盘王券牒》《平王券牒》等券牒榜文中，切取了对他们有用的"平王"和"盘护"4个字，对占据《评皇券牒》《盘王券牒》《平王券牒》重要篇幅的"龙犬神话故事"视而不见，断章取义。

4. "盘王是东周平王姬宜臼时代的人"之观点有悖于瑶族"先有瑶、后有朝"的史实。瑶族中长期以来都有"先有瑶、后有朝"［即"先有瑶族、后有王朝（皇朝、朝代）"］的说法，充分体现了瑶族人民对自己这个古老民族的自信和自豪。解读此传统说法，其意为瑶族的诞生和存在，要比任何一个王朝（皇朝）、朝代都要早，王朝（皇朝）、朝代还没有出现，"瑶"这个共同体就存在于世上了（当然当时不叫瑶族，只是瑶族先民所在的某个氏族部落）。按照瑶族这一传统说法，"瑶"这个共同体的存在要比夏朝（约前2070—前1600）、商朝（约前1600—前1046）、周朝（约前1046—前256）都要早。本人认为，瑶族这一传统

---

[1] 郑德宏.浅析龙犬神话盘瓠神话与盘护.瑶风，2019（3）：11.

说法，符合中国的历史事实，即瑶族源于蚩尤统领的"九黎部落联盟"的"龙犬"图腾部落，而蚩尤与黄帝炎帝是同时代（约前2717—前2599）的人，瑶族先民所在的氏族部落，要比东周早。"盘王是东周平王姬宜臼时代的人"之观点明显有悖于这一史实。

5."盘王是东周平王姬宜臼时代的人"之论述前后矛盾。"迁徙'三危'的繇民遍及川、甘、陕地区，原在东部的'三苗'部众，退居江淮时'后泄二十年，命畎夷，白夷……阳夷。繇是服从'，但是，'其鹿野摇山、扬岛大人之居多无君'的记载，此地的繇民仍处于'无君'统治的原始时期，至今江淮还留下高邮摇山等与繇民居住有关的地名。"

"处于'无君'统治的'鹿野繇'迁入浙、楚，一部分入江西余干、高安一带。故'春秋初年之江浙当为犹繇土著'。一部分由淮入皖中，移徙到长江以南的赣北，又迁入鄂，故有'左洞庭、右彭蠡'犹繇区之说。春秋后期'江浙当为犹繇土著'吴越紫金山（今南京钟山）、扬州、会稽山一带聚居。"

"迁徙吴越紫金山、扬州、会稽山一带的'犹繇土著'是商末周初由吴太伯、仲雍兄弟奔荆蛮时，带着部分'犹繇'由仪征过江至无锡之梅里。《史记》江熙云：'托彩药于吴越，不反（返）'，留在江苏东南的摇城一带。《史记·索引》说是后人对《史记》的解释，'地在楚越之界'仍称'荆蛮'。太伯、仲雍兄弟带着部分'犹繇'入吴路经仪征（今高邮县南）与另一支'犹繇土著'会聚，再南迁浙江会稽山为中心的一带，'越国服劳役'。"

这是本人引自《蚩尤盘护的民族考古学文化研究》第11—12页的三段论述。这位同仁详细引用上述史料和分三段做详细论述，目的是用来证明"盘王夫妇和周平王赏赐给盘王的500力夫繁衍而成"的瑶族先民之分布情况。这位同仁研究瑶学多年，成果丰硕，令人我等敬佩。然而，这次却值得商榷。凡是学过中国历史的人都会知道，"迁三苗于三危"是尧舜时代之事。古籍《尚书·尧典》记载：尧舜"窜三苗于三危"；司马迁《史记·五帝本纪》也记载：尧时"三苗在江淮、荆州数为乱。于是舜归而言帝（指'帝尧'），请……迁三苗于三危"。而"尧舜""帝尧"为中国上古时期方国联盟首领、"五帝"中的两位，其生活年代约在公元前2377到前2259年，比东周平王时代（前770—前720）早了千年以上。吴太伯（泰伯）、仲雍（约前1285—前1194）兄弟系商末西岐君主古公亶父长子和次子，他俩生活的年代也比东周平王时代早了500多年；商末周初（前1046）"迁徙吴越紫金山、扬州、会稽山一带的'犹繇土著'"也比东周平王时代早了276年以上。尧舜、帝尧"迁三苗于三危"和吴太伯（泰伯）、仲雍两兄弟生活的年代以及"犹鬻土著"迁徙江浙，明摆着都早于东周平王时代，但此公却把它用来证明"盘王夫妇和周平王赏赐给盘王的500力夫繁衍而成"的瑶族先民之分布，确实不妥。

然而，此公引用的这些史料及《尚书·尧典》《史记·五帝本纪》的记载，却明白无误地告诉我们：早在尧舜时代，就有瑶族先民"三苗"被帝尧流放到"三危之地"；早在商末，就有瑶族先民"犹鬻土著"迁徙到吴越紫金山、扬州、会稽山一带，从而也反证了盘王不是东周平王姬宜臼时代的人，瑶族不是由盘王夫妇和周平王赏赐给盘王的500力夫繁衍而成。这些充分确凿的史料证据，彻底地否定了"盘王是东周平王姬宜臼时代的人""瑶族是由盘王夫妇和周平王赏赐给盘王的500力夫繁衍而成"的说法。

（二）"盘王是东周平王姬宜臼时代的人"之观点，割断了瑶族与蚩尤"九黎部落联盟"、三苗部落联盟的历史渊源，缩短了瑶族的历史

瑶族是一个历史悠久的古老民族。众所周知，瑶族源于与炎黄部落联盟同时代的蚩尤"九黎部落联盟"之"龙犬"图腾部落，而蚩尤是上古人物。瑶族的历史从蚩尤时期算起，至少有4700年，这是不容置疑的。即使是从盘王诞生的帝喾高辛氏时代（约前2275—前2176）算起，瑶族历史至今至少也有4000年。"盘王是东周平王姬宜臼时代的人""瑶族是由盘王夫妇和周平王赏赐给盘王的500力夫繁衍而成"之观点，没有把盘王和瑶族先民与蚩尤时代的九黎部落联盟及其后的三苗部落联盟联系起来，割断了盘王和瑶族先民与九黎部落联盟、三苗部落联盟之间的渊源关系。如果盘王是东周平王时代的人，那把瑶族历史缩短了至少1500年。

（三）"盘王是东周平王姬宜臼时代的人"之观点不符合人口发展规律，无法解释清楚瑶族如何成为人口300万左右、数量位列全国56个民族第13位的民族

众所周知，瑶族是个山地民族，长期生活在贫困山区，生产力水平极为低下，人口发展实属不易。但就是在这样艰难的条件和恶劣的环境下，明朝万历二十六年广西瑶族人口仍发展到了159万[①]。如果加上广东、湖南、云南、贵州等地的瑶族，估计当时全国瑶族人口超过250万（据奉恒高主编、2007年6月民

---

① 杨芳.殿粤要纂.南宁：广西民族出版社，1993.

族出版社出版的《瑶族通史》上卷304—306页记载，明代广西有52个县、广东有50个县、湖南有27个县有瑶族分布）。对此，著名瑶学专家吴永章也感叹"明代，瑶族势力空前壮大"①。这充分说明瑶族在起源时人口基数就比较大，是一个大部落、大族群，也只有大部落、大族群，才有实力与其他部落（族群）抗衡、与自然灾害作斗争，才不至于被灭掉，才能发展成为现在的规模。如果瑶族当年仅是盘王夫妇和500力夫，在古代瑶族所处那么艰难的条件和恶劣的环境下，可能早就不存在了。由此可见，瑶族是由盘王夫妇和周平王赏赐给盘王的"500力夫繁衍而成"的观点是经不起推敲的。

（四）"盘护是申后姜妠的'私生子'、是'弃儿'"之说，于史无据，纯属捏造

至于"盘护是犬戎人""盘护的先民们就是犬戎"之观点，实为无稽之谈。盘护是瑶族的祖先，瑶族源于属东夷的九黎、三苗，古代生活在黄河、长江中下游及淮河中上游一带，范围包括今山东、河南、湖北及河北、安徽、江苏部分地区；犬戎族为游牧民族，古代居住于今陕、甘一带，都城位于今甘肃省静宁县威戎镇。一个是东夷，一个是西戎，两者"风马牛不相及"；同时，两者族源不同，生活习俗也大不一样，何来"盘护是犬戎人""盘护的先民们就是犬戎"？而"盘王夫妇千里迢迢来到古方国时期的桂国越地千家峒"之说，更为荒唐可笑。按其"盘王是东周平王姬宜臼时代的人"之说，盘王夫妇是生活在公元前770年到前719年那段时间，而"越地千家峒"，据瑶学专家杨仁里先生考证，是南北朝至元大德九年（420—1305）由梅山峒瑶族南迁而形成的一个聚居地②。"越地千家峒"比"民间派"认为的盘王夫妇生活在东周平王时代整整晚了1100多年。盘王夫妇如何来到桂国越地千家峒？

四、关于"盘瓠神话"是否杜撰辨析

"盘瓠神话"在《风俗通》《后汉书·南蛮西南夷列传》《搜神记》《荆楚记》以及《溪蛮丛笑》《辰州府志》等史书和典籍中有大量记载，"龙犬故事传说"在《评皇券牒》

---

① 吴永章.明代瑶族社会概说.中南民族大学学报（哲学社会科学版），1993（5）：44.
② 杨仁里.元代千家峒瑶族主要源于梅山蛮及其源流故址初探.零陵师范高等专科学校学报，2001（22）4：87.

《过山榜》等瑶族民间文献中也有详细记述，且流传久远。流传于湘西的"盘瓠与辛女神话传说"2011年5月被国务院列为第三批国家非遗名录；同时，也是湖南省非物质文化遗产保护项目，更是我国民间文学（口头文学）宝库中极为重要的资料和珍贵的文化遗产。

然而，正是这么一个珍贵的文化遗产，却遭到了一些人的质疑和反对。质疑者和反对者认为，这些神话、传说荒诞不经，是应劭、干宝、范晔等人的杜撰。

笔者认为，神话形象与叙事是古人凭想象创造的，有时会很荒诞，但是包含着他们"最内在最深刻的内心生活"，即他们所经历的生活在内心留下的影像。是否是杜撰不能简单下结论，要分析神话、传说的特征和产生的历史条件及传播途径，才能得出正确结论。

众所周知，神话是由人民集体口头创作，表现对超能力的崇拜，对理想追求及文化现象的理解，属民间文学的范畴，具有较高的哲学性、艺术性，对后世影响深远。在学术上，学者所说的神话，必须具备几个条件：一是叙述人类原始时代或人类演化初期的单一事件或故事。二是这些事件、故事具有神明性、神秘性和神圣性。三是必须是远古族群集体创造并且流传下来的。如果是个人创造，并且没有经过传承，而且群众也没有参与创造，这故事则不属于神话，只能是文学作品。正如马克思所指出的："神话是远古时代的人们对其所接触的自然现象和社会现象所不自觉地幻想出来的具有艺术意味的集体的口头描述和解释。"（见马克思《政治经济学批判导言》）史书和典籍中记载的"盘瓠神话"和《评皇券牒》《过山榜》等瑶族民间文献中记述的"龙犬故事传说"均符合这三个条件、具备这三个特征，其"原创"是苗瑶畲先民，而不是应劭、干宝、范晔等人。正是"盘瓠神话"（瑶族为"龙犬故事传说"、畲族为"龙麒故事传说"）在苗瑶畲先民中广泛流传后，才被干宝、应劭、范晔等人搜集整理入书。正如著名瑶学专家、广西瑶学学会会长、广西民族大学莫金山教授所指出的："应劭及其父亲应奉、祖父应郴祖孙三代，长期居住在武陵地区。应奉、应郴曾任武陵太守。武陵是汉代瑶族的聚居地，被称为'武陵蛮'。应劭所记的'盘瓠故事'材料，应是从'武陵蛮'中获取的。可知，在应氏祖孙来武陵任职之前，'盘瓠故事'早已在湘西的社会里流传了。"[①] 对此，上述那位力挺"盘王是东周平王姬宜臼时代的人"的瑶亲也在其大作《蚩尤盘护的民族考古学文化研究》第

---

① 莫金山.瑶族文化"圣地"考——兼论《评皇券牒》的历史价值."大瑶山与世界对话2020"民族地区脱贫攻坚经验交流峰会论文集.岭南书画，2020：329.

13页也间接承认了这一事实："应奉（应劭之父）在多次对盘护后裔镇抚过程中，自然了解盘护后裔因'祖先有功，特免皇粮国税官差'而作反抗国税官差斗争，应奉把他所见所闻传给儿子应劭，应劭把这写入《风俗通义》……"试想，如果是应劭、干宝、范晔等人"杜撰"，那么，这些神话、传说又是怎样传播到苗瑶畲先民中并为其接受的？要知道苗瑶畲先民广泛分布在长江中下游及南方的广大山区，而且当时交通极为不便，信息闭塞，苗瑶畲先民大都不识汉字，应劭、干宝、范晔等人有那么大的能耐将其"杜撰"的作品传播给广大苗瑶畲先民并为其接受吗？既然是"杜撰"的、没有群众基础的东西，苗瑶畲先民会接受并把它当作"传家宝"代代传诵吗？也许，有的还会说，《评皇券牒》《过山榜》中"龙犬故事传说"，是封建统治阶级为招安瑶民、巩固其统治地位而编造敕赐苗瑶畲先民的。退一步来说，即便是官方编造敕赐苗瑶畲先民的，而内容上又"荒诞不经"，难道苗瑶畲先民就看不懂？即使苗瑶畲先民中的普通人因不识汉字看不懂，但苗瑶畲先民中的师公、歌手这些以汉字记经书、记歌词来传承本民族传统文化的"知识分子"总会看得懂吧？难道他们真的会欣然接受并加以保存？对此，笔者认为，这些神话、传说，最先肯定是来自"龙犬""龙麒"图腾部落的苗瑶畲先民，"原创"是苗瑶畲先民，是苗瑶畲先民集体创作的。没有广泛的群众基础，没有大家的认同认可，这些"神话、传说"是无法流传开来和传承下去的。由此可见，"盘瓠神话是应劭、干宝、范晔等人杜撰"的说法没有根据，也不符合历史事实。

五、关于对待"盘瓠"和"盘瓠神话"应有的态度

本人认为，应实事求是和一分为二地看待史籍中关于"盘瓠"及其族群活动的记载。大多数使用"盘瓠"或"盘瓠种"字眼来记载苗瑶畲历史文化及其先民生产生活、风俗习惯等内容的汉文史籍并无恶意，亦无歧视性质，其记载的内容还是可信和可以引用的，为我们研究苗族瑶族畲族历史提供了不可多得的资料。

神话作为产生于人类文明早期的口头传统，其本质是历史的记忆。对于"盘瓠神话"（"龙犬故事传说""龙麒故事传说"），我们剔除和透过其"荒诞""神话"的成分，就会发现其中有两个对研究苗族、瑶族、畲族早期历史有重要价值的信息：

（一）它反映了苗族、瑶族、畲族先民在原始社会氏族部落时代的"龙犬""龙麒"图腾崇拜现象

在远古氏族部落时代，生产力水平极为低下，犬在看家护院和满足人们各种基本的物质需要方面起着决定性的作用。特别是在部落冲突中，犬的机敏、忠诚和高度警惕性及冲锋陷阵时的勇猛顽强特性，在氏族部落生存、发展中起着很关键的作用。鉴于犬在苗瑶畲先民生存、发展中的重要作用；同时，由于当时人们对客观世界认知能力的极端低下，以及受"万物有灵"观念的影响，人们便将"犬"视为保护神，加以供奉，并对其产生崇拜。随着时间的推移，这种幻想表象进一步具象化、拟人化，甚至认为其与人有某种亲缘关系，因而在亲缘意识中萌生、衍化出对本族始祖先人的敬拜思想，形成祖先崇拜。

世界古代史、中国古代史和社会人类学知识告诉我们，凡是历史悠久的古老民族，在原始社会时期都有本民族起源的神话、传说。但"神话"并非现实生活的科学反映，而是由于远古时代，人类开始思考与探索自然并结合自己的想象力所产生的。正如《中华百家姓氏通鉴》中的《中华民族古老的传说》一文所指出的："中华民族和世界上其他古老民族一样，在追述其祖先的起源和发展过程中时，一般都由神话、传说进入真实的历史记载，而神话和传说阶段更是一个十分漫长的过程，其在民族发展过程中的作用和地位是极其重要的。"我们应该从历史的角度看待此类问题，理解历史上很多民族都有过的动植物崇拜阶段。这样，才能够坦然面对，不断加强民族团结和铸牢中华民族共同体意识。

（二）它反映了高辛帝（帝喾）时代，以"龙犬""龙麒"为图腾的盘瓠部落，帮助高辛帝打败犬戎（戎吴）部落和平定燕氏族部落骚乱的历史事件

在这一历史事件中，部落首领盘瓠（盘护）因战功卓著，被高辛帝封为"忠勇王"，后又加封为"盘护王"。因而几千年来，一直流传着苗族、瑶族、畲族祖先盘王对朝廷有功、是护国卫民的大英雄的故事传说和"自云祖有功，常免徭役，故以为名'莫徭'"的历史记载。

不过，也有人提出，盘瓠（盘护）很有可能是春秋时代（东周平王姬宜臼执政时期）楚国的一位历史人物，在公元前744年的楚国与卢戎战争中，盘瓠（盘护）率领部族帮助楚王反败为胜，最后把卢戎国和罗国灭掉。盘瓠（盘护）杀敌立功、受封获奖（楚王上报朝廷，以周平王的名义表彰盘瓠）以及与公主结婚，是对那段历史的真实记载。

本人认为，"盘瓠神话"（"龙犬故事传说""龙麒故事传说"）是苗族、瑶族、畲族先民和古代汉族文人把图腾崇拜与当时的历史人物盘瓠（盘护）、历史事件混合而成的产物。它之所以能演变为神话传说，也正是图腾标志使然。"盘瓠神话"（"龙犬故事传说""龙麒故事传说"）是具有神圣的民族起源的信仰，是先民的图腾崇拜，有共同的"氏族标记"。苗族、瑶族、畲族先民把"盘瓠"（盘护）视为始祖和至高无上的尊神，确定了苗族—瑶族—畲族具有紧密的历史联系。

过山瑶（勉）漂洋过海迁徙考

◎ 郑德宏　郑艳琼

一、祖地

祖地，也就是迁徙的始发地。过山瑶的祖地在何方？这就得从过山瑶（勉）的形成谈起。过山瑶的形成问题，我已在《再探瑶族夷勉的来历》（发表在《瑶学论丛》第三辑，团结出版社出版）一文中论述过，在此仅作简述。

过山瑶的先民们从战国时期秦楚之战、秦汉之战的动乱时期渡长江南下，经历数百年的南迁过程，来到了武夷山下赣南、闽西南这片无战乱波及有待开发的地方繁衍生息。他们约在东汉末年至隋唐的数百年间，以这片地域独特条件，形成了共同的经济生活、共同的社会心理素质、共同的语言——勉语。他们从东方古徐夷集团这个母体中剥离出来，形成了一个新的群体夷勉——过山瑶，在隋唐之前被当地称为东夷、蛮僚闽。住在江西一侧的自称 Ko^{31} Sei^{33} mien^{31}，即江西地方的勉，住在江西石城与福建宁化（古黄连洞）石壁一侧的自称 bεη^{31} tei^{22} mien^{31}，即石壁地方的人。杂居在过山瑶勉中的汉族及其他民族的人，过山瑶勉将他们称为"赣"（Kan^{35}），即江西人，今天仍然如此称呼。

《左传》载："昭公三十年吴子灭徐，徐子章禹断其发，携其夫人以逆吴子。吴子言而送之……奔楚。"徐子奔楚后，被楚统治者安置于今江西西北部一带。1979 年，靖安水口乡出土春秋末期"徐王义楚盘"及"雁（偃）居之孙徐之君形盘"等窖藏徐器。光绪十四年，清泉市出土"王义楚"铜牌等十二件徐器，这些都是徐人奔楚后所遗。今南昌县《大唐徐氏族谱》载："徐子章羽为吴所灭，偃王子孙遂迁江西""世为南昌著姓"。

《江华勉语研究》述："……勉语方言和金门语方言的瑶族祖先是从江西地区迁徙到广东、湖南、广西等地的古徐夷后裔。"

绵延千里南北走向的武夷山，形成了一道隔断乱世的天然屏障，地势平坦、溪流纵横、土质肥沃的赣南、闽西这片风水宝地，过山瑶的祖先们在这里开田造地，繁衍生息，在江西石城县、福建宁化县（古称黄连峒）交界处的石壁地方又建起了号称"千户之众"的中心地——千家峒（当地称千家寨）。过山瑶的祖先们在祖地过着安逸、舒适、富裕的生活，在此拉开了流传至今的过山瑶勉的祖地千家峒的历史文化的序幕。

二、迁徙

过山瑶的迁徙是从祖地赣南、闽西南向南迁徙，大约分前后三次、两条路线迁徙。

（一）第一次迁徙的原因、路线、时间

汉朝盛世后，中国步入三国纷争时期，战乱频频。后来司马氏建立了晋朝，可是没给中国带来安定，反而因晋王朝的腐朽荒淫，加剧了社会矛盾，各地义军蜂起，尤其是惠帝时的"八王之乱"。特别是到了愍帝司马邺时，整个西晋王朝动乱不堪，造成了中原人背井离乡，大规模持续向南辗转迁徙，这种迁徙长达300多年，他们的长驱南下，迁至江西中南部和福建南部。原来这些世居中原的士族豪强和中原人背井离乡，其规模大、人数多、历时长，他们来到江西中南部和福建西部的过山瑶祖地，造成了过山瑶勉人居空间受到严重的挤压，迫使过山瑶另择居处，移徙他乡。他们从祖地赣南徙往湖南东南部及粤北地区。

资兴市茶坪村的赵兴国老人和郴县落林峒的老人说："我们的祖先是从江西吉安府地区迁来的，我们的祖先东山起早西山睡，种了一山又一山，来到了湖南今汝城县九龙江落居繁衍生息，后来子孙众多就分居，我们的祖先就来到了茶坪、落林峒。"《汝城县志》载："高山瑶亦曰生瑶，在九龙江南峒等处，深居崇山峻岭。"

这批从江西吉安南迁的过山瑶勉，一部分停留在九龙江外，还有一大部分在南北朝时就徙入了广东。清康熙：《广东通志》卷十九"流寓"载："南朝梁大同（535—543）中从始兴内史萧介赴郡时诸峒瑶，僚屡出剽掠，境内大扰。"我祖先辈迁居韶州府乐昌县、仁化县、阳山县、连州一带繁衍生息。先辈将自己迁

徙的足迹地名载入了谱牒史册中。我祖先辈珍藏的族谱中记载，唐太宗贞观二年（628）湖南郴州遭遇匪乱，郴州当局从广东征瑶人弓箭弩手来郴州平匪守城池，征来盘、赵、李、邓、冯、黄六姓瑶人，匪息民安后，郴州当局留瑶人于郴州"一州五邑"：宜章、酃县（炎陵）、兴宁（资兴市）、桂阳（汝城、桂东）、临武，耕种四十八面山，这一历史事件被瑶人称为"六姓瑶人上湖南"。

（二）第二次迁徙原因、时间和方向

从秦汉始至隋唐，中原人大量涌入，立居建寨，人多势大，强占资源，过山瑶在闽西这块中心祖地——千家峒受到严重的威胁，他们为了生存，常起反抗斗争。"西晋末年（约280—310）的'永嘉之乱'渡江南迁的士族，有的远徙福建、南岭，史称'衣冠南渡八姓入闽'。"《宁化县志》卷三"人口"载："中原人自东汉起已有入境定居，在唐至宋时南渡的第二次客家大迁徙中，大量涌入，致原有的土著民族或移居县外，或与汉人同化。"《论石壁》一书中102页述："还有一种历史现象不能忽视，闽西赣南一带是闽越族世代聚居之地。土著有比较强大的势力，并与汉族移民及封建朝廷之间，发生一些矛盾与冲突，诸如开荒造田所占山界、木材资源、耕作所需的水源以及生存空间所受到的威胁和人为的一些矛盾等。""黄连人巫罗俊者……罗俊因开山伐木，泛筏于吴，居奇获赢，因此观占时变，益鸠众辟土。……贞观三年，罗俊自诣行在上状，言黄连峒土旷齿繁，宜可受田定税。朝廷嘉之，因授一职，令归剪荒自效。"

过山瑶勉家喻户晓的千家峒传说中说，有一年官府的官差进峒寨来催粮要税，瑶家好客，留住官差请吃，千家峒千户人家，每家宴请一天，官府久久不见兵差回来，认为兵差遇害，官府巫罗俊率众大举进军黄连峒（千家峒），黄连峒战火纷飞，家园被毁。瑶族古歌——《千家峒歌》唱道：

> 官差进峒要官粮，蒋（将）大官人发大兵，
> 老少商量应变计，二十七营马围上来。
> 层层官兵人马众，峒中老少难阻拦，
> 众人商量离峒走，千家大峒又抛荒。

从此，过山瑶勉退出了宁化（黄连峒）、石城闽西、赣南，逃往福建南部龙岩、上杭延至漳州。

(三) 第三次迁徙

唐后期,天下大乱,民不聊天,《盘王大歌》中的《过山根》唱道:

> 寅卯二年大旱,江河枯死十里滩,
> 青山竹木自燃火,江河无水鱼死完。
> 男女老少无奈何,漂洋过海到广东,
> 四十九天船到岸,烧香化纸谢神恩。
> 游到广东潮州府,乐昌安住开田塘,
> 游到广东乐昌府,又到坪石把身安,
> 十二姓瑶人游天下,燃香敬祖代代传。

《瑶族过山榜选编》中的《过山榜》中云:"寅卯二年天下大旱,三年官仓无米,河水干枯,格木出火,人民慌乱,咬吃万物……十二姓瑶民行到广东道韶州府乐昌,随山耕种。"

广东乐昌竹林坪盘法俊子孙收藏的《祖先根牒》中记载:"……又商量移居,十二姓中赵法章、盘林二郎、邓养一郎乘船过海,经广东察看……在寅卯七月初三更乘船过海……经十二天来到广东六笛坝上岸,过州入县随坑过岭……到苗子山头……又到广东韶州府曲江入公坑茅坪居住。"

据乐昌市西坑瑶民收藏的《王恩敕封盘王子孙姓氏谱卷》载:"乳源必背镇公坑村赵才银保存的《千年如者歌堂书》……赵德全口述,乳源瑶族先祖,原住南京七宝峒(石宝峒)番背峒,后迁居福建上杭等县繁衍生息……连年收成不好,战乱不安,戊辰七月初三,十二姓瑶人漂洋过海……在广东六笛坝上岸,先后入乳源居住……邓、冯、王等姓也称其祖籍在福建。"

山瑶勉漂洋过海到广东,在广东沿海地区的县志有所记载,《增城县志》"瑶条"载:"瑶人贡方物上赦免其赋役。"《海丰县志》中"海丰瑶条":"良瑶耕田输赋如编户。"《广东通志》载:"东晋、南宋,衣冠望族,向南而趋;占籍各郡,于是语言不同。"

三、结语

过山瑶勉这个群体形成不是在武陵山区,而是在江西的赣南、福建闽西以江西石城县、福建宁化县(古称黄连峒)为中心的广大地域,从古徐夷的母体中剥离出来形成的。赣南闽西是过山瑶勉的祖地，也是过山瑶勉迁徙的始发地。

从晋时至隋唐时期，过山瑶勉从祖地陆续向南迁徙进入湖南东南部及粤北地区。向东南迁徙的部分经漂洋过海进入广东潮州、海丰、增城等地，过山瑶勉的漂洋过海，是历史事实不是神话。

古代濮人、陆浑戎与楚、瑶之间的关系

◎ 冯金陵

"古代民族迁徙，往往带着他们居住地的名称"①。鄂南地区自新石器时代晚期至西晋各个时代，都有各种氏族和族群交错而来、交错而居而又交错而去。瑶族的组成也是多元的，是不同时期多个族群多方融合而成。在古代幕阜山与东洞庭湖之间的族群中，中国历史上两个最大的族系百濮和百越在此交会，百濮编发左衽，百越断发文身。从专家学家近百年对瑶族种群的调查研究，瑶族与百越系的壮、侗、布依等族存在着习俗、语言、服饰、祭祀、图腾、始祖、葬式等方面的不同，所以，瑶族先人是百濮族群的可能性最大。近年，郑宗泽和莫金山两先生作了有益的探索。江华郑宗泽先生从语音角度论述了蒲（濮）与瑶的关系②，莫金山先生认为瑶族起源于山东海、岱地区，且正是濮（蒲）人的发源地③。

一、古瑶濮支

瑶族古籍《过山榜》中记有：濮曾作繇（瑶）亭（领），千家总长，舜裔也④。原句："濮曾作繇（瑶）、亭千，家总长舜裔也。"语不通，疑标点有错。应为："濮曾作繇（瑶）亭（领），千家总长，舜裔也。"亭为领字之误，亭、领二字音

---

① 何兹全.中国古代社会[M].北京：北京师范大学出版社，2007：3.
② 郑宗泽.江华勉语研究[M].北京：民族出版社，2011：256.
③ 莫金山.瑶族起源于山东泰安的探讨·瑶学研究（第11辑）[A].南宁：广西民族出版社，2018：6.
④ 《过山榜》编辑组.瑶族《过山榜》选编[C].长沙：湖南人民出版社，1984：108.

同，疑为传抄误笔。繇（瑶）亭（领）：瑶王也，亭（领）：首领之意。所以，古瑶主体部分应源自古代百濮的一支，是古代帝王舜管理和领导的部落，属于东夷族群。古瑶由古代濮族中的尤部落和勉部落组成，合称"尤勉"。其语言为勉语，现存有优敏、金门（荆门）、标敏、操敏、邀敏（敏是勉的近音）等二十多种方言，为汉藏语系苗瑶语族瑶语支。濮人其墓葬葬制在古代表现为垒石墓、石板墓、石塔墓、二次拾骨瓮棺葬等。

中国古代史籍《尚书》《帝王世纪》《史记》等记载舜帝住在雷泽，即今河南范县濮城镇和山东鄄城县之间（鄄音转），在雷泽"渔于雷泽、陶于河滨"。这些学界前辈业已论证，无须赘述。濮族作为舜帝的部属，就在濮城镇一带随舜帝活动。雷泽附近有陶丘，濮族尤部落随舜在此做陶器，雷泽之北濮城镇是古代"濮桑之地"，《禹贡》曰："桑土既蚕。"濮族中的勉部落在此随舜帝养蚕抽丝而染织，所以古瑶可能由濮族中的制陶匠人（尤部落，古尤字即，呈手制瓦器状）和濮族中的养蚕纺丝匠人（勉部落，勉即繇，即丝绵）所组成。

新石器时代晚期，舜取得帝位后，在蒲坂建都（今山西省永济市西南蒲州镇），濮人尤勉部落随舜帝迁移山西。濮族留在山东青、岱地区的蒲姑氏部落（亦称蒲姑国，古濮、蒲通假）至周成王时被灭，族人融入汉族。夏代进入山西的濮人尤勉部落在禹之子启称帝时，为启不容，一部迁入山西蒲县，一部迁入甘肃陇东蒲河流域，其中有部分濮族融入氐、羌和藏族，随氐、羌迁徙于四川北部、云南东部、青海南部地区散居。

殷商时期，部分山西蒲县一带的濮族向东南迁徙，陇东蒲河流域的濮族也沿泾川进入陕西西部，两部族进入陕西蒲城，在今蒲城、铜川、耀县、白水、富平、高陵、渭南、大荔一带聚居。因靠近周，与周结成同盟，并与庸、蜀、羌、髳、微、卢、彭等部落随周武王灭商[1]，后被周朝分封在陕西汉中市的勉县（沔即尤勉之勉），在汉水上游一带居住生活。今湖南江永县夏层铺镇有一条小河叫汉江源，河边有汉江源村[2]，正是濮人后裔为纪念汉江而起名。周成王之时，濮人尤勉部落顺汉水（又称沔水）而下至陕西白河县，曾长期在陕、豫、楚之间的丹水流域挖丹砂。《逸周书·王会解》说："成周之会……卜以丹砂。"孔晁注曰："卜即濮也。"古代步、仆、濮、卜、蒲、浦、埔皆指濮族之濮。今汉水、丹水两岸崖壁上有无数石窟和垒石墓葬与鄂南龙窖山（龙头山）上的"垒石文化"遗存是相同的。因濮人和僰人长

---

[1] 恭平.尚书[M].北京：中华书局，2009：121.
[2] 李荆林.中国女书与史前陶文[M].北京：中共中央党校出版社，2016：198.

期混居,其丧葬模式崖洞葬、悬棺葬为僰,石窟葬、垒石墓、石板墓为濮①。另据专家考证,古代戎族(山戎、戎蛮类族群)其墓葬形制也为石板墓②。今通城龙窖山(龙头山)上地名为仙鹅抱蛋处存有石板墓一座,规制大,地形好,疑为瑶王坟。

东周以后,濮族部落松散无君长,受秦之迫,从陕西白河县顺汉水到达汉水之南的楚国武当山一带,约楚厉王(也称楚武王)执政中期,楚国"于是乎始启濮"③开拓濮地,濮人尤勉部落被迫迁于蒲骚(今湖北应城西北)。由于楚国不断地挤压濮族,其又迁入湖北仙桃(古称沔阳州)。濮人到达荆楚后,受石家河文化的影响,也由于长时期在云梦泽生活,受沼泽地形的限制,逐渐接受了二次拾骨葬、瓮棺葬等特殊葬式。

楚平王六年(前523),因濮人人多势众,地方广阔,又与楚国交错而居,楚平王从楚国的安全考虑,开始"舟师伐濮"④。汉水之南、长江以北的濮族被楚国军队赶至长江以南,到达选地(今湖北石首、公安、枝江一带),即"百濮聚于选",濮人在石首留下了高陵(原在陕西)的侨置地名。濮人尤勉部落在公安、石首交界的油(油即尤)河一带居住,今有油河村地名留存。其后,濮人在选地又为楚所逼,分东、西两支南下,西支由石首、公安、枝江入沅湘,而后至贵州遵义、安顺,约在战国晚期,濮人建"夜郎国"于牂柯江一带。后又入蜀至滇,定居永昌(云南保山一带),其在迁徙间,部族散落云、贵、川、藏等地,并逐步融入藏、羌、彝、纳西、布朗等族群,史称百濮。

二、濮入蒲圻(赤壁)

东支濮人尤勉部落由公安的油河地域,经石首(在今湖北),过华容(在今湖南)至君山(在今湖南),渡洞庭湖,东入岳州⑤(在今湖南岳阳)。因岳阳为巴人所据(岳阳古称巴陵),濮人尤勉部落只好又溯长江而上,从临湘(在今湖

---

① 黄惠焜.略论哀牢夷族属非濮[J].思想战线,1978(1):82;王家佑.昭觉县四开区考古见闻记[J].凉山彝族奴隶制研究,1979(1):100.
② 孙登海.追寻远逝的民族[M].北京:北京师范大学出版社,2017:141;[俄罗斯]策比克塔洛夫.蒙古与外贝加尔地区石板墓文化[M].北京:商务印书馆,2019:21.
③ 魏昌.楚国史[M].武汉:武汉出版社,2002:59.
④ 王凤春,等.左传全译[M].贵阳:贵州人民出版社,1990:1283.
⑤ 蒙文通.周秦少数民族研究[M].成都:巴蜀书社,2019:66;王钟翰.中国民族史[M].武汉:武汉大学出版社,2012:184.

南）鸭棚口河进黄盖湖，从黄盖湖入石凼河进新店河（蟠河下游），上岸至新店镇（湖北蒲圻，在今赤壁），生活在岳阳临湘与赤壁交界的蟠河流域。今新店附近，留下了濮人到此的蒲首山地名。此次渡长江和洞庭湖之过程，被瑶族《盘王大歌》记录成瑶族历史上著名的"漂洋过海"史歌和动人传说。

在此期间，濮人尤勉部落散居在新店、羊楼洞（在今湖北赤壁）、羊楼司（在今湖南临湘）、忠防镇（在今湖南临湘）、桃林镇（在今湖南临湘）、长港镇（在今湖南临湘）、筻口镇（在今湖南岳阳）、新开镇（在今湖南岳阳）等地，并进入岳阳新墙河流域。所以，今桃林河、新墙河部分河段仍称油（游）港河（油即尤）。2006年发现的新开镇大马村的大马古城址，时代属于东周确定无疑，最早可溯至春秋中、晚期，城址处油（游）港河南岸，洞庭湖东岸，应是濮人尤勉部落（古瑶）的初期居住地。该城址有宫殿和城墙，为垒石结构，是典型的古徭"垒石文化"遗存。其考古学年代与濮人尤勉部落进驻湘鄂边区的时间不差。这部分濮人尤勉部落的后人，即唐大历三年（768）初，杜甫在洞庭湖岸（岳阳地）所见莫徭，他还留下了"莫徭射雁鸣桑弓"的千古诗句（《岁宴行》）。

楚平王十年（前519）后不久，楚平王对南楚地域滞留的濮人十分忌惮，派兵进入赤壁新店蟠河流域，筑新店"土城"①。考古资料表明，这个面积约一平方公里的城址是春秋晚期、战国初期楚国设立在长江南岸的一个政治、军事、文化中心，是楚国统治江南的一处重要的封君城邑，其实际用途是用于统治和管辖濮人尤勉部落。

在此情况下的濮人尤勉部落，只好逆蟠河而上至赤壁、崇阳、通城、湖南临湘交界的龙窖山（龙头山）十字坳（蟠河源头）一带生存，留下了"柘坪"的古地名（柘：读蔗音，一种山桑木，叶可喂蚕，木可制弓）。濮人尤勉部落是善于养柘蚕作丝纺织的。古代"盆鼓"也发源于龙窖山（龙头山）的柘坪，"盆鼓"当地叫脚盆鼓，一面蒙皮一面空，形状似南方铜鼓。盆亦盘的变音，盆鼓即盘鼓。

赤壁古名蒲圻，蒲即濮，圻为边界，即分缰也，意为当地土著部落杨越人分蒲圻之地予濮族居之。又蒲圻古称莼蒲，莼即屯，瑶族语言是倒装句，莼蒲即蒲（濮）屯，由此可见，蒲圻（赤壁）是濮人尤勉部落在鄂南最早的屯留之地。

---

① 咸宁市博物馆.咸宁文物精粹 [M].长江出版传媒，2012：5.

三、濮入崇、通

由于濮人在十字坳和柘坪已人满为患，又受到楚国在新店土城据点的驱赶扫荡。濮人尤勉部落只好另寻他处，从十字坳和柘坪到崇阳的塔坳、羊牯洞、皇帝垴一带生存，在崇阳龙窖山（龙头山）地段留下了"手舞洞"的地名。濮人是善于歌舞的，当武王伐纣时，"则巴师歌舞以凌殷人者，正濮人也"。濮人所跳之舞后为唐、宋时著名的"柘枝舞"①，通城"拍打舞"原型最早来自"手舞洞"的柘枝舞。

在无数次受到楚军的逼迫下，濮人尤勉部落沿宝林港、桂口港、庙铺港顺流而下龙窖山（龙头山），到隽水河崇阳地域石城至沙坪地段生存，后又溯隽水河而上进入通城。进入通城的濮人尤勉部落分四个方向，濮人尤勉部落主体逆隽水河进入铁柱港，经沙口铺、口前等地又逆东冲港进入大坪乡，其部落首脑机关在大坪乡南京岭（今辉煌村南京岭遗址），即《评皇券牒》所称"南京十宝洞"。考古学证明这是周代遗址，时间与古瑶进入通城时间高度吻合②；有部分濮人溯隽水河而上进入通城菖蒲港流域生活，在通城油（尤）坊村建立居住地；另一部分濮人顺沙堆河，过湾船咀，到达今通城县四庄乡瑶泉村；还有一部分濮人逆大源河进四庄乡清水塘，在守仙洞、龙潭洞居住。

前 519 年—前 491 年，濮人尤勉部（古瑶）和陆水流域（隽水下游）过来的陆浑戎部落（盘瓠率领），联合在今通城大坪乡建立瑶族最早的"千家峒"，后部落联盟陆续散居通城各地、传说有"三溪九港十八洞"的地盘。

通城菖蒲港实际上也是濮人尤勉部落留下的地名，菖即昌，昌是昌盛之意，蒲则与濮同，意濮（蒲）族昌（菖）盛之河。古人没有必要把遍地而生的菖蒲草当作一条河名，菖蒲港流域应该是濮人的居留地域。

濮人尤勉部落曾居住在陕西白河县白石河流域，有白石崇拜习俗。迁徙到幕阜山与东洞庭湖之间，遗留大量的白字地名，如：白霓（在今湖北崇阳）、白螺坳（在今湖北崇阳）、白果畈（在今湖北通城）、白沙咀（在今湖北通城）、白竹（在今湖北通城）、白水岩（在今湖北通城）、白箬（在今湖南岳阳）、白里畈（在今湖南临湘）、白岭（在今江西修水）、白水河（在今湖南平江）等。通城大坪乡

---
① 柘枝舞：唐宋健舞名，古羽调有《柘枝曲》，商调有《屈柘枝》，因曲而名舞。
② 国家文物局.中国文物地图集（湖北分册下）[S].西安：西安地图出版社，2002：511.

内冲瑶族村李将军庙西边山上的白石塔遗址也应为濮人尤勉部落所遗留。通城"三溪九港十八洞"的"三溪"之一的石溪有白石山，山上有白石庙。陕西白河县古称锡穴，通城隽水镇南之锡山，名称也应来自锡穴。另，湖南江永县有大白岭，亦称大白水，还有白花岗地名，亦与上同，也应是濮人尤勉部落化为莫徭后南迁时所留。

通城麦市镇古称花蒲市，也说明濮人曾在此驻留。今通城县菖蒲港边的油坊村，古代称为上尤、下尤，油即尤也，也是濮人尤勉部落留下的地名。沿通城菖蒲港而上的濮人部落，散居于通城塘湖、黄袍、麦市、沙堆、四庄、关刀一线，后又进入湖南平江虹桥、龙门、黄金洞与江西修水白岭、全丰、渣津一带，极有可能也进入了江西铜鼓县（铜鼓县明称铜鼓营，清称洞鼓厅。营、厅小于县治，是管辖少数民族的政权机构）。至南北朝梁大同五年（539），朝廷不得不在上述地区设立乐化县，县治在今通城县塘湖镇，主要是管辖属地少数民族和濮人尤勉部落而组成的莫徭。这也充分证明，瑶人（莫徭）族群在南北朝时期或之前，已南移至湖南平江与江西修水、铜鼓地，因乐化县治50年而废，说明莫徭在隋开皇九年（589）后，总部已迁至湖南平江梅仙镇钟家村。

四、盘瓠其人

盘瓠来自犬戎部落的陆浑之戎，也是允姓之戎[①]。今湖南江永县有允山，20世纪80年代亦有允平乡、允山乡，其地亦为莫徭允姓之戎而居，也亦说明江永瑶族中有允姓陆浑之戎。另，江永古称永明、永明之"永"，笔者认为应是"允"字，因时过境迁而变为"永"。

陆浑之戎最早生活在甘肃敦煌（古称瓜州）一带。前638年，陆浑之戎被秦、晋两国强制从瓜州迁往河南洛阳以南的伊川、卢氏、汝阳、临汝、嵩县交界的地方[②]，住有100多年，留下了陆浑山、陆浑关等地名。楚平王四年（前525），晋国以周楚之间的陆浑之戎"甚睦于楚"，出兵攻灭陆浑之戎，陆浑戎之君（盘瓠）逃奔投靠楚平王，其部众大部分被秦所收。因陆浑之戎又称为阴地之戎，简称阴戎，余下部分由陆浑戎之君（盘瓠）率领，被楚平王安置在阴地（今河南汝南），后又迁至下阴（湖北光化西北，今老河口市）居住，最后又被楚平

---

① 王钟翰.中国民族史［M］.武汉：武汉大学出版社，2012：211.
② 沈起炜.中国历史大事表［M］.上海：上海辞书出版社，1983：26.

王迁至湖北安陆（安陆即安置陆浑之意）。

由于楚平王执政初期，实行"息民五年"的政策，深得楚地少数民族的拥护。同时，陆浑戎之君（盘瓠）为报答楚平王收留之恩，亲率部下随楚军先后参加楚、吴"长岸之战"（前525年冬，战场在今安徽当涂西南）、"鸡父之战"（前519年，战场在今安徽凤台）。在长岸之战中，盘瓠率领他的部落军队，奋勇当先，曾一举夺得吴王乘舟"余皇"号，深得楚平王嘉许。楚平王论功行赏，兑现诺言，将三公主（一说是少女，另一说为宫女）嫁于陆浑戎之君（盘瓠），并将楚之南山即鄂东南龙窖山（龙头山）地域，作为陆浑戎之君的封地，还为其颁发《平王券牒》（《评皇券牒》）为过路"关照"。《评皇券牒》实际应称"符节"，春秋时只有竹简书文，竹简不便于携带，"关照"应为过关之符节。如楚国同时期即有出土的"鄂君启节"[①]，为铜制过关行路的"路引"或"关照"，《评皇券牒》应为"铜节"。陆浑戎之君（盘瓠）携三公主并带领部下，经安陆、云梦、仙桃（沔阳），至湖北洪湖市的龙口镇，渡过长江，到达湖北嘉鱼的陆溪口（即陆水河入长江出口），溯流而上，居于湖北蒲圻陆水流域（陆水之陆即陆浑戎之陆）。后陆浑之戎顺陆水河上溯至崇阳、通城的隽水流域（陆水从崇阳洪下以上称隽水，实际是一条河），留下了陆（鹿）门铺（崇阳）、陆家冲（通城）的地名。

在濮人尤勉部落进入通城后，陆浑戎之君（盘瓠）不久也进入了通城。由于濮人尤勉部落被楚人所追逼，畏楚久矣，奔波劳累，迁徙跋涉，久想安生之地，见陆浑戎之君有楚平王颁发的《平王券牒》（《评皇券牒》）"护身符铜节"，且三公主为帝女，如同枯木逢春。其时，尤勉部落早已不堪重负，为求得保护本族的生命财产，濮人尤勉部落决定联合陆浑戎部落，举陆浑戎之君（盘瓠）为君长，统率诸族，号曰盘瓠。约在前519年后，濮人尤勉部落和陆浑戎部落在通城县大坪乡形成瑶族最早的"千家洞"。

濮人尤勉部落是虎图腾，一说是戈图腾。陆浑之戎是犬戎的一支，犬戎以白狼为图腾。古代白狼即白犬，北方为狼，南方为犬，所以陆浑之戎在鄂南是以白犬为图腾，《随巢子》"昔三苗大乱，龙生于庙，犬哭于市"可证。因陆浑戎之君（盘瓠）被濮人尤勉部落尊为君长，以盘瓠为号组成部落联盟后，依古制以犬（狗）为图腾。

[①] 陈慰松.鄂君启舟节与屈原《哀郢》的研究[J].华中师范大学学报，1982（增刊）：16.

五、盘瓠名由

（一）以弓为名

盘瓠，古字为"弧"，音读 yǎn，是一种山桑木，即柘桑，《禹贡》："厥篚丝"可证。"丝"即柘（柞）蚕丝。又《山海经·海内经》曰："少皞生槃，槃是始为弓矢。"槃即盘瓠之盘的古字，盘即弓也。"弧"是指柘桑木制成的弓，《说文·木部》："柘，柘桑也。"段玉裁注："山桑、柘桑，皆桑之属……柘，亦曰柘桑。"叶可饲蚕，材可制弓。此弓是陆浑之戎的兵器，因陆浑戎之君善用此弓，故古瑶人周边所居的扬越、隽人、庐人、麇人、荆蛮、蜒人、罗人、艾人、僚人、梗人、勾吴均称其为"盘瓠"，以与楚国的名弓"挑弧"弓相区别。又，768 年岁初，诗圣杜甫在洞庭湖边遇见莫徭，留下"莫徭射雁鸣桑弓"诗句，可证莫徭之弓是山桑木，即柘桑所作的"桑弓"。

（二）以城为名

楚国曾将蔡国（上蔡，在今河南汝南）国民整体迁出，将陆浑之戎迁往汝南，汝南城蔡国人称"悬瓠城"。《水经注》有云："河自东西下，屈曲而流，抱城三面，形若垂瓠，故称悬瓠城。"陆浑人读悬而盘，认为城三面水抱，形如盘，故俗称"盘瓠城"。于是，以盘瓠城名为部落君长名。

（三）以音为名

何光岳先生的《南蛮源流史》中说："濮在西周中期自称挚，即服。"周厉王时的《宗周钟》铭文中有"南国挚"句[①]。王国维说："古服仆同音。"服、护、涪、瓠、仆、濮一音之转，故盘瓠在瑶族中也叫"盘护"。

六、莫徭时节

南北朝时，出现了"莫徭"的称号，这是瑶族最早见于文献的称呼。据唐初姚思廉《梁书·张缵传》记载："零陵、衡阳等郡有莫徭蛮者，依山险为居，历政不宾服。"又据《隋书·地理志下》载："长沙郡又杂夷蜒，名曰莫徭。自云先祖有

[①] 何光岳.南蛮源流史 [M].南昌：江西教育出版社，1988：259.

功,尝免瑶役,故以为名。""莫徭"的意思是免于徭役,这说明在南北朝及以前,瑶族就有《平王券牒》的,此亦也证明,《平王券牒》是楚平王所颁发。瑶族从东汉或南北朝开始就有一部分先行南迁,是从通城龙窖山(龙头山)地域迁到零陵、衡阳两郡,可能那时《平王券牒》是瑶族的"护身符铜节",在南迁沿途能起到通行保护作用。而零陵、衡阳两郡,西汉时为长沙国管辖,东汉时为长沙郡管辖,此两郡之蛮也应为长沙蛮而后称莫徭的。

经考证,建安二十四年(219),三国(吴)大将陆逊在荆州、鄂南、湘鄂赣边等地域横扫城池,"逊邹陆口(即今湖北嘉鱼陆溪口)……诸城长吏及蛮夷君长皆降。逊请金银铜印,以假授初附"[1]。证明在三国时莫徭族群已形成并授印,早于历史文献记录。1990年5月,此印在湖南省平江县梅仙镇钟家村出土,形状为足金质地蛇扭金印,上有"蛮夷侯印"四字,刀迹显露,笔画劲力,边长约为2厘米,从而也证明早在三国(吴)时或前之东汉,莫徭(瑶族)盘瓠部落联盟总部已迁至湖南平江梅仙镇一带。

瑶族先民濮人尤勉部落从山西永济市蒲州镇地域开始,入陕西蒲城县,到汉中勉县、安康白河至荆楚云梦地,过长江到石首、公安、枝江,渡洞庭湖,入临湘、蒲圻,再进崇阳、通城。陆浑之戎(盘瓠部落)从湖北安陆入鄂南陆水河,进蒲圻再入崇、通。其沿线下来,都留有二次葬、拾骨葬、瓮棺葬和垒石墓、石板墓遗迹。瑶族先民以"垒石文化"为主流的文化遗存,在迁徙沿线的这一特殊现象已被考古学所证明和记录,在瑶族古代历史进程中,是贯穿始终的丧葬文化形式。直至如今,通城、崇阳、临湘(在今湖南)、修水(在今江西)、平江(在今湖南)留存了大量垒石文化遗存,湖南平江南江桥、虹桥一带直至新中国成立前还留有二次葬、拾骨葬、瓮棺葬的濮(瑶)人葬式。

经实地考察,莫徭地域范围北到湖北崇阳、蒲圻、咸宁交界的潘尤岭;西至湖南临湘与岳阳交界的油港河流域(含湖北赤壁新店至羊楼洞一线);东至江西修水漫江(含江西铜鼓县大部),南至湖南平江南部白水河流域,方圆有600平方公里,介于幕阜山、连云山、九岭山与东洞庭湖之间,含湘、鄂、赣三省周边十三县市。

前519年后,东入岳州(实至湖南临湘与湖北蒲圻交界的蟠河流域)的濮人尤勉部落,湖北安陆南下的陆浑之戎(盘瓠部落)就不书于楚国史册,也不见于秦汉以后历朝经史子集,皆因他们两部族进入鄂南蒲圻(赤壁)、崇阳、通城化

---

[1] 陈寿.三国志[M].北京:中华书局,1982(5):1345.

外之地,"饮食衣服不与华同,贽币不通,言语不达",后名莫徭。

七、结语

综上所述,笔者认为:瑶族在莫徭形成之前,其主体族群为濮人尤勉部落,其首脑组成是陆浑之戎,另外还有部分荆蛮(前223年楚国亡国后加入)、杨越(百越的一支)、隽人(后与越人融合,迁入四川西昌越嶲郡)、庐人(也称庐蛮,后迁江西,与部分畲族融合成山越)、麇人(也称徵,去向不明)、蜒人(也称蛋民,今福建、广东、海南沿海亦有其后裔)、罗人(彝族先民)、艾人(商族遗民,后汉化)、僚人(通城古称葛僚或爨民)、僰人(悬棺葬民部落,停留时间不长,迁入福建武夷山)、勾吴(吴国先民,也是吴国王族)等氏族和部落,他们共同组成了"多元一体"的民族部落联盟——莫徭。

简述通城古瑶举族南迁的主要原因

◎ 舒中甫

通城别称银邑，简称"隽"，位于湖北省东南部，幕阜山北麓的湘、鄂、赣三省交界处，是咸宁、岳阳、九江金三角中心交汇点，县名源于"水道通，地势顺，直注武昌城"之意。

通城古为"三苗国地"。周为楚地，秦属南郡。汉高祖六年（前201）置下隽县，属长沙国。三国时属吴，为周瑜封邑。南朝宋文帝元嘉十六年（439），改隶巴陵郡。南齐为巴陵郡治，东昏侯永元元年（499），设锡山市（今隽水镇）。梁为上隽郡治，大同五年（539）分立乐化县。陈为隽州治，旋复上隽郡治。隋开皇十二年（592），乐化、下隽并入蒲圻县，属荆州江夏郡。唐天宝元年（742），分蒲圻南境置唐年县（今通城、崇阳境），隶属鄂州；宪宗元和二年（807），改锡山市为镇，元和五年（810）更名为通城镇。五代改唐年县为宗阳县，南唐又改宗阳县为唐年县。北宋太祖开宝八年（975），改为崇阳县，属鄂州。宋神宗熙宁五年（1072），分崇阳县南上隽、乐化、天宝3乡，置通城县。南宋绍兴五年（1135），通城并入崇阳县，绍兴十七年（1147），恢复通城县，隶属武昌军。元属武昌路，明、清属武昌府。

一、通城自古以来流传着"盘瓠娶三公主"的故事

相传很久很久以前，这里王国遭了兵灾，所有大臣束手无策。国王向天下张榜，如有谁能杀死叛乱将军，便将三公主嫁给她。好久都没有人揭榜，后来有一只叫盘瓠的龙犬揭榜而去，不久便见他手提叛乱将军的头来到了宫殿邀功，并领

走了美丽的三公主。三公主开始见盘瓠将军是只犬,心里闷闷不乐。一到晚上盘瓠将军便变成了一个英俊的小伙,三公主很是欢喜。可是一到白天,盘瓠又变回一只犬,三公主依旧闷闷不乐。于是盘瓠告诉三公主说,只要把他放在一个大蒸笼里头,蒸上七天七夜便会变成人形,但在这七天七夜里一定不能揭开蒸笼盖,否则就变不成人并且有生命危险。于是第二天,三公主就生起柴火架起一个大蒸笼,让老公盘瓠蹲在笼里,盖紧蒸笼盖,日夜守在蒸笼旁寸步不离。开始两三天公主还比较安心,可是到了第六天晚上,看见蒸笼没有什么动静,担心丈夫被蒸这么久给蒸坏了。可是还差一天,三公主顾不了那么多,揭开了蒸笼盖查看。只见盘瓠叹了一声站了出来,从脚到颈都变成了人,就只是头还是犬头。只因为提前一天揭了蒸笼盖,结果头就没有变过来,公主也只好如此。最后盘瓠和三公主幸福地生活在一起。

关于盘瓠之相关记载,应始见于三国鱼豢《魏略》(已佚,从《后汉书》李贤注引)云:"高辛氏有老妇,居王室,得耳疾,挑之,得物大如茧。妇人盛瓠中,覆之以盘,俄顷化为犬,其文五色,因名盘瓠。"又,晋干宝《搜神记》中又载:"少女从盘瓠,盘瓠将女上南山,草木茂盛,无人行迹。于是女解去衣裳,为仆竖之结,着独力之衣,随盘瓠升山,入谷,止于石室之中。王悲思之,遣往视觅,天辄风雨,岭震,云晦,往者莫至。盖经三年,产六男、六女。盘瓠死,后自相配偶,因为夫妇。织绩木皮,染以草实。好五色衣服,裁制皆有尾形,后母归,以语王,王遣使迎诸男女,天不复雨。衣服褊襟,言语侏(人离),饮食蹲踞,好山恶都。王顺其意,赐以名山,广泽,号曰蛮夷。蛮夷者,外痴内黠,安土重旧,以其受异气于天命,故待以不常之律。田作,贾贩,无关繻,符传,租税之赋。有邑,君长皆赐印绶。冠用獭皮,取其游食于水。今即梁汉、巴蜀、武陵、长沙、庐江郡夷是也。用糁,杂鱼肉,叩槽而号,以祭盘瓠,其俗至今。故世称'赤髀,横裙,盘瓠子孙。'"可见,在东晋时期,今湖北、湖南、四川和江西都有盘瓠子孙,也就是我们常说的荆蛮。

元之前,通城为汉瑶杂居地。通城简称之"隽"字,本身便是对通城古瑶的一种形象的真实写照。

"隽"之本义指"用弓箭射鸟"或"肥美的鸟肉",读作 juan,后引申为"意味深长",如"隽永"。再后来引申为"那个用弓打鸟并与我分享肥美鸟肉的人好英俊",指"儁",通"俊",故读 jun,去掉"亻"后的"隽"仍读 jun。

"隽"字由来,应先有"juan"音,后才有"隽"字。"隽"字始为篆文,说明在三苗至商周的远古时代,幕阜山脉腹地的通城应处在还没有文字的时代,直至春秋时期，楚国在荆楚大地崛起，楚君熊渠立中子红为鄂王后才开始有了"隽"字的。时隽地属楚国鄂县。想当年鄂王熊红意气风发，来到洞庭湖龙窖山地区视察，只见当地土著喜桑弓射鸟，不事农事、好狩猎，犹喜鸟肉肥美，便以"隽"字对应"juan"音，以"隽"为地名。从此通城这片森木茂盛、水草丰盈、鸟雀繁多的世外桃源，便以"隽"之地名载入楚国鄂县的版图之中。

由"隽"字本义可见，幕阜山及洞庭湖地区自东周至南宋以来的一千八百多年间，一直是山居或逐水而居南蛮的美丽家园。他们喜桑弓射鸟，不事农事，好狩猎，犹喜鸟肉肥美。就如杜甫在《岁晏行》中吟唱的一样"岁云暮矣多北风，潇湘洞庭白雪中。渔父天寒网罟冻，莫徭射雁鸣桑弓"，正是描写洞庭湖周边莫徭日常生活的样子。

下隽古城是在秦末楚汉争霸中建立的，建立者是西汉长沙王吴芮。秦时通城属南（山）郡。西楚霸王项羽所封衡山、南（山）、长沙和九江四郡交汇中心就是今通城。九江是番君吴芮起家之地，衡山国是西楚霸王项羽给吴芮的封地，然后率领他的族人部下联合他的女婿九江王英布从衡山国打到长沙国。时衡山国都城设在今黄冈，吴芮要从衡山国去攻打长沙国，必经过通城隽地，并在隽地筑城驻军，作为经略长沙郡的据点。通城自古以来便是北上南下，东进西突的军事战略要地，如果没有吴芮及族人对隽地的经营，那么在汉高祖六年设置下隽县时，仍然应该属南郡而不会归属长沙国。

下隽在两汉时期地域较广，包括今湖南的岳阳、临湘、通城、崇阳（部分）、蒲沂（部分）与平江（部分）等地。隽地自汉高祖六年立下隽县至南宋绍兴七年立通城县的1336年间，从鄱阳湖地区至隽地至少有三次大型的有组织的移民潮，并且每一次移民浪潮都伴随着改朝换代历史变革和灾难性的战乱。第一次是秦末楚汉争霸时，衡山王吴芮率家族从鄱阳湖来洞庭湖东岸的隽地开荒破草筑城建下隽县。第二次应是西晋末八王之乱后，荆州牧陶侃败张昌起义军于下隽，陶侃部于镇下隽。第三次大型移民是北宋靖康之难后，岳飞镇压洞庭湖地区杨幺起义，赣民大量迁入通城。

二、龙窖山，为莫徭发祥地

龙窖山，今名药姑山，幕阜山西北支脉，位于洞庭湖东岸，湘鄂两省交界处。2001年，广西瑶学学会与湖南省民委的专家通过考察，认定龙窖山（药姑山）为瑶族早期千家峒。而早在1986年，湖南瑶学专家李本高教授在江永大远瑶族千家峒鉴定会上提出："同意大远是瑶族千家峒故地之一，但它不是原始的千家峒，而是模拟的千家峒"；1995 年其在《瑶族迁徙的中转站——千家峒》中提出瑶族千家峒"很可能是指洞庭湖与幕阜山之间的某一地区"这一科学论断。

《瑶族通史》中翔实地分析了瑶族人民在由北而南的民族大迁徙中的两次"漂洋过海"事件，也肯定了长江边、洞庭湖畔的龙窖山，在作为第一次漂洋过海的终点，和第二次漂洋过海的起点的不可替代的地位，并且将两次漂洋过海事件的时间断代为晋代与宋代。然而，从西晋初（约 265）到南宋末（约 1279），时间跨度已达一千年之久。

通城古瑶是指在元明之前，曾经生活在湘、鄂、赣三省交界处的幕阜山及洞庭湖东岸的隽域境内，有着盘王神信仰的荆蛮后裔，其自称莫徭，也叫下隽蛮。当时，整个幕阜山脉与洞庭湖地区的长沙蛮和武陵蛮都应是莫徭。瑶学界公认莫徭的直系先祖应为荆蛮，而荆蛮又极有可能发端于甘肃三危山地区的犬戎部落。后因特殊历史原因，部分犬戎部落在东周初期，沿汉水（赤水）而下，进入江汉平原，后与江汉地区的土著南蛮诸族被合称为荆蛮。后因楚国的强势崛起，长期挤压江汉地区土著荆蛮的生存空间，导致荆蛮或降或迁，最后均融入荆楚大家庭。其中部分有着盘王神信仰的荆蛮，则开始选择了"漂洋过海"渡长江至幕阜山三苗祖居地，远离楚郢政治中心。而荆蛮到达长江南岸的第一站便是龙窖山。荆蛮的这种由江北至江南的迁徙，从东周一直延续到南北朝。到了江南的荆蛮，开枝散叶，最终繁衍发展形成了一个拥有盘瓠信仰、自言祖上有功、喜好山林、不事徭役不纳税贡等特色的民族——莫徭。莫徭在经过南北朝的风雨战乱后，随着大隋王朝的建立，迎来人口爆炸式增长，这一态势从隋唐一直持续到了北宋末。随着北宋靖康之难，一切戛然而止。

靖康之难直接导致了宋室及北方士族大规模南迁，而南迁的北方士族则挤压幕阜山及洞庭湖地区莫徭的生存空间，赣人也正是从这个时候开始大量迁入。

宋神宗熙宁五年（1072），分崇阳县南上隽、天宝、乐化 3 乡置通城县；南宋绍兴五年（1135），通城并入崇阳县；绍兴十七年（1147），恢复通城县，隶属武昌郡。

到底是什么原因，使通城自北宋熙宁五年（1072）从崇阳分立置县 63 年后，于南宋绍兴五年（1135）又撤县并入崇阳县，再过 12 年，于南宋绍兴十七年（1147）再次从崇阳县分立通城县？通城、崇阳两县在短短 12 年内两度分合的这一不正常现象，反映出绍兴年间发生在洞庭湖地区的"钟相杨幺起义"对崇通两县分合的影响，和"岳飞镇杨幺"对通城古瑶举族南迁的决定性作用。

钟相、杨幺领导的起义是我国历史上规模较大的一次起义。从南宋宋高宗建炎四年（1130）至绍兴五年（1135），起义军坚持近 6 年，鼎盛时势力波及洞庭湖地区 7 个州所属的 19 个县。时通城与崇阳县地是其势力范围之腹地，故而两县被其占领，县城内居民大量外逃，使得崇阳通城变成了两座空城，为杨幺部所控。故药姑山下的通城大坪乡有个村落的名字就叫杨部，村里有座古庙，里面供奉的便是杨泗（即杨幺）将军。"杨幺起义"最后于绍兴五年（1135）被抗金名将岳飞镇压下来。"岳飞镇杨幺"对幕阜山系及洞庭湖周边地区的苗瑶势力造成了打击，也导致苗瑶群众大量南迁至湖南以南的岭南地区，同时也导致了当时崇阳与通城人口锐减，所留人口数根本无法支撑两个建制县的正常运转，所以通城于绍兴五年（1135）重新并入崇阳县。

后随着岳飞收复襄阳六郡以及北上伐金的顺利进展，南方政局渐渐稳定，民生也得到休养。崇通两地逃徙者归返和大量赣民迁入，在撤县 12 年后，于绍兴十七年（1147）恢复通城县，隶属武昌郡。北宋熙宁五年（1072）分崇阳三乡设通城县时，崇阳通城共五乡：天城、金城、上隽、天宝、乐化；通城占三乡：上隽、天宝、乐化。上隽乡包括今石城、沙坪、沙堆、肖岭、大坪、石南和北港等。此时崇通两县界为西汉下隽沙羡县古界，即石城与天城之间。

《湖北通志》载："按《元和志》唐年县汉沙羡地，《寰宇记》崇阳县古下隽县地，二说不同。考：唐年故城在今崇阳，下隽故城在今通城，唐之唐年兼有今崇阳通城二县地；宋开宝中改唐年为崇阳，其时未析置通城；故《寰宇记》云古下隽地，以下隽故城亦在崇阳境也。然则唐及宋初之崇阳跨有汉沙羡下隽县地，《元和志》《寰宇记》各举一隅，偕微误。若熙宁立通城后，崇阳之境不出汉沙羡地矣。"

而在绍兴五年（1133）通城并入崇阳县 12 年后，于绍兴十七年（1145）恢复通城县。说明"岳飞镇杨幺"后，崇阳通城两地在经过 12 年的休养生息，大量赣民自江西界南楼岭涌入通城和部分汉人返隽，使得原通城县辖内人口远超崇阳地，故在绍兴十七年（1145）从原通城上隽乡中划出"石城、沙坪、肖岭"，改为崇阳仁义乡，第二次分立通城县，县界便南移至肖岭以南的通城铁柱港。这也从侧面反映出赣民主要是从南楼岭先进入通城后，随着年代变迁，沿陆水河上游逐渐向下游的崇阳和蒲圻迁居。

综上所述，幕阜山及洞庭湖地区的古瑶应在绍兴五年（1133）前后，举族南迁至湘、桂、粤交界的岭南地区，即今湖南江华、江永，广东连南、乳源及广西恭城、金秀、富川等地。

瑶族图腾的起源与演变

◎ 曾长春

瑶族起源于蚩尤九黎部落,这是瑶学界经过广泛深入论证公认的。瑶族图腾却众说纷纭,主要有太阳图腾说(盘王印、八角花)、犬图腾说、龙犬图腾说、犹图腾说、猴图腾说、牛图腾说等,笔者认为这些图腾并不矛盾,应该属于部落联盟图腾与分支图腾、母系图腾与子图腾的继承演变的关系。

一、瑶族图腾的起源

"图腾"一词来源于印第安语"totem",意思为"它的亲属""它的标记"。所谓图腾,就是原始时代的人们把某种动物、植物或非生物等当作自己的亲属、祖先或保护神。一般认为图腾的演变有三个阶段:一、初生阶段。多数学者认为,图腾产生于母系氏族社会时期。在母系社会阶段,生产力低下,人们还不具备独立的支配自然力,对人类生殖繁衍的缘由也不清楚,以为自生的繁衍是图腾动植物作用的结果。这一阶段,图腾对象与自然形态极为相似。二、鼎盛阶段。随着生产力发展,想象力提高,同时,祖先意识加强,形成了"兽的拟人化"。初民把图腾对象赋予了人的部分特征,图腾形象开始成为半人半兽的图腾圣物。三、图腾对象开始转入了祖先崇拜。到父系氏族社会时,生产力逐步提高,人们也逐渐形成了独立意识,从而在日常的生活中否定了自己同动植物的亲属关系,图腾信仰也就接近尾声,逐步转变成祖先崇拜。

多数学者认为瑶族图腾为犬或龙犬,其依据是盘瓠传说。无论从图腾形象上看,还是其产生的社会形态上看,犬图腾和龙犬图腾均非瑶族初生阶段图腾。从盘瓠形象上看，盘瓠狗头人身是典型的"兽的拟人化"而非初生阶段图腾形象。从社会形态上看，盘瓠传说应当发生在父系氏族后期，奴隶社会国家生产之初，而非母系氏族时期。首先，从传说的内容可以推断出当时已有国家的概念。盘瓠传说讲述的是帝喾时期，高辛氏与犬戎国大战于九黎之地，盘瓠为高辛氏赢得了胜利，受到帝喾封赏和赐婚的故事。其次，根据考古发掘也可以推断出帝喾时代应为原始社会后期至奴隶社会初期，此时已有国家雏形。多数史学家认为三皇五帝的活动区域为黄河中下游地区。据《帝王世纪》载，"帝俈（喾）高辛……年十五而佐颛顼。三十登位。都亳。"亳是今天的什么地方呢？《史记·正义》引《括地志》说："宋州谷熟西南，南亳古城。""宋州"即现在的商丘，这是无可争议的。唐代对古代政区地理沿革进行比较系统叙述的《元和郡县志》记载："高辛故城在谷熟县西南四十五里，帝喾初封于此。"《归德府志》记载："帝喾陵在府城南高辛里，帝喾所都之地，帝喾都亳，故葬此……有宋太祖开宝元年诏祀帝王陵寝碑可考。"帝喾设都城于亳，也就是今天的河南商丘市，说明帝喾活动区域在黄河中下游地区。据《史记·五帝本纪》载，"帝喾高辛者，黄帝之曾孙也""帝喾娶陈锋氏女，生放勋；帝尧者，放勋。"《大戴礼记》也记载了尧为"高辛之子也，曰放勋"。因此，帝喾时期应该在黄帝之后唐尧之前，距今约为5000年到4000年。黄河中下游地区这一时期约当考古学时代的龙山文化中晚期。在山东、河南、陕西等地发掘的龙山文化遗存均证明，龙山文化以农业经济为主，手工业有了一定的发展，在某些遗址发现了铜器。在山东章丘焦家遗址、河南登封王城岗与淮阳平粮台遗址等发现了城墙和壕沟的线索，壕沟、城墙是用来防御的，说明部落等级较高，出现阶层分化，是早期国家的雏形，当为奴隶社会早期。

根据图腾起源于母系氏族的观点，瑶族的初生阶段图腾，至少应追溯至瑶族主要族源的蚩尤部落时期，甚至更早的神农氏部落时期。多数学者认为神农氏部落属于母系氏族社会。瑶族起源于蚩尤九黎部落，蚩尤部落又源于神农氏部落。首先，史料证明蚩尤部落源于神农氏部落。据《世本》宋衷注言："蚩尤，神农臣也"；《路史·蚩尤传》载："蚩尤姜姓，炎帝之裔也"；《世本·帝系篇》云："炎帝即神农氏，炎帝身号，神农代号"；刘歆《世经》亦载："以火承木，故为炎帝；教民耕种，故天下曰神农氏。"其次，史料及考古均证明神农氏部落为母系氏族社会。据《庄子·盗跖》载："神农之世，卧则居居，起则于于，民知其母，不知其父。"说明神农氏已进入母系氏族社会。周良、邓广铭、唐长孺、李学勤等编撰的《中国历史通览》认为中国在6000至7000年前进入母系氏族社会，其代表为仰韶文化。仰韶文化的与时间与神农氏时代相符。

神农、炎帝、蚩尤的形象均为牛首人身，很多学者据此认为他们的图腾为牛。但牛首人身这种"兽的拟人化"形象显然也不是初生阶段图腾，因此探寻瑶族图腾起源有必要进一步前溯。神农氏之前是伏羲、女娲时代。《周易·系辞下传》载："伏羲氏没，神农氏作。神农氏没，黄帝、尧、舜氏作。"《史记》载："神农氏，姜姓也。母曰任姒，有蟜氏女，登为少典妃，游华阳，有神龙首，感生炎帝"。《三皇庙碑》载："伏羲子少典为神龙首。东迁少典，君于颛臾之地以守伏羲之祀"。司马贞《三皇本纪》载："神农氏，姜姓以火德王。母曰女登；女娲氏之女，忐神龙而生，长于姜水，号历山，又曰烈山氏。"《纲鉴易知录》记述，太昊伏羲氏立"春官为青龙氏，夏官为赤龙氏，秋官为白龙氏，冬官为黑龙氏，中官为黄龙氏"。《左传》昭公十七年载郯子语曰："昔者黄帝氏以云纪，故为云师而云名。炎帝氏以火纪，故为火师而火名。共工氏以水纪，故为水师而水名。太皞氏以龙纪，故为龙师而龙名。"（晋）杜预注："太皞伏牺氏，风姓之祖，有龙瑞，故以龙命官也。"神话传说《葫芦娃》中说："伏羲由其母与龙神相配所生，其妹为女娲。"因此，众多学者认为神农氏为伏羲、女娲之后，伏羲、女娲图腾为龙（蛇）。

比伏羲、女娲更早的是燧人氏、有巢氏。《三坟》云："燧人氏，有巢子也。"中国社会科学院历史研究所 2002 年编制的《中国历史年表》中把燧人氏放在"三皇"之首，有巢氏之前就再无可考的氏族社会了，属于原始社会早期的原始群阶段。一般认为原始群各群体之间没有什么必然的联系，因此也就不可能有什么组织原则，也就没有图腾之说。那么中国最早的母系氏族燧人氏、有巢氏的图腾是什么呢？由于时间过于久远，史料并没有燧人氏、有巢氏图腾方面的记载。燧人氏有风姓一说。《说文解字》对风的解释是："八风也……风动虫生，故虫八日而化。从虫凡声。"从其姓氏推断燧人氏、有巢氏的图腾当为一种"虫"。当然古代的"虫"并非今日所说的"虫"。古人对虫、蛇、龙并没有严格的区分，把有脚的爬行动物统称为"虫"，把蛇称作长虫，龙则为鳞虫之王。《说文解字》对蛇的解释是："虫也。从虫而长，象冤曲垂尾形"，对虫的解释是："一名蝮，博三寸，首大如擘指。象其卧形。物之微细，或行，或毛，或蠃，或介，或鳞，以虫为象。"对龙的解释是："鳞虫之长。"正因如此，上古时代才有很多奇奇怪怪的"龙"，如烛龙、应龙、螭龙、蛟龙、虬龙、蜃龙等。风的上部正是"天似穹庐"的表相，下部乃一虫字，虫即龙也，因此"风"所表示的正是"天下一条龙"。据此，也许可以认为燧人氏、有巢氏的图腾为龙（蛇）。

从瑶族祖先蚩尤部落的名称看，蚩尤的"蚩"字，《说文解字》解释为："虫也。从虫之声。赤之切。"可见蚩尤部落与龙图腾也有渊源。孙作云在《蚩尤考》也提出："蚩尤之蚩为蛇，其族为蛇族。"燧人氏、有巢氏、伏羲氏、女娲氏，蚩尤部落的母系图腾也是由龙（蛇），后来才演变为牛。因此，瑶族图腾最早应当起源于龙（蛇），部落联盟图腾为牛，后来演变成犹，又演变为龙犬。

二、瑶族图腾的演变

王宪昭在《我国北方民族神话图腾的交融与演变探微》中指出："一个民族在历史进程中一般由多个氏族、部落发展而成，最后才逐渐形成一个或几个主图腾。既没有一个民族始终只有一个图腾，也没有一个民族的图腾始终保持一个固定不变的内涵。"瑶族图腾从最初的龙（蛇）演变为牛，进而演变为犹、龙犬或犬的过程，也是从伏羲氏部落到神农氏再到蚩尤九黎部落，经过不断地传承与发展演变、升华而最终形成的。

从伏羲氏部落的龙（蛇）图腾到神农氏的牛图腾，演变过程中，生产力的发展是主要原因。任姒感神龙而生神农，其图腾来源于龙。随着生产力的发展、部落成员的增加，最初的龙（蛇）图腾已不能完全统一部落成员的思想意识，于是演变出了新的图腾。常光明在《"神农氏先祖图腾"考识》中解释道：神农氏部落首领最大的功劳就是驯牛耕种，发明农业，后世称之为"神农"。神农氏驯牛有术，似通牛性，故以神牛为图腾，神农被塑造为牛首人身形象。龙（蛇）则成为其母系图腾。

蚩尤部落起源于神农氏部落衰落之季，部落成员分裂，争战不断，出于战争的需要必须以新的图腾来区分不同部落和率领本部落成员，于是又形成熊、虎、狼、牛、犹、犬等诸多图腾。其中以龙（蛇）图腾和犹图腾为主要成员的多个部落联合组成了蚩尤部落。李新吾、李志勇、李新民共同编撰的《梅山蚩尤》认为，蚩尤部落"以两个较强大的部落为主干，一个是以龙（蛇）为图腾的蚩族部落，一个是以狗为图腾的尤族部落"。蚩族部落是后来苗族的主要族源，尤族部落则是后来瑶族的主要族源。李本高在《尤人是瑶族的主源初探》中指出，尤族部落是瑶族的主源。李本高认为瑶族的初生阶段图腾为"犹"，瑶族犬图腾是"犹"图腾演变而来的，其演变可能是由两个方面的原因造成：一是因为瑶族先民将犹抓来驯养，久而久之，犹的本性消失而变为犬。二是由于文字的通用，将犹写为犬（见《原生物犹〈犬〉图腾崇拜》）。除此之外，笔者认为还有一个重要因素——战争。蚩尤败于黄帝后，蚩尤部落成为黄帝部落的部族。《管子·五行》记载："昔者黄帝得蚩尤而明于天道……蚩尤明天道，故使为当时"；《龙鱼河图》记载："黄帝制服蚩尤，帝因使之主兵，以制八方"；《韩非子》记载："黄帝合鬼神于泰山之上，驾象车而六蛟龙，毕方并鎋，蚩尤居前，风伯进扫，雨师洒道，虎狼在前，鬼神在后，腾蛇伏地，凤皇覆上……"这些记载都表明，蚩尤战败后蚩尤部落成为黄帝部落的部族。古人概念中的狗是熊虎之属。《左传》有言："熊虎之类，其子名狗。"《玉篇》将"狗"写作"豞"，注曰："豞，音苟，熊虎之子。"黄帝部落以熊为图腾，蚩尤部落主要成员尤族部落，附黄帝部落后，被称为"犬"也就不奇怪了。

三、瑶族各种图腾之间的关系

瑶族图腾起源于龙（蛇），为什么在发展过程中会出现太阳图腾（盘王印、八角花）、犬图腾、龙犬图腾、犹图腾、猴图腾、牛图腾等不同的图腾，它们之间又有着什么样的关联呢？

（一）太阳图腾

在上文的探讨中，一直没有提到太阳图腾，似乎太阳图腾与瑶族没有什么关联。但部分学者从瑶族的传统服饰和用具中找到大量八角形纹饰，提出瑶族的图腾应为太阳图腾。刘小红在《瑶人：一个志愿者的田野研究》一书中提出：在瑶人村寨中大至建筑物，小至刺绣纹饰、法师印章，不仅没有龙犬的具象而且连盘王的具象都无一发现。除了瑶人有不杀狗不吃狗肉的规矩以及部分瑶人过"尝新节"以外，龙犬或犬类动物与瑶人日常生活关联并不密切，这一事实说明将盘王或者龙犬认作瑶人图腾都是缺乏民间习俗事实依据的。反而在瑶人服饰、用具及《过山榜》中发现了大量的八角形纹饰（或称为盘王印、八角花），特别是在盘王祭祀活动中必须用到的花帕中有八角形纹饰，认为这种八角形纹饰是太阳的抽象化表达，从而得出瑶人图腾为太阳的结论。刘小红除了在调查中有所忽视外（其实在瑶族服饰和用具中还是有很多龙犬形象的），其论证似乎很有道理。

笔者认为这种八角形纹饰虽可认为是太阳象征，也是瑶族人一种崇拜，但绝不是瑶族图腾，而是一种自然崇拜。首先，这种崇拜除了用于瑶族的宗教活动（盘王祭祀）外，与瑶族先祖起源并无关联，没有瑶族认同的缘关系或某种特殊关系。在世界各民族的宗教活动、祭祀活动中均祭祀太阳的习惯，中、南美洲的太阳神殿，中国各地史前文化或奴隶制文化时代都发现了各式太阳造型。因此，学者何新在《诸神的起源》中说、"东亚海洋文化圈其实是一个太阳崇拜文化圈""在中国远古时期,甚至还存在着一元日神信仰的现象,太阳崇拜似乎是较之祖先崇拜为更普遍和重要的信仰之一"。在中国考古发掘中,还发现了很多将太阳图形置于本部落图腾之上的图案。《史记·封禅书》也有天子"朝朝日,夕夕月,则揖"的祭祀记载。因此,不能因为瑶族在盘王祭祀用到八角形纹饰的花帕,而将太阳认定为瑶族的图腾。其次,太阳为世界所共有,不存在专属性,不能作为氏族部落的代表和象征的符号,也不存在与特定氏族部落发生血缘关系或某种特殊关系。人类学家爱德华·泰勒曾说过"凡是有太阳照耀的地方,都有太阳崇拜的存在",说明太阳崇拜是世界的普遍崇拜,而不是某些人群的专属。第三,在以太阳为图腾的部落中,鸟灵崇拜与太阳崇拜往往是一体的。如浙江河姆渡出土有"双鸟捧日""双鸟共日""双鸟拱嘉禾"等饰纹。在其他新石器时代遗址中,我们也经常能见到"太阳鸟"饰纹,大都是太阳与鸟的组合,或在太阳中绘刻鸟纹,或在鸟身上绘刻太阳纹。那个时候,太阳鸟又被称作乌金、阳鸟、鸾鸟、凤鸟等,并最终演变为凤图腾。而瑶族所有图腾都没有与太阳融合的现象。第四,多数学者均认为太阳崇拜是一种自然崇拜而不是图腾崇拜。上海交通大学马克思主义学院教授高福进在《太阳崇拜与太阳神话:关于衰亡及其遗迹》一文里分析说,太阳崇拜是缺乏宗教组织、制度、教义的,只是依靠祭祀的形式来维持。没有组织、制度,也就没有图腾之说。德国人类学家利普斯在《事物的起源》指出"一切火崇拜都起源于太阳崇拜",认为太阳崇拜为原始社会人们的共同文化信仰。这些都说明太阳崇拜不属于图腾崇拜,而是自然崇拜。

(二) 牛图腾

有学者以苗族、瑶族、畲族崇牛、敬牛的习惯为依据,提出瑶族的图腾为牛。上文中笔者已指出神农氏部落、蚩尤部落母系图腾为龙(蛇),后来演变成牛。而瑶族作为蚩尤部落的主要成员,牛作为部落联盟图腾受到瑶族的崇拜是理所当然之事。所以牛图腾应该为瑶族所在的部落联盟图腾,不一定是瑶族的图腾。笔者在上文中已作出瑶族初生阶段图腾为"犹"的论述,这里不再赘述。

(三) 犹图腾与猴图腾

上文论述了犹图腾为瑶族先祖分支部落图腾的起源,这里着重论述猴图腾与犹图腾的关系。瑶族先祖以犹为图腾,犹在《说文解字》中被解释为:"玃属。从犬酉声。""玃,母猴也。"由此可见,猴图腾就是犹图腾。云南布努瑶以猴为图腾，自称为"阶赖"（意为猴子），也进一步证明了瑶族先祖以犹为图腾的观点。笔者推测，云南布努瑶当为蚩尤部落战败后迁往南方的一支，而以龙犬为图腾的瑶族当为蚩尤部落战败后归附黄帝部落的一支。

（四）犬图腾与龙犬图腾

前文已论述，犬图腾与龙犬图腾均起源于犹图腾，且有着共同的传说——盘瓠传说。因此，犬图腾与龙犬图腾应为人们对同一图腾——犹的不同描述。外族人习惯于将瑶族的图腾称为犬，而瑶族人认为自己的图腾为龙犬，将"瑶族犬种"之说视为是对瑶族的侮辱、污蔑和歧视。心理学家荣格认为，在人类心灵最深处，拥有一个超越所有文化和意识的共同基底，这个基底就是集体无意识。集体无意识是一种记忆、意识的传承，最早的原型与集体无意识应该可以追溯到先祖的"图腾崇拜"。子不嫌母丑，如果瑶族图腾为犬，瑶族在潜意识里就会对犬图腾感到亲切、崇拜、敬畏，而不会反感，更不会感到耻辱。纵观各民族图腾，同样有犬、狼、猪等动物图腾，没有任何民族将自己的图腾视为耻辱的。李祥红在《瑶族盘瓠龙犬图腾文化探究》中指出，盘瓠是神不是犬，龙犬是龙不是狗。杨仁里、曾凡忠、刘雄伟所著的《为盘护正名》也认为"龙犬"和"狗"不存在因果、亲缘、同类、替代关系。在《评皇券牒》中，"狗"的形象极其普通、极为平常。瑶人把"狗"与禽粪枯木相提并论，并没有把"狗"视为神圣和神灵。瑶族不吃狗是戒"五味"（狗、蛇、龟、青蛙等），不是图腾忌禁。1941年四五月间，中山大学杨成志先生率领调查组到乳源乌坑、荒洞等瑶族村寨做田野调查时了解到，瑶族人对狗没有任何特别的崇拜仪式，不存在犬图腾崇拜。瑶族先民在蚩尤部落战败之后，一直于被统治地位，特别是在处于奴隶社会萌芽阶段的黄帝至帝喾时期，瑶族对本部落图腾被统治者称为本部落图腾之子（"熊虎之子"）的犬（狗）根本无力抗拒，只能把自己的祖先追溯到与统治者共同的祖先伏羲氏，以伏羲氏图腾龙为自己的祖先，并借用龙生九子各不同之说，把自己的图腾称为龙犬。同样，畲族也将自己的图腾称为龙麟。

四、结语

对瑶族图腾起源与演变的探究，从根本上说是对瑶族源流的探究和认同，更是对民族融合发展渊源的探究和认同，最终目的是铸牢中华民族共同体意识，丰富民族文化交流，增进民族团结和发展。

民俗编

从"食为天"到"食为尚":
江华瑶族粑粑的民俗文化特征考察

◎ 周生来　周梦瑶

湖南江华瑶族自治县是目前全国瑶族人口最多的县,这里的瑶族自古以来就有吃粑粑的习惯。逢年过节,婚丧嫁娶,瑶族人民都要做出各种粑粑招待客人,或者送给客人带走,特别是在平地瑶地区,各式各样的粑粑不仅是瑶族人民日常生活的主食,也成为瑶族与人交往、联络感情的一种礼品,具有浓厚的民俗文化特征。

一、江华瑶族粑粑的种类和做法

据不完全统计,江华瑶族的粑粑种类繁多,大概有 20 余种。这些粑粑不仅原料不同,形状各异,口味多样,而且制作工具、工艺、流程、方法各有不同,是瑶族人民长期的生产生活经验的积累和智慧的结晶。

(一)江华瑶族粑粑的种类

江华瑶族粑粑种类繁多,名称各异,按不同的方法,可以把它们分为以下几类:

1. 按原料分类。在江华瑶族地区,凡是可以用来吃的植物,不管是地里种的还是山里长的,如糯米、籼米、红薯、小麦、穄(稷)子、苞谷、荞麦、花生、黄豆、艾叶、南瓜、芋头、茄子、萝卜、豆角、豆腐、红糖、黄糖、盐等等,都可以作为做粑粑的原料。一是以糯米为主,掺少量籼米为原料。糯米为药食两用之物。孙思邈在《千金方》说:"糯米,脾之谷也,脾病宜食之。"《本草纲目》记载糯米能治二十一种病症。[①] 瑶族人民用糯米做成月亮粑粑、麻拐下塘粑粑、煮汤粑粑、吊浆粑粑、五孔粑粑、打粑粑、开口笑粑粑、桐子叶粑粑、紫叶粑粑、角梳粑粑、鸭蛋粑粑、鸡油粑粑、油赖皮粑粑等，这些粑粑的主要原料是糯米并佐以糖或者盐、菜、葱或油炸，或水煮或蒸煎。二是以各种杂粮为主要原料，适当地加入少量糯米，以防黏度不够，做成红薯粑粑、荞麦粑粑、穆子粑粑、南瓜粑粑、蕨根粑粑、芋头粑粑、木薯粑粑、高粱粑粑等。这些粑粑制作时大多放糖或者盐、菜，这类粑粑可以端上餐桌作为菜肴食用，而且深受食用者喜爱。三是以各种野菜为主要原料，掺以糯米或籼米、糖、盐制作而成，如使君子粑粑、艾叶粑粑、蒿子粑粑等。这些粑粑不仅风味独特，还有一定的保健功能，也是赠送客人的珍贵礼物。

2. 按形状分。江华瑶族粑粑形状各异，有大有小，有圆有方。瑶族人民根据粑粑的形状取名，非常的贴切。一是纯外形直观取名。如枕头粑粑用竹叶包好，用稻草捆扎，形似枕头，桐子叶粑粑是把做好的粑粑放在桐子叶上，方便取食。而五孔粑粑是在做好扁圆形的粑粑油炸之前，在内圈用筷子插出五个小洞，不仅美观，也容易炸熟。二是取某种植物或者动物的某个形状，如月亮粑粑、牛角粑粑、鸭蛋粑粑、牛考（腰）子粑粑、羊角粽、灯盏粑粑、生鱼片粑粑等。三是在制作过程中，瑶族人民根据当时的情景，展开想象的翅膀，按照某种动物的形态、神采赋予粑粑名称。如麻拐下塘粑粑是根据粑粑下锅时像麻拐跳进池塘，不时泛起涟漪而取名。开口笑粑粑，则是粑粑经过油炸后，像熟透的红枣，咧开嘴笑的形状而起名。油赖皮粑粑则是粑粑经过油炸后，表面像赖皮麻拐的皮肤一样不光滑取的名。

（二）江华瑶族粑粑的做法

1. 制作工具。江华瑶族制作粑粑，下面几件工具是必备的。一是石碓和石磨。做粑粑的大米经过一夜浸泡沥干水后用石碓舂成粉，杂粮一般用石磨磨成干粉，所以古代这两件工具是瑶民做粑粑必不可少的工具。现代则用机器打粑粑粉了。二是筛子。一般用纱布或细铜丝做成，瑶民叫粑粑筛，主要是用于过滤舂好或者磨好的粑粑粉。现在用机器打粉，一般不需要再用筛子过滤。三是簸箕和木盆。簸箕功用很多，既可以用来盛装粑粑粉，也可用来揉粑粑，即直接将水倒入簸箕里，将粑粑粉揉成团，再做成不同的形状放入锅中蒸煮或油炸。但当粑粑粉量很多时，为避免弄出去，则改用木盆揉粑粑粉。四是灶和甑子。平常日子，瑶

[①] 景春.糯米亦良药.祝您健康，1983 (2).

族喜欢用锅油炸或水煮粑粑,逢年过节或者办喜事时,粑粑量大,就用甑子蒸熟。这样不仅方便,而且蒸出来的粑粑味道更有利于保留糯米和植物的清香原味,比现代人们为了图省事,喜欢用电饭煲蒸煮,保留了原汁原味。

2. 制作方法。江华瑶民粑粑制作的方法各式各样,油炸、水煮、蒸、煎,样样都有,有的还要经过几道工序,使用几种方法才能成功。一是水煮。瑶民们先将糯米或杂粮经水浸泡后沥干磨成粉,再用水揉成团,做成各种形状的粑粑,然后放水里煮熟后捞出来食用,如水煮粑粑。二是油炸。瑶族过去常年居住在大山里,有很多油茶树,因此油炸粑粑也是瑶民常用的方法。这种方法一般多用于籼米做的粑粑,因为糯米或杂粮油炸时消耗的油量较大,瑶民用油成本高,划不来,如油赖皮粑粑、罐子盖粑粑。三是煎、蒸、黄焖等。这些方法一般用于直接以植物茎、叶或者杂粮为原料的粑粑,如艾子粑粑、蒿子粑粑、紫叶粑粑、木薯粑粑、使君子粑粑、桐子叶粑粑等等,其中有些粑粑需要混合几种方法制作出来才更好吃。如木薯粑粑、蕨根粑粑,水煮后再黄焖;高粱粑粑则在大火蒸熟以后再划成小块,入锅用油煎香蘸糖食用,则更可口。

二、江华瑶族粑粑的民俗事象

在江华瑶族日常生活中,粑粑作为一种重要的食品,历经瑶族生活的特殊自然环境和历史进程,逐步形成了江华瑶族独特的饮食民俗事象。

(一)娱乐的载体

民以食为天,粑粑在江华瑶族饮食生活中占有重要地位。在粮食基本满足了瑶民的生理需求之后,做粑粑、吃粑粑就成为瑶民饮食文化的一种追求、喜庆娱乐的一个载体。在江华的过山瑶中,春节和农历十月十六盘王节瑶族喜欢打粑粑。瑶民们先将糯米洗净浸泡一夜后沥干,用甑子蒸熟,趁热放进石舂里,几个男人各持一根坚硬的木头粑槌轮流锤打。直到糯米饭被完全捣烂,揉成一坨后才取出来,姑娘们趁热把大坨的糍粑捏成一个个圆形的小糍粑,并用棒槌把它们擀压成薄饼,蘸上白糖,吃起来糯劲十足,甜味鲜美。① 瑶民们做糯米糍粑时,男人喊着号子,用力捣烂石臼里的糯米饭,姑娘们用手灵巧地擀制糍粑,欢笑声、号子声连成一片,好一个欢乐的劳动场面。现在,越来越多的瑶民把打糍粑当作招待客

---

① 郑德宏,任涛,郑艳琼.湖南瑶族风情.长沙:岳麓书社,2009.6.

人的一种礼俗,客人们在瑶山打糍粑不仅享受了瑶山的美食、瑶民的礼遇,更享受了打糍粑过程中的精神愉悦。而在江华梧州瑶地区,逢年过节,家家户户早上都要做煮汤粑粑。全家老少围坐在一起,边做边煮,展示手艺,谈笑风生,感受家庭劳作的快乐,然后吃上几个鲜美的煮汤粑粑,其乐融融,何等的惬意。

(二) 馈赠的礼物

中华民族讲求礼尚往来,瑶族也是如此。相互尊重,相互帮助,互通有无,睦邻和谐,是瑶族的传统美德和道德规范。在瑶山,自古以来就有"见者有份"的约定。每当捕获了大的猎物时,凡是在场的人都可分得一份。这不仅体现了瑶族朴素的均衡思想,同时也是讲礼俗的表现。后来,随着生产力的发展,食物的增加,瑶族接触外界的机会增多,和外界互动深入,瑶民有意识无意识地将瑶族粑粑等饮食文化呈现给了外界,交往交流的频率也越来越多。逢年过节,虽然家家户户都会做上述各式各样的粑粑,但每户都会盛上一碗自家刚出锅的粑粑送给邻居品尝。同时,瑶民还有邀请亲朋好友来家里过节的习惯,而且谁家的客人来得最多,谁就最有面子。离开时,主人会给每个客人送一些粑粑作为礼物拿回家品尝,但粑粑的个数必须是双数,俗称"回篮子"。每年春节,瑶族亲戚朋友间互相拜年,过去最常拿的礼物也是粑粑。亲戚走完后,大人们会把亲戚朋友互相拜年时拿来的粑粑热了吃,大家在品尝各家手艺的同时,也是在回味各家的情谊。

(三) 婚姻的信物

江华岭西的白芒营、涛圩、河路口一带,是平地瑶和梧州瑶的主要居住区。过去,未婚青年男女通过对歌互相认识了解,培养感情,谈婚论嫁的时候,先要征求姑娘父亲母亲的同意。这时,小伙子会挑着两个很大的粑粑去女方家求亲,这种粑粑每个五六斤,糯米做成后用油炸熟,名字叫月亮粑粑,或者叫"爷粑娘粑",也叫"牛角粑粑"(也有的挑一担叫"罐子盖"的小粑粑)。姑娘的家里办一桌丰盛的酒席,请来亲朋好友,热情招待小伙子。饭后,小伙子挑来的粑粑,如果被姑娘的父母收捡好了,就表示同意了这门亲事。如果小伙子挑着粑粑往回走,这门亲事就黄了。收下男方的粑粑后,女方会把粑粑分切好,送给亲朋好友。不用说话,亲朋好友接到粑粑后就明白:这家姑娘已找到了婆家,便会纷纷道贺。[①]瑶族以"月亮粑粑""爷粑娘粑"作订婚信物,除了表现出量力而行,

---

① 任涛.湖南瑶族传统文化小百科.长沙:岳麓书社,2017.1.

以物为主，朴素的礼仪观外，小伙子挑着粑粑去寻找另一半，还预示男女合卺花好月圆之意。

(四) 祭祀的供品

作为江华瑶族的传统小吃，粑粑还在瑶民祭祀中被当作供品广泛使用。逢年过节，瑶民早、晚吃饭前会在家中神坛前摆上肉和粑粑等供品，然后烧香化纸，祭拜祖先。清明节的头一天晚上，各家各户用艾叶和糯米粉做艾叶粑粑，平地瑶梧州瑶还用纯糯米粉做煮汤粑粑。早饭后，全家男女老少上山，在祖先坟前摆上粑粑、酒水、猪肉等给祖先上坟、挂扫、祭拜。到了七月十四这一天，也叫七月半，瑶族要过中元节，俗称鬼节，"中元"音同"粽圆"，所以瑶民端午节不包粽子粑粑，等到中元节才包粽子粑粑。平地瑶中元节尤其隆重，七月十三就包熬粽子粑粑，接祖先回家过节，祭祀时将粽子粑粑切成片，淋上红糖水供祖先享用。祭祀结束后，全家才能共进午餐。

三、江华瑶族粑粑的民俗文化特征

《礼记·礼运》说："夫礼之初，始诸饮食。"江华瑶族在漫长的历史进程中，形成了自己独特的饮食文化。粑粑这一"饮食的味道"产生了诸多的"饮食记忆"，为我们探寻江华瑶族粑粑的民俗文化特征提供了线索和渠道。

(一) 承载了许多瑶族节日的传说和习俗

在江华，瑶族许多节日都与粑粑有关。粑粑不仅是节日产生的重要载体，而且是节日民俗的重要道具。一方面，江华瑶族产生了一个与粑粑有关的美丽的节日传说——《赶鸟节的传说》。相传在很久很久以前，瑶山春播以后，鸟害为患，种在地里的种子都被鸟儿吃光了，吃了又种，种了又吃，弄得瑶山春无苗长，秋无收成，瑶民无计可施，愁眉苦脸。当时有一个漂亮聪明的瑶族妹子叫"芳美"，她排行第三，人称"三妹"。她歌声清脆甜美，悠扬动听。三妹带着姐妹们打开歌喉，放声歌唱。寨子里的小伙子为之倾倒，连山里偷吃种子的鸟儿也听得如痴如醉。不知过了多久，等鸟儿清醒过来，飞出山林，田野里早已是一片葱绿。这一天正好是农历的二月初一，瑶家人便把这一天叫作"赶鸟节""祭鸟节""黏鸟节"。后来，三妹不在了，每到农历二月初一这一天，瑶山家家户户都要做粑粑喂鸟，瑶族把用糯米和各种杂粮做成汤圆大小的鸟仔粑粑，染上红、黄、绿三种颜色，插在竹签上，放在门窗上、菜园里、田地里，让鸟儿尽情地吃。吃了杂粮做的粑粑的鸟儿，吃饱了就不会再来啄食地里的种子了。吃了糯米做成粑粑的鸟儿嘴被糯米黏住，再也开不了口去偷吃田地里的种子了，瑶山终于全年有了收成。这一天，男女青年穿上新衣，带着食品和礼物，来到开满鲜花的绿林坡地，尽情对歌，以歌会友，以歌传情，以歌为媒，这就是瑶山的山野歌堂赛歌赶鸟节。[1]在这个传说里，瑶民做粑粑喂鸟黏鸟，粑粑不仅是赶鸟节里重要的民俗事象，也是赶鸟节来历的重要的源头之一。另一方面，江华瑶族在很多节日里都用粑粑祭奠民族的祖先，如在"盘王节"这个瑶族最隆重的节日里，又恰好是一年收割结束的时日，瑶族家家户户会选五谷之首的稻谷中的糯米，打糍粑敬盘王。把谷仓封好，祈求盘王保佑瑶家年年丰收。从以上节日我们可以看到，粑粑除了本身的食用功能以外，还作为瑶族文化传承的载体之一，成为一种向心力和内聚力，具有整合瑶族社会秩序的功能，是瑶族族群心中的共同记忆和情感纽带，体现了瑶族缅怀祖先英灵，珍惜幸福生活，憧憬美好未来的追求。

（二）展现了丰富的瑶族的审美意象

一方面，江华瑶族粑粑种类繁多，做法多样，做粑粑本身就是一种手艺、一种技巧。比如揉粑粑粉，水掺得要合适，水少了，粑粑开裂，放进锅里水煮或油炸会散。水多了，粑粑太软，根本拿不进锅里。比如做煮汤粑粑，皮厚了不容易熟，皮薄了容易烂在锅里。特别是最后捏拢的锁口，一定要平整、光滑，做成的粑粑才美观。这些都是很有讲究的，是必须经过长期实践才能掌握的一门技艺。

另一方面，粑粑还在口味、造型、色彩上给人以美的享受，展现出瑶族人民的审美习惯。首先，江华瑶族粑粑除具有韧性、嚼劲、爽口以外，还具有多样的口味。瑶族人民运用多种方法，除保持粑粑本身的软、韧、脆、香等口味外，还在粑粑里面直接放糖、盐或者各种肉和蔬菜调味，有时甚至专门用芝麻糖、花生糖或者肉、豆腐和蔬菜炒熟做成馅，放入粑粑中，以满足人们口味的需要，反映了瑶族对美好生活的向往。其次，江华瑶族的粑粑，形状不一，造型各异，长得像枕头，如枕头粑粑，大的似月亮，如月亮粑粑。罐子口大小的叫罐子盖粑粑，三角形的粽子叫羊角粽，椭圆形的叫鸭蛋粑粑，比饺子大些的叫梳子粑粑，更有比鸭蛋大的，叫"牛考（腰）子"粑粑等等。瑶族在制作粑粑的时候，把日常生活中自己喜爱的形状融入进去，得到美的享受。再次，江华瑶族粑粑的色彩也各

---

[1] 周生来，陈永祥.江华民族民间故事集.北京：大众文艺出版社，2009.7.

有不同。艾叶粑粑表面乌黑发亮，油糍皮粑粑色彩光鲜，木薯粑粑和蕨根粑粑晶莹剔透，用大片竹叶包住的枕头粽放入蒸笼，蒸熟前青翠欲滴，蒸熟后，用绳线绞成薄薄的一片，蘸上红糖水，鲜黄透明，令人垂涎。瑶民们在制作粑粑的时候，在糯米里加入黄珠子（栀子果实），以使粑粑表面的颜色更加金黄温和。如水煮粑粑、黄泥粑粑等等，瑶民们通过对粑粑色彩的选择，表现出了人们的审美追求。

（三）折射出瑶族朴素的哲学意识

瑶族粑粑不仅体现了瑶族的审美观念和审美习惯，更多地展现了瑶族的价值取向和情感元素。我们从瑶族用粑粑做礼物的交往礼节中可以窥见。首先，表现出瑶族的一种原始顽强的生存意识。古代瑶族先民居无定所，吃过一山走一山，过着游牧的生活。虽然后来定居了，依靠农业生产喂饱了肚子，但瑶民对饿肚子的年代却仍然记忆犹新，因而不仅把粑粑作为节日重要美味食品全家食用，而且作为瑶族珍贵的礼物接济邻居，赠予亲朋好友，体现出一种相互慰藉的生死与共的意识，由此体现了瑶族对食物、对生存的重视，对生命的追求。其次，体现出瑶族"贫而知礼"的价值观念。瑶族在长期的人际交往中，以各式各样的粑粑作为礼品，而且以物为主，量力而行，视粑粑为尊贵的礼物，不送金银珠宝等贵重礼品，也没有红包礼金，展现出瑶族是一个清贫但不失礼节，真诚而不奢侈的基本的、简单的、朴素的价值取向。这种"贫而知礼"，相互之间尊重理解的品德，应该成为当代乃至未来文明社会里人们社会交往的行为规范。再次，体现出瑶族"和合圆满"的精神追求。瑶族在历史上尽管历经沧桑，饱受磨难，却坚韧不拔，不断传承、繁衍，得益于瑶族积极向上，追求和谐圆满的精神，这一追求我们从粑粑这个小小的食品上可以看出来。"盘王节"瑶民用粑粑纪念盘王，祈求丰收；"中元节"瑶民做粑粑供奉家先保佑平安；开口笑粑粑像人裂开了嘴在笑，预示生活要笑口常开；月亮粑粑的取名更是展示了瑶民的生活智慧和对生活圆满的期盼。特别瑶族小伙子用月亮粑粑到女孩家中求婚，更是借用月圆美满的寓意。月亮粑粑这个具体的物象和主观情感相吻合，既体现出瑶族对美好生活的向往，又体现出"天人合一"的哲学意识。瑶族粑粑从最初的饱肚子，到产生出众多的民俗文化事象和特征，即"从食为天到食为尚"，为我们了解瑶族民族文化提供了鲜活的案例，也为我们实践新时代铸牢中华民族共同体意识提供了启示。

江华瑶族自治县潇江湾村
传承划龙船文化习俗考

◎ 唐德雄

在湖南省永州市，提起划龙船，很多人都会想到道县每年过端午的龙舟赛。其实在道县潇水河的上游，离道县仅几十公里的地方，有一个叫潇江湾的村庄，属于江华瑶族自治县，也有划龙船的习俗。虽然规制比不上道县，但却有传承延续几百年的历史，是江华瑶族自治县传统体育和瑶族文化的一大特色和亮点。在乡村振兴时代背景里，如何在保护中开发利用这一特色文化习俗为社会主义现代化建设服务，是值得我们共同思考的问题。

一、潇江湾村的基本情况、划龙船的历史与习俗

潇江湾村位于江华瑶族自治县的东北部，现隶属于沱江镇，是江华与道县的交界之地。根据族谱及相关资料记载，潇江湾村于明洪武年间开始定居，最初是黄姓、周姓、奉姓、北姓、杨姓、程姓等在此耕居。明隆庆年间，唐姓人迁入耕居。经过500余年的融合，其他几姓人家在清朝末年基本淡出，如今潇江湾村的村民全部为唐姓，现有村民1800余人，是元大德年间千家峒瑶民出逃后逐步迁徙到此定居的。

潇江湾村有一个独特的节日，叫"大端午"，即每年的农历五月二十五，因为这一天是村始祖的生日。既然是过节，就得有过节的气氛，那么，在节日气氛的活动项目里就有划龙船活动，这个活动伴随"大端午"节起始并延续。

划龙舟，又称扒龙舟，是多人集体扒桨竞赛，是汉瑶地区传统体育项目和文化习俗之一。潇江湾村划龙船的历史悠久，已经有近500年了。

明隆庆年之后，由于潇江湾村的居民逐步变成了清一色的唐姓，而且村民都是瑶族人，根据瑶族《过山榜》的记载，瑶族的始祖是盘王。相传瑶族人在迁徙的过程中曾经漂洋过海，漂洋过海时遭遇了大风大浪，眼看要樯倾楫摧、船毁人亡了，瑶民们跪在船上许愿祈拜盘王保佑，结果马上出现风平浪静的奇迹。于是瑶民们每年都要还盘王愿、过盘王节。

用划龙船的形式祭祀盘王也源于远古的盘王传说和瑶族《过山榜》，祭祀的对象是始祖盘瓠（盘王）。传说盘瓠与三公主生下6儿6女，封赐为瑶族12姓，后又形成多个支系。盘瓠死后，各支系族人宴巫请神，为其招魂。因瑶山山多林密，巫师不知道盘王的魂在何处，就让各支系族人打造一条龙船，逐溪逐河寻找呼喊，逐步演变成划船招魂的祭盘王活动。

潇江湾村的划龙船活动的习俗是与过"大端午"相伴起始并不断传承延续的。每年的农历五月二十五日，潇江湾村家家户户都会把嫁出去的女、未过门的准媳妇接回或接到家里来为祖宗"吃生日"。白天划龙船是最热闹的了，不但本村村民和接回接来的客人喜欢看，就连附近七邻八村的人也都喜欢来看热闹。每年河岸上"看热闹"的都会人山人海，喝彩声此起彼伏，锣鼓声在河谷中缭绕传扬，真是"瑶村喜度大端阳，彩旗飘扬，龙狮劲舞欢……潇水河中赛龙船，鼓点激昂，呐喊震宇寰。群龙飞驰拼争抢，欢声笑语荡河山""士女如山，乘潮上下，日已暮而未散"，从明洪武年一直到今天、到明天。

二、潇江湾的龙船的制作工艺要求及流程

"漫山遍野古树松，四五人手难合拢。高大挺拔入天界，枝繁叶茂郁葱茏。阵阵清风穿林海，滚滚松涛响苍穹。建造龙舟欲飞渡，又见英姿云梦中。"

潇江湾村地处潇水主航道一个"潇江角带"之地，四面环山，潇水河从村的西北向东北呈"之"字形流过。村周围的山上古木参天，四季青葱苍翠。潇水河在村边或如云卷云舒，或如蓝天镜面。靠山有山，靠水有水，山主龙骨，水主财源，是潇江湾人的山水乾坤理念。

在自给自足的传统农耕时代，潇江湾的生产生活用具都离不开船，村里拥有船只最高峰时达到150多艘。所以，划船、造船在潇江湾村是不成问题的，而潇江湾村四周的山上树木茂密、品种齐全，供应造船用的木材也是绰绰有余的。

潇江湾的龙船造型和道县的龙船造型基本相同，"龙身矫健，龙首昂扬"。龙船主要造型为：黄色的"头龙"，龙头抬起张嘴，装饰大红花彩绸，气宇轩

昂。红黄相间的"龙身",龙身细长,形似柳叶,黄色鳞甲,威风凛凛,做鳞甲用的"古钱较大,闪闪发光"。黄色"龙尾",龙尾翘起,装饰彩旗,生龙活虎,把握方向。龙船整体呈黄色,因为黄色象征权威,潇江湾人的先祖曾任浦州州宪、兖州通判,而瑶族的始祖是盘王,在潇江湾的石桥洞还建有黄龙庙(又叫盘龙庙)。整个龙船共有12排座,配26人,设指挥(鼓手)、舵手(锣手)各一人,桡手数量24人,12排座,代表千家峒瑶族12姓氏,指挥和舵手则象征本民族的王和首领。

龙船制作的工艺流程:

1. 选底骨,即龙骨,要选垂直的大松树做底骨。
2. 起底,即钉船底,要求起蝴蝶底。
3. 起水,即拗弯龙骨,要求呈流线型。
4. 打水平,即中线定位,以平衡蝴蝶底。
5. 转水,即安装挡水板。
6. 做大旁,即"合"舟两侧,也称"钉花旁"。
7. 做横挡,即做船中间的"龙排骨"。
8. 做坐板,即做运动员的座位。
9. 安龙肠。
10. 加固中肠,即座位与龙肠用竹片加固,也称"抓篾"。
11. 上桐油灰,即板与板之间缝隙加固,防漏水。
12. 刨光。
13. 涂清漆,即使船光滑,也称扫柚油。
14. 制作安装龙头。
15. 安装尾舵。

一条龙舟制作时间一般需要6—7天。

此外,如果是打新龙船,还有架马和倒马的仪式,师傅启动打新龙船的开工仪式称为"架马"。新龙船做成时,要举行完工仪式,即为"倒马"。在外村(外地)做的龙船(或龙头),还要举行接龙或接龙头仪式。新龙船做好后还有"乐龙"和"暖龙"仪式。

三、潇江湾划龙船的文化传承及内涵

划龙船,是传统的端午节习俗。龙是中华民族的共同图腾,闻一多先生在他的三篇作品《伏羲考》《龙凤》《端午考》中指出，黄帝在统一中原后，把自己部落的标志兼取并融合了被吞并的其他氏族、部落的标志性图案，最后拼合成汉族共同崇拜的形象"龙"，一种虚拟的综合性神灵，成为汉族的标志。而根据《湖南省志》和瑶族文献《平皇券牒》的记载，我国"龙舟竞渡最早始于武陵"。武陵即"武陵郡"，《后汉书·三国志》把迁徙到此的瑶族人列为"武陵蛮"。湖南的溆浦县西汉时为武陵郡治所在地，故溆浦是我国"龙舟竞渡"的发祥地。溆浦的龙舟竞渡，至今还保留着很多汉瑶民族原始古老的习俗。

延续至今的潇江湾的划龙船文化习俗源于瑶族盘王传说和《过山榜》，祭祀的对象是瑶族始祖盘瓠（盘王）和本村唐姓始祖。在潇江湾村的民间，至今还有顺口溜流传："潇江湾村，傍水依山。美丽潇水，环流村旁。水深河宽，碧波荡漾。举村之力，造划龙船。龙身矫健，龙首昂扬。精心挑选，划船壮汉。划船桨手，一十二双。龙头鼓手，击鼓领喊。龙尾舵工，把握方向。二十六位，年轻猛将。"

潇江湾的龙船，抬头翘尾，威风凛凛。船体呈柳叶形，长18至20米，宽1.5米，12排座，配26人，设指挥（鼓手）、锣手（舵手）各一人，设桡手24人。指挥（鼓手）是全船的核心人物，负责给桡手加油鼓劲和掌握节奏，舵手（锣手）的作用是及时调整船行方向。鼓手、锣手、桡手必须心灵默契、动作协调、合力鼓劲，才能平稳快速致远。

龙船一般是提前5至10天下水，下水前必须先到盘龙庙和村里的"大堂屋"中祭祀，然后才能下水在河中训练。从五月二十三开始，河里的龙舟要进行一对一的比赛预演，上午11点预演两场，下午三点半预演两场。五月二十五大端午这天清早，七邻八村的人会从四面八方聚集过来看热闹。由于这一天是潇江湾村"祖宗老子"的生日，是好事情，村里家家户户都会多准备一点"大豆腐""牛轭酒"之类的酒菜，以预备客人带熟人到家里吃饭。比赛前，会举行歌舞仪式，一般来讲村里的三房人各准备一两个节目为本房的龙船助威壮行，如果邀请了外村（一般是同宗）的或同宗外村来祝贺的龙船也参加比赛，村里还要给客人象征性地敬"牛轭酒"。上午9点，比赛开始，河两岸彩旗飘舞，人山人海。河里汉子们的呐喊声、鼓声、锣声，岸边人海中的助威声、鞭炮声震天动地。比赛结束时，得胜归来者鸣礼炮庆祝，败者也不会垂头丧气，因为参加比赛的人都是同宗兄弟，谁取胜都是"肥水不流外人田"，都值得庆贺！中午吃饭时，各条龙船的划船队员们在"大堂屋"聚一起，在相互祝贺敬酒之后，会进行另一场比赛，即分边划拳猜酒令，酒桌上面分输赢。

四、潇江湾划龙船比赛的规则

潇江湾村每年农历五月二十五过大端午都要举行划龙船比赛，但是，由于潇江湾的划龙船活动的侧重点不是比赛，而是一种祭祀活动、一种纯娱乐活动，所以与其他地方的划龙船比赛规则有相同之处也有比较大的区别。除比赛过程中的规则需要遵守以外，潇江湾村划龙船比赛的独特之处主要有四个方面：

一是潇江湾村的划龙船比赛，属于友谊比赛，不是竞技比赛。也就是说，比赛只是象征性的，而祭祀活动和娱乐活动才是组织比赛活动的目的。当然，虽然比赛是象征性的，但是并不代表比赛就不激烈，只是比赛的输赢双方没有相互敌视的火药味罢了。

二是参加比赛的队伍以本村为主，其他报名参加比赛的队伍，原则上要求是同宗（姓唐），不是同宗的，必须是与本村没有矛盾纠葛的友好的村。潇江湾村分三房人，是同宗三个兄弟分家形成的，每一房有一个门楼和祠堂，每一房人派出一艘龙船参加比赛。外村报名参加比赛的，一个村只接受一艘龙船参加比赛。

三是参加比赛的人员，必须是水性好，年富力强，身强力壮的人，不会游泳的人一律不允许参加划龙船比赛。每个比赛队伍的人数共 26 人，其中指挥（鼓手）、舵手（罗手）各一人，桡手 24 人，一律不准超过人员限额。

四是参加比赛的队伍，比赛前集中训练时由各队自己筹集资金集体开餐。五月二十五这天，早餐和中餐由潇江湾村集体安排在村里的"众大堂屋"（全村的大祠堂）统一开餐，以便相互交流，增进情谊。特别是中午饭这一餐（祖宗老子生日酒正餐），比赛队员之间相互敬酒祝贺是少不了的程序，而划拳喝酒才是高潮。

五、潇江湾村当下划龙船的有利环境和现实要求

（一）得天独厚的环境

潇江湾村距江华县城约 17 公里，由于地处一个山旮旯河湾古里，交通条件过去一直相对落后，即使 80 年代修通了公路之后，大货车也基本进不了村子。潇江湾的河沙是出了名的好，但是，车子到不了河边，所以没有人在河里捞沙子，这样就使潇江湾村门前的河床保持了原生态。到目前为止，从潇江湾村西

北角的"拦河大坝"到东北角与界牌乡交界的"偏岩地"约有 3 公路的河段，仍然保留着原生态。河两岸青山苍翠，峭石壁立，河面宽窄适度，河水碧波荡漾、急缓交替，有"潇水第一湾、瑶都小桂林"之称，赢得"山比三峡、波涌洞庭"美誉。这样一个天然的优美的黄金水域，在江华县堪称第一。

（二）潇江湾人的划龙船情结

划龙船是潇江湾一项延续了几百年的传统的文化体育活动，内涵十分丰富，既有祭祀氛围，又有感恩情结；既是文化传承，又是体育竞技；既可提升团结协作的内聚形象，又能彰显联谊联情的外向吸引。据村里老一辈的讲，清朝时期，村里划龙船出了一次大事故，民间顺口溜是这么说的："大端午到，发生新况。瑶山暴雨，潇水猛涨。洪涛滚滚，汹涌腾翻。此时河边，热闹非凡。龙船竞渡，众人呐喊。勇士发力，难以阻挡。巨大漩涡，危情震撼。二十六人，求生无望。一起葬送，漩涡中央。山河同悲，天昏地暗……"尽管遭遇了如此的大难，尽管承受了难以弥合的心灵创伤，但是，潇江湾人的龙船情结依然，在接下来的岁月里，村民们用"划旱船"的形式，祭祀盘王、祭祀宗祖，也祭祀那二十六个划龙船的勇士："祭神灵，振村旺。悼英烈，寄念想。摆三牲，猪牛羊。祈丰年，保平安。调庙会，划旱船。倾巢出，众观看。邻近村，万人赶……"

（三）现实要求

正因为潇江湾村有这样的传统习俗，也正因为潇江湾村有割舍不断的用划龙船的形式表达一种祭祀感恩的情结，江华瑶族自治县于 2017 年在潇江湾村组织举办了"江华首届龙舟节"活动。从活动的效果和反响来看，省、市、县的主流媒体都进行了全方位的报道，活动吸引了湖南、广东、广西三省自治区，永州、郴州、清远、贺州、桂林 5 市，15 个县（市）约 3 万游客前来观光。

龙舟节之后，潇江湾村的村民开始自发组织旅游开发活动。经过近几年的艰苦努力，目前初步建起了一个"瑶都乐园"游乐场。游乐设施项目主要有：游船、水上摩托、骑马、骑骆驼、射箭等。

潇江湾村的划龙船活动，场地得天独厚，安全环保，是不对生态资源进行破坏的可持续利用发展的好项目。在未来的乡村振兴中，在新中国向着第二个百年奋斗目标前进的道路上，一定能对当地经济文化社会的发展发挥积极的作用。村民已经意识到了"绿水青山就是金山银山"，有丰富的良好的旅游文化习俗和资源基础，也有强烈的开发旅游文化资源的愿望和要求，笔者有充分的理由相信，潇江湾村的民俗活动一定能有更大的发展。

六、潇江湾村划龙船习俗目前存在的困难和对今后传承的建议

潇江湾的划龙船文化习俗历史悠久，源远流长，从明隆庆年到现在已经有近 500 年历史。过去，潇江湾人把一个祭祀活动以一种自乐的方式，自发组织进行传承。随着时代的变化和社会的进步，对传统文化的保护开发利用，已经越来越迫切地要求我们去挖掘民族传统文化的精髓，在做好保护工作的基础上，为当今和未来的经济文化社会发展服务。

（一）潇江湾村目前存在的主要困难

1. 潇江湾的划龙船活动，由于在清朝时曾经出过一次安全事故，一度中断了几十年，虽然村里每年举办"划旱船"活动，但"划龙船"与"划旱船"还是有区别的。划龙船活动到新中国成立后才逐步恢复的，对这项活动，有相当多的人，特别是年轻人已经不了解了，导致这项传统文化的传习延续，特别是一些祭祀程序和规制濒临失传。

2. 2017 年，江华县组织举办了"江华首届龙舟节"之后，就没有接着举办第二届、第三届了。虽然村里 2018 年、2019 年也组织了活动，并且，龙船还被保管得很好，但是，考虑安全问题，这项传统文化暂停了。2020 年、2021 年，由于新冠肺炎疫情影响，活动被迫停止。

3. 活动组织和资金筹措困难重重。首先是活动的组织领导问题，没有上级部门许可不敢组织开展活动；另一方面，一些大活动，有没有政府出面组织开展，效果是完全不一样的，仅仅靠村里组织，毕竟站位不高眼光不远，而且很多问题无法解决。其次关于资金的筹措，要想把潇江湾划龙船这块"蛋糕"做大，做成一个可以拉动旅游经济的旅游品牌，小敲小打是解决不了问题的，必须连续搞几次"大战役"，而要搞大动作，必须得到县委县政府的支持，纳入县政府的旅游规划，否则，寸步难行。

（二）破解难题的建议

1. 由政府出面，组织学习外地的成功经验，比如江永的勾蓝瑶村是怎么利用农历五月十三"洗泥节"，加大基础设施投入，加大宣传力度，注重培养村民

的旅游服务意识，在不到二十年的时间，逐步打造成国家4A级景区的。

2. 政府督促村委会抓紧将潇江湾的"大端午""牛轭酒""划龙船"等习俗申报非物质文化遗产，同时督促有关部门搞好活动指导和申报指导。

3. 县乡（镇）两级政府及相关部门加大力度组织指导村委会，抓紧做好传统文化的保护、传承、挖掘、抢救工作；县委县政府要组织督促镇、村两级领导抓紧做好村里的整体旅游长期规划工作；每年由县委县政府出面，由相关部门组织举办江华龙舟旅游节，以拉动经济，扩大影响，提升文化品位，形成旅游文化品牌。

开发编

江华姑婆山何仙姑信仰文化研究暨旅游点策划

◎ 刘佳音　刘翼平

地处江华瑶族自治县境内的姑婆山，集峻、秀、奇、幽于一身，有"姑婆风姿赛桂林，养在深闺人未识"之谓。① 姑婆山的何仙姑信仰，具有悠久的历史，是湖南永州地区乡村的重要民俗活动之一。作为"粤港澳休闲后花园"，姑婆山具有很强的开发价值和可持续发展的文化旅游优势，是民俗生态旅游景区建设的理想选择。因此，对江华姑婆山何仙姑信仰文化研究及旅游点策划具有很强的现实意义。

一、姑婆山何仙姑信仰的四个故事

民间传说故事是民间信仰的重要体现。悠悠岁月中，姑婆山流传着众多与何仙姑相关的传说故事，它们是世世代代姑婆山百姓传承下来的非物质文化遗产，也是亟待发掘的活态文旅资源。旅游不仅是经济，更是一种文化。以文塑旅、以旅彰文，发掘利用姑婆山何仙姑信仰的非物质文化遗产，绘就姑婆山民族民俗文化旅游风景线，既能为姑婆山瑶区提供可持续发展的旅游资源，又能为乡村振兴提供文化支撑。

（一）姑婆山"仙姑台"文化渊源

据老一辈讲，现在零陵的富家桥以前不叫富家桥，而叫穷家桥，人们过着贫

---

① 援引零陵的富家桥民谣.2020 年笔者田野调查笔记.

苦的生活。村里有个年轻人，叫李云溪，做了个梦，只要往南走四十九天，到一座大山，把山中溪水里的黄色石头捡回家，就会变成金子。于是，李云溪就约上何仙姑，一同出发到那座山里捡黄色石头。两人依照梦中的指点，在溪水里果真找到了一坨金灿灿的黄色石头。李云溪只想把这石头背回家，可何仙姑却被这里的美景深深吸引住了，竟一直往溪水源头走去。李云溪回到家，这黄色石头果然变成了一坨金子。

李云溪便用这金子买田买地，还娶了三个年轻老婆，从此"穷家桥"变成了"富家桥"。何仙姑沿着小溪往上走去，遇到一位白胡子仙翁，对她说："你愿意在这里修炼成仙还是愿意回老家？如果愿意回老家，我可以给你一个比李云溪还大、还重的金子。"何仙姑毫不犹豫地说，我要在这里修炼，不要金子。仙翁便轻轻一挥手，赐给她一座莲台，一个洗浴盆。何仙姑便天天在此修炼，终得正果，成了有口皆碑的"八仙过海"之一的神仙。

从此，人们就管这一带的山岭叫姑婆山。

(二) "仙姑庙""衣襟山"文化背景

江华梧岭南屏，正源冲河与广西交界处有一座庙宇，名为乌石庙。乌石庙供奉着何仙姑等十三位菩萨，民间称之为"仙姑庙"。相传八仙中的何仙姑与吕洞宾云游至梧岭南屏处的河路口，见当地百姓收成低微，生活贫困。何仙姑发现，与广西交界的地方，有一处地势较低，正源冲的河水都从地下溶洞流向了广西，这儿正是因缺水导致田地贫瘠，人们生活艰难。深表同情之际，何仙姑与吕洞宾打赌说，要在天亮之前堵上这个地上的大窟窿。于是，何仙姑用衣襟兜土，倒下堵住漏水的洞口，不一会儿工夫就完成了大半。

吕洞宾眼看何仙姑就要大功告成，心生诡计，躲在一旁学公鸡开啼。吕洞宾假意说："我们快走吧，天快亮了，时辰一到，被凡人看见不好。"

何仙姑笃信天条，没来得及把最后一衣襟土堵进洞口，吕洞宾催她离开。何仙姑只好把衣襟里的这抔土抛在了离窟窿不远的地方。神仙造化，何仙姑抛在了窟窿旁的这抔土，瞬间化成一座小山，人们称这座小山为"衣襟山"。

(三) 娘娘庙"仙姑"文化缘起

很久以前，瑶家人在盘王的带领下，依山而住，伴水而居。

有一年大旱，滴雨不下，草木枯萎，颗粒无收，人们生活苦不堪言。盘王便设天台祭拜，恳求玉帝降雨，解救苍生。跪拜三天后，玉帝为盘王诚心所动，便令身边三个侍女下凡降雨，解民难，佑平安。

三位仙姑下到凡间，绕着瑶民所住山头翩翩飞舞，犹如三道七彩虹霓在天上飘荡，人们见了认为这定是吉祥瑞兆，纷纷下跪伏拜，口里不停念叨："请求天降大雨，请求天降大雨！"不多时，大雨骤至。人们狂喜不已，直呼："多谢仙姑降水，多谢仙姑降水！"大雨连下三日，第四日天空放晴，三条飞天彩虹随之消失。大山脚下河溪水涨满，大地花草树木生机复苏。

为感恩上天降雨，盘王带领瑶民在三位仙姑起舞的山头建庙宇，立排位，供奉神仙。仙姑下凡降雨，大家便将庙宇取名为仙姑娘娘庙，庙宇所在地，名唤"仙姑潭"。

（四）"玫瑰香柑"文化缘故

很久以前，江华姑婆山河路口一带遭遇了一次百年大旱。姑婆山脚下的尖山村，有个年轻后生叫山宝。山宝幼年丧父，与母亲相依为命，全靠乡亲们接济。为报答乡亲，山宝决心为全村百姓找到新的水源。山宝把所有自认为有水的地方都找遍了，仍然没有找到一星半点水珠。

有一天，山宝来到一棵大树下坐下歇息，一只满身是血的猴子从大树旁边的峭壁上滚下来，双手紧紧抱着一个金灿灿的大柑橘。山宝想帮帮它，刚要过去，一条巨蟒突然朝猴子扑去。情急之下，山宝抽出身上的砍刀，对准巨蟒的头砍去。得救的猴子为感谢山宝，便把手里的柑橘递到山宝眼前，山宝不忍心接受猴子拼了命得来的柑橘。

猴子告诉山宝，自己是陪何仙姑修道的灵猴，帮助仙姑娘娘看守柑橘园，为了保护柑橘园才与巨蟒发生了争斗。于是，山宝轻轻剥开灵猴送给的柑橘，一位美丽的仙姑从柑橘里走出，站在山宝的面前。这仙姑叫玫瑰，是何仙姑在姑婆山修道时的仙童。后来她跟山宝结为夫妻，并把何仙姑种的柑橘带回村里让乡亲们种植。村里的人吃了这柑橘，人人身强体壮，长命百岁。人们为了记住玫瑰和山宝夫妻，就把这种堪称奇异山宝的果子叫作"玫瑰香柑"。

这四则传说故事都揭示了姑婆山与何仙姑的文化缘故。彰显姑婆山何仙姑信仰的这些民间传说故事，作为非物质文化遗产，不仅是一种衍生的活态旅游资源，更是一种以文塑旅、以旅彰文的催化剂。发掘并讲好这些传说故事，有益于传播姑婆山善德文化，使游客在饱览姑婆山旖旎风光的同时，接受姑婆山历史文化的熏陶，升华民族德善文化，助力社会主义乡村振兴及经济发展。

二、姑婆山旅游开发的四大资源

除了作为活态文旅资源的何仙姑信仰故事，姑婆山旅游开发还有四大资源，包括美丽的自然山水，乐善好施的仙姑文化资源，特色鲜明的瑶族风情以及北联南合的何仙姑全域景区。这四大资源是公共产品，对这四大资源的开发普惠民生。在全域旅游的新时代，合理开发利用绿色低碳的姑婆山旅游资源，从生态系统整体性出发，注重文化生态旅游融合发展以及精神文明的建构，以文塑旅、以旅彰文，整合四大资源，从而促进姑婆山文化生态旅游实现高质量融合发展。

(一) 美丽的自然山水

姑婆山地处湘、桂、粤三省交界处，部分位于江华瑶族地区，主要包括相公岭、五龙抢珠、迎客狮、望夫石女像、仙人棋盘石、八仙寺、绣球顶等大景点，以及仙姑岩、莲花心、牛郎寨、马鞍山、龙台山、猫儿岭等众多小景点。山内有原始森林、溪流、瀑布、奇石、草坪，每处风光尽显不同风情。

涔天河是江华瑶族自治县一条重要河流，涔天河国家湿地公园地处湖南江华瑶族自治县中部靠西北方向，由东南向西北呈片带状走向，主要包括涔天河水库及其下游、西河、沱江及周边区域。涔天河两岸崇山峻岭，资源丰富，有高等维管植物 934 种、野生脊椎动物 218 种，是中国候鸟迁徙路线中线湖南段的重要节点。涔天河国家湿地公园以涔天河水库和涔天河为主体，贯穿上段库塘森林景观、中段乡村田园景观和下段城市水域景观。

共享发展是中国特色社会主义的本质要求。党的十八大以来，江华瑶族自治县委、政府依靠广大人民群众的勤劳智慧，保护涔天河、利用涔天河水利资源助力打赢脱贫攻坚战，全面建成小康社会。新时代新征程，我们推动共同富裕要统筹考虑需要和可能，按照经济社会发展规律循序渐进，既要把姑婆山"蛋糕"做大，又要注重生态旅游融合发展，高质量以文塑旅、以旅彰文，使姑婆山生态旅游融合发展扎实迈进。

(二) 乐施好善的仙姑文化资源

何仙姑是八仙中唯一一位女性，神通广大、美丽善良、乐善好施。她云游四海、惩恶扬善，深得人们爱戴。人们不管有什么伤痛疾病，向何仙姑寻医问药，她都能药到病除，哪方有什么灾难，她都能化解。只要人们相求于她，她有求必应，乐善好施。

何仙姑这种扶危济困、施善劝和、勤劳勇敢、孝顺体贴的文化镜子，引发人们反思，让人们自觉向善，从而建设和谐社会。发掘乐善好施的仙姑文化资源，是江华地区以文塑旅、以旅彰文的重大实践。

(三) 特色鲜明的瑶族风情

姑婆山是瑶族的发祥地之一，在这里主要居住着高山瑶、过山瑶和平地瑶。风度翩翩的瑶族服饰，醇香溢美的"瓜箪酒"，浓郁甘甜的"大碗泡茶"，独具一格的"哭嫁"婚嫁习俗，古朴浓烈的节庆活动，构成了一组组风格独特的瑶族风情画。对这些瑶族风情进行旅游资源开发，并结合姑婆山何仙姑信仰进行进一步发掘，有助于展现独特浓郁的民族文化特色，不断提升景区对游客的吸引力，进而促进永州全域旅游的发展。

(四) 北联南合的全境景区

1. 北联零陵仙姑故里。江华姑婆山以北零陵区何仙姑村是湖南省有名的瑶族少数民族村，全村3200多人，其中瑶民600余人，保持着自己独特的语言及瑶族风俗习惯，至今仍传袭着瑶王制度，并积极举办"盘王节"等瑶族特有的节日活动。该村虎形山下的何仙姑观充盈着道教文化和瑶文化，是一座近千年历史的古道观。"十四五"期间，以"仙姑故里"为核心的富家桥镇正在规划建设何仙姑景区。北联该景区，便可更充分地发掘瑶族的宗教、民俗文化，并开发瑶族文化旅游产品。

2. 南合贺州姑婆山景区。姑婆山国家森林公园位于湘、桂、粤三省（区）交界处的萌渚岭南端，处于广西壮族自治区东部的贺州市平桂区境内。姑婆山国家森林公园高山上朝霞、晚霞、日出、云海、长虹、雪景、雾气、光折射的幻景等都具有极高的观赏价值。姑婆山山高多雾，很难见到山顶的真面目。海拔500米以上经常可以看到云雾升腾翻涌，弥漫四谷。碧绿的山峰配以雪白的浮云，朦胧中显出清新洁净，似人间仙境。姑婆山公园没有居民，但在公园东缘聚居有盘瑶支系和土瑶支系。南缘为汉族客家人和本地人，大多在清朝时从广东、福建、江西、湖南等迁徙而来，仍保持着各自的传统文化，民居文化、风俗习惯都很有特色。"围龙屋"是典型的客家民居，本地汉族人城堡式的"本地寨"和瑶族的吊脚楼，建筑讲究，具有很高的历史价值和观赏价值。

将富有民族风情的文化旅游加入森林公园的游乐内容，会让姑婆山景区更为丰富多彩。客家民居、盘瑶和土瑶民间文艺及婚嫁习俗有鲜明特色。如客家山歌，本地歌和瑶族山歌，不同语种的山歌情调不同。充满情趣的对歌，盎然生机的婚俗，五花八门的客家"拜堂彩语""洞房抹黑"；本地人的"看屋定情"，奇特的"叹嫁""黑房抱亲"，土瑶"情人房""人情节"等，生动有趣。

姑婆山的最高峰位于江华境内，江华的姑婆山景区既要与贺州姑婆山景区融为一体，又要避免同质化建设，实现差异化发展。

三、姑婆山景区建设的"四四策划"

为探索建立新时代何仙姑景区增补机制，在此笔者提出永州何仙姑景区四景连线，姑婆山景区四区成片，何仙姑胜景扩建以及姑婆山旅游产品四类开发的"四四策划"。希望这"四四策划"能够为姑婆山景区旅游发展史书写新的篇章。

（一）永州何仙姑景区的四景连线策划

祁阳八角岭、零陵仙姑故里、宁远仙姑岭、江华姑婆山四景从北往南连线，风光旖旎秀美并相互依存、相互补充、相得益彰，成为环境秀丽的田园综合体和功能完善的游客集散地，统一规划建设，完全可以将何仙姑景区打造成永州旅游的最大景区之一。

为进一步促进何仙姑景区的发展，应把握古村、古庙与何仙姑景区的处理度，以古村、古庙保护为中心，发掘古村落、古庙文化和民居资源，展现出年代久远、形态丰富、文化富有、院落完整的特色，以提升何仙姑景区品牌影响力，提升全域旅游知名度。同时还应把握处理好何仙姑传说与何仙姑景区的关系，充分考虑何仙姑传说这一民间信仰为何仙姑景区带来的文化影响，打造永州市女性文化旅游线这项具有全局性、战略性的系统工程。

（二）姑婆山景区的四区成片策划

1. 形成统一的文化旅游品牌。姑婆山景区与沱江天河瑶池、水口爱情小镇、桐冲口千年瑶寨、河路口仙姑岩在地理区位上相对接近，在历史文化上存在渊源，将这四区连片进行统一规划，使瑶文化和仙姑文化有机整合，不仅有助于带动姑婆山景区的发展，也有利于形成统一的文化旅游品牌。

只有以特有的自然风光为依托，以仙姑传说与独有的民族文化风情完美融合为纽带，致力整合打造江华姑婆山景区的核心文化旅游品牌，通过"文化驱动、旅游引导发展"的文旅协同模式，构建个性化与地方化的文旅融合业态与文化体验空间，才能联结起四区景点。

与此同时，整合四区景点还有助于延展文化体验空间和创意业态发展。历史文化街区、文化旅游节、主题公园、文化创意产业园、旅游小镇等提供基于文化产业价值网络构建的文化体验空间载体，而数字科技的应用则将在现实的基础上提供更多想象和发展的空间，文旅+VR体验、文旅+演绎、文旅+文创消费、文旅+主题游乐、文旅+微电影等多种模式的开发，使文化价值通过声音、图像、影视、动画等方式实现可视化展示与互动。通过高科技手段，以特色文化为内容，以沉浸式互动体验为产品，打造江华旅游新名片，塑造新型的文化体验旅游目的地。

2. 挖掘提炼文化旅游资源。我国著名的社会学家、人类学家费孝通先生一生5次深入瑶山，他曾说："全世界最值得研究的两个民族，一个是犹太民族，另一个便是中国的瑶族。"江华瑶族自治县有瑶族人口28.7万，占世界瑶族人口近十分之一，它以瑶族人口最多、居住地域最广、发展潜力最大而被誉为"神州瑶都"。江华独特的喀斯特地貌孕育了秦岩、佛爷岩等溶洞，也融合了源远流长的民俗文化。因此，应在加大文化资源和旅游资源普查、梳理、挖掘、提炼的基础上，以文化创意为依托，推动更多资源整合转化为旅游产品，打造"非遗+旅游""养生+旅游""地理+旅游""美学+旅游""建筑+旅游""种植+旅游"等非传统的旅游线路。

3. 与周边市场互补联动。江华瑶族自治县地处湖南省正南端，南岭北麓，潇水源头，是湘、粤、桂三省（区）结合部的金三角，与广西贺州，广东连州、连山等地接壤，相互之间有多条高速、国道、省道连通。同时，作为"神州瑶都"，江华的瑶族人文资源较贺州、连州等地更为丰富和深厚，知名度更高，与何仙姑的联系也更为紧密。而贺州、连州、连山等地由于在地理位置上更为接近粤港澳大湾区，使其旅游市场的发展更为成熟，业态更加多元。传统的旅游景区越来越需要人文内涵的加持，在旅游产品的丰度、深度和密度上不断提升。因此，姑婆山景区与沱江天河瑶池、水口爱情小镇、桐冲口千年瑶寨、河路口仙姑岩的四区成片形成合力，增强文化旅游资源的品牌效应，并通过与贺州、连州、连山等地相关景区的联动，打造面向粤港澳大湾区的旅游线路，形成旅游消费市场的闭环，乃至面向大湾区市场的湘、粤、桂旅游金三角。

(三) 何仙姑胜景的四点扩建策划

充分利用江华姑婆山与何仙姑紧密相连的水口仙姑潭、仙姑台、河路口仙姑岩以及玫瑰柑橘产业园所独有的原生态传说文化，深入发掘其文化价值，进行多维度的创生重构，进行新的人文构思与艺术升华，从而形成更有内涵，更有魅力的新景观，以支撑起对其不断进行扩建改造的文化内核与灵感之源，"滚雪球"式地吸附上江华瑶族文化各样独特习俗风情，从而以点带面，成为聚集式的景点内在魅力的扩张与辐射放大。或许，这才是四点扩建最重要的目的所在。

(四) 姑婆山旅游产品的四类开发策划

一个旅游景区要想形成产业化效应，达到持久吸引游客的目的，离不开对其当地旅游资源的产品开发。纵观江华姑婆山的自然与文化资源，笔者认为，主要有以下四大类别。

1. 建筑遗迹。姑婆山盘王庙坐落于相公岭上，盘王殿造地就在相公岭。盘王庙为瑶族纪念祖先盘王所建，现已迁址到沱江，但此处庙宇仍保存完好，附近及邻近省市地区的善男信女每至盘王节都来此敬香祈福，香火甚旺。有哨所遗址，其在马鞍山顶，姑婆山因其高大、雄伟，向来是兵家必争之地，上面的营房哨所，就是当年为防止台湾空投特务，解放军驻守的营地，有上伍堡民居。这是典型的平地瑶村落，房屋构造为三间堂或五间堂，均为飞檐斗拱，红砖灰瓦之结构。位于春头源野鸡坳处的楚粤古道，是古代连接湖南与两广的重要通道，是商贸与文化交流的要道。相传为秦始皇征服南越时所修筑，遗迹不复存在，只留下一条小路，也是古时人们贩运食盐的重要通道。

2. 民俗风情。姑婆山有独特的饮食风情，瑶族饮食文化别具一格，传统精美小吃中有"瑶家腊肉""荷叶米粉肉""圣水豆腐丸""瑶家十八酿"等各色美味。高山瑶无论男女，"好五色衣""衣裳斑斓"久负盛名，均以青蓝布为主，夏单冬夹，对襟齐领，长可蔽膝。女装加镶彩色宽边，头挽发髻，蒙以卷着尖角高耸的绣花青布头巾；耳垂大环，手戴银钏，腰束长围，身佩银扣、银链、银牌及银质牙签、针筒等，重达十数两，行走起来铿锵有声。未嫁女子常峨冠，且冠檐突兀，两边缀饰珠宝，既典雅又美观。外出时，男子缠青布绑腿，女子缠绣花绑腿，并把花布套在脚面。平地瑶女装，衣袖短而宽大，用青布镶边，右襟开口，上系银扣两枚，喜庆之日盛装，头戴小花冠，盘发髻于脑后，横插银钗，两耳垂环，手戴银钏，衣配银扣，胸束围裙，腰系银链，足穿绣花尖头鞋。男装上衣为右襟开口的长袍，裤子短而宽大。图案鲜明的"盘王印"，款式精致的瑶族服饰，以直观的方式折射瑶族悠久的历史文化之光，为江华风情旅游资源增添了一道亮丽的风景。

姑婆山还有奇特的民居。瑶族祖居深山野岭，有的结寨于山中溪边，有的建村于云雾缭绕之山头。因地势陡峭，依山势坡度用树木支架建起平实稳当的居室，上面住人，下面堆放东西，这就是原始古朴的瑶家吊脚楼。今天，瑶胞们使用优质的原材料，采用现代先进的技术，让古老的吊脚楼焕然一新，像一幅令人眷恋的民俗画卷，吸引着成千上万的游客来瑶山。

姑婆山下的平地瑶以纵横多进的院落为主要的居住形式。房屋以青砖瓦为主要建筑材料，屋檐上以飞檐盔顶为主要建筑形式。

姑婆山还有神秘的婚俗风情，瑶家男女能歌善舞，瑶家妹大胆多情。瑶家青年男女自由恋爱，自由选择对象，父母从不干涉。"赶歌圩""坐歌坛""瑶歌夜市"是瑶家姑娘、小伙恋爱的独特方式，男女双方通过对歌，表达爱慕之情。"拿篮子"是瑶族青年选择对象的又一重要方式，双方在"拿篮子""送篮子"中互相接触、了解，确定双方的爱情关系，双方父母同意，正式定亲。姑婆山平地瑶的婚姻形式则以"坐歌堂""哭嫁"为主。大婚前一天晚上，在新娘家中亲朋好友围坐而歌，这就是婚前"坐歌堂"。大婚当天，八抬大轿，锣鼓唢呐好不热闹，新娘子要向父母、兄弟姐妹、姑侄叔嫂一一"哭别"。

3. 节庆文化。姑婆山瑶家人多节庆，瑶族的大小节日近 30 个，其中最具民族特色的有盘王节、赶鸟节、放炮节。瑶家人重礼仪、讲礼节、重友谊、热情好客。瑶家人能歌善舞，《盘王大歌》是瑶族的史诗，以奇丽的想象和巧妙的艺术手法叙述了天地万物的形成和发展，以及人类始祖创业的艰辛。它是瑶族文化中卓越的组歌，约 8000 行，内容有神话、传说、族史以及瑶族生产、生活、风俗、宗教等，非常丰富，号称瑶族的"百科全书"，成为瑶族人民宝贵的精神财富和重要的文化遗产。瑶族舞蹈，种类繁多，有长鼓舞、度曼尼舞、伞舞、穿灯舞、蝴蝶舞。

4. 特色表演。姑婆山瑶族居地，如上伍堡、牛路等村，至今保留了一些特色风俗和绝活绝技。有唱老人公是一种古老的神秘傩戏，由三人表演，十余人伴唱，一人手执蒲扇，脸戴面具，另二人装扮成狮子。有口叼火犁头、脚踩火烧砖绝技，瑶族法师将犁头和红砖放于火坛中烧红，表演者由法师用圣水点化后，用口将犁头叼起转二至三圈，然后赤脚从火红的砖石上走过去，毫发未损。有上刀山、下火海的神奇表演，表演者施法后，赤脚爬上刀架的云梯，或从烧得火红的木炭上走过去，毫发无损。

四、结语

本文是国家档案局科技项目的子课题阶段性成果。我们旨在借助科学研究方法以文化视野、哲学智慧，认清江华姑婆山景区的文化资源，打造瑶族文化品牌，使瑶族品牌文化更有魅力。江华姑婆山景区策划，对乡村振兴定会有所启发，将会对瑶族地区高质量发展提供有益的启示。

通过文化振兴丰富和打造乡村振兴的内涵特色
——以江华瑶族自治县争创全国乡村振兴示范县为例

◎ 黄志坚

通过文化振兴丰富打造江华瑶族自治县乡村振兴的内涵和特色，将创建乡村振兴示范县与打造"神州瑶都"有机结合起来，形成互促互动，意义重大。

一、背景

江华具有1000多年的历史，是瑶族历史上重要的中转站、大本营和发祥地，瑶族文化底蕴深厚。在深入实施乡村振兴战略的背景下，在文化建设方面，突出瑶族特色，加强瑶族传统文化的保护、传承、开发，弘扬江华民族优秀文化传统，增强江华人民群众的凝聚力，维护社会的稳定团结，保持江华地域文化的独特性和多样性，把江华建成中国瑶族文化的研究中心、传承中心、开发中心、展示中心，全力打造神州瑶都，具有重要的现实意义和深远的战略意义。

二、目标

为保护、传承和弘扬优秀民族民间传统文化，将瑶族传统建筑文化融入乡村振兴以及新型城镇化、特色村镇建设中，留住乡愁；将瑶族传统服饰文化、歌舞文化、传统体育文化、饮食文化、民俗节庆文化融入群众文化生活和旅游文化建设中；将瑶族医学医药融入中医学研究实践和全域旅游体验中；努力把江华建设成具有国内国际影响力的中国瑶族文化的学术研究中心、人才培养基地、文化创意产业支撑平台和国家少数民族文化生态保护的示范基地；积极将民族民间文化研究、保护、传承工作融入"三高四新"战略，壮大文生旅产业，为建设宜业宜居宜游富饶美丽幸福新江华作出积极贡献。

三、抓手

以创建省级和国家级瑶族文化生态保护实验区为主要抓手，按照"保护为主、抢救第一、合理利用、传承发展"的工作方针，整体保护和传承发展全县已登记在册的瑶族非物质文化遗产及与之相关联的江华各民族民间文化资源；发掘整理和研究提升生态保护区内的瑶族文化资源；资助和扶持生态保护区内非物质文化遗产传承人的传承保护活动，推动生态保护区内非物质文化遗产的生产性保护和合理利用工作；推进江华瑶族文化传承、保护、研究及开发利用相关人才的引进和培养；为全县文旅融合发展、民族传统文化创新性转化发展、民族团结进步和用好用活瑶族文化遗产资源，助推江华乡村振兴和经济社会可持续高质量发展发挥积极作用。

四、措施

（一）挖掘整理一批资源

1. 加大文化遗产资源深度普查、记录及建档力度。一是建立健全全县文化遗产资源普查工作机制，做好全县文物、非物质文化遗产、自然遗产、农业遗产、工业遗产、历史文化、红色文化、传统村落等资源的深度普查工作，分类进行建档立卡。二是加强文化遗产保护责任体系建设，健全文化遗产县、乡两级联动保护机制，构建科学、系统的文化遗产保护网络，把文化遗产保护主体责任层层压牢、压实。三是实施文化遗产项目核查责任制，对名录保护工作进行复查验收，摸清发展状况，做好新发现和消失的文化遗产登记，抢救整理一批代表性的文化遗产。四是研究整理调查成果，在完成基础资料、数据的记录建档工作基础上，编撰一批资料翔实、质量较高的调查研究报告和江华文化遗产系列丛书。

2. 加大各类文化遗产名录申报力度，完善名录保护体系。在文化遗产资源深度普查基础上，组织专家开展项目价值论证，建立文化遗产申报名录库，编撰内容翔实、质量较高的申报文本，做好国家级文化遗产，自然遗产，历史文化名城、名镇、名村，文化艺术之乡，中国传统村落，全国生态文明示范村，国家森林公园等项目的申报工作，不断完善全县文化遗产名录保护体系。

3. 加强非物质文化遗产保护力度，促进非物质文化遗产传承发展。一是坚持非物质文化遗产名录申报与保护并重原则。在加强各级各类非物质文化遗产代表性名录申报工作的同时，做好现有名录项目保护工作。二是注重从文化生态系统最基础层面抓起，围绕与人民群众生产生活息息相关的语言、民俗、节庆、歌舞、建筑、服饰、饮食、传统手工技艺等非物质文化遗产项目，因地制宜、因类制宜地采取针对性措施进行保护，切实做好保护与传承工作。三是依托非物质文化遗产数据库平台，开展"图、文、音、像"四位一体的全面记录，收集整理珍贵资料，编纂出版江华国家级非遗传承人口述史系列丛书。四是开展省级、市级濒危项目传承人抢救性保护工作，建立传承人数据管理平台，对传承人掌握的技艺进行有效的保存、宣传和利用。

（二）打造建设一批基地

1. 瑶族文化旅游基地。一是继续推动湖南省十大文化旅游特色小镇——水口镇，湖湘风情文化旅游小镇——涔天河镇，省旅游重点村——桐冲口村，五星级乡村旅游区点——天河瑶寨，香草园、井头湾、秦岩等瑶族文化旅游项目建设和提质，增强江华瑶族文化旅游的综合实力，擦亮江华瑶族文化旅游名片。二是加快神州瑶族文化博览园、涔天河旅游度假区、春头源旅游风景区、仙姑潭观光索道项目、江华故居红色旅游等精品旅游重点项目的研究和包装，挖掘和丰富根植于项目中的文化特色，使其真正成为文化内涵独特、自然景观优美宜人、文旅融合休闲的旅游之地。

2. 生产性保护基地。根据地域、风俗和生产实际情况，结合江华全域旅游规划，布局、建设一批瑶族服饰、工艺品、食品生产性保护基地，推动大学和科研机构等与生产性保护基地合作，采取产学研结合的方式，在推进生产性保护基地进一步发展，农民增收的同时，也为瑶族服饰、工艺品等有独特价值和内涵的文化资源的产业化积累经验和培养人才。

3. 瑶文化进校园传承教育基地。在全县完全小学及以上学校，根据各学校的地域性、师资力量、办学特色，建设瑶族服饰、语言、歌舞等传承教育基地，让瑶文化传承教育覆盖到每一所学校和每一位师生，为瑶族文化的传承发展营造浓厚的氛围，为整个瑶族文化的传承发展工作奠定基础。

4. 瑶族文化传承基地。针对涔天河水库集中移民和当下村庄人口向乡镇所在地集中，人口数少的乡镇人口向大乡镇和县城集中的实际情况，结合江华全域旅游规划，在人口集中的县城、乡镇所在地和村，结合当地的民族风俗、生产生活和人员结构，相应建立瑶族长鼓舞、瑶族度戒、瑶族婚俗、瑶医药、瑶族服饰、瑶族民间歌谣等传承基地。在人口大规模迁移集中、全域旅游不断升温、乡村振兴深入实施的过程中，让瑶族文化不被遗忘，能够得以传承发展；让瑶文化之"根"能够在瑶族人民脚下的土地上越扎越深，为乡村振兴注入文化动力。

（三）发现培养一支队伍

1. 加大非物质文化遗产项目代表性传承人（群）申报力度，力争到2023年，实现每个非物质文化遗产项目有代表性传承人（群）。

2. 优化县级传承人年龄结构，通过发现、培训培养、招聘等方式，增加青年传承人后备人选，使县级传承人形成科学合理的梯队人才队伍。

3. 健全非物质文化遗产传承人（群）动态管理、进退机制和激励机制，创建非物质文化遗产项目代表性传承人系统检索表，将传承人信息录入非物质文化遗产数据库，进行信息化管理。

4. 加强各级非物质文化遗产项目代表性传承人管理，全面落实县级非物质文化遗产项目代表性传承人补助政策，提高传承人的工作主动性和积极性。

5. 组织开展县级非物质文化遗产代表性项目传承人群评审认定工作，有效扩大非物质文化遗产传承队伍，推动全民参与保护。

（四）办好一所专业学校

江华瑶族自治县民族艺术学校成立于2002年，是经湖南省教育厅审批的集教育、演出、培训于一体的中等艺术职业学校，是湖南省唯一一所民族地区艺术学校，是全国唯一的瑶族艺术培训基地。办学以来，为社会培养和输送了一大批优秀的艺术和管理人才，并多次荣获各级大型文艺赛事大奖。2018年8月，在江华县委、县政府的高度重视和支持下，通过引入社会力量办学，增强了办学投资来源，拓宽了办学场所，建立了研学基地，着力为江华文艺发展、繁荣和经济社会发展培养人才，打造成为瑶族文化艺术、全域旅游对外交流的重要窗口。为加强江华瑶族自治县民族艺术学校的建设，确保将江华艺校做大做强，办出特色、办出成效、办出品牌，传承瑶族文化、助力江华乡村振兴和经济社会发展，县委县政府在公办教师流动、招生和人才培养、相关办学政策等方面，对江华艺校给予支持。

（五）大力提倡和鼓励着瑶服

反观涔天河水库扩建工程移民安置点，虽然建筑特色有了，而搬迁出来的瑶族同胞的瑶俗却在快速消失。从视觉冲击力上树起江华的瑶族特色是当务之急，把建筑立面风格作为不动的瑶族特色打造，而把人作为流动的瑶族景观来装饰，要作为打造江华瑶族特色的抓手在全县上下形成共识。要在全社会大力提倡和鼓励国家公职人员、人民群众在日常工作、生活中着瑶服，为江华全域旅游注入浓厚的瑶族元素，让瑶族人民着瑶族服饰成为江华一道流动的靓丽风景，推动江华瑶文化的活态传承。一是由县里出台规定，提倡全县公职人员在瑶族节庆日着瑶服，领导干部带头自觉着瑶服，特别是窗口服务单位，瑶族节庆日一律着瑶服。二是在全县所有校园，将全体师生着瑶服作为瑶文化进校园的重要内容之一，融入教育教学和日常生活之中。三是在涔天河水库集中移民的涔天河镇、水口镇、码市镇、小圩壮族乡和县城沱江，有针对性地出台措施办法，提倡和鼓励着瑶服。

（六）开发生产一系列产品

结合布局、建设的瑶族服饰、工艺品、食品生产性保护基地，立足瑶族文化传承和江华的生产实际，结合旅游品牌打造、人民群众就业、旅游产品市场的繁荣，开发生产系列具有瑶族文化内涵的产品，带动人民群众就业和增收致富，让人民群众在乡村振兴过程中实实在在受益。

五、保障

（一）组织保障

1. 组织机构。成立江华瑶族自治县创建国家级瑶族文化生态保护实验区工作领导小组，由县委书记任组长，在四大家班子中明确一名专抓副组长。领导小组下设办公室，由一名县级领导任办公室主任，专门负责保护实验区建设的日常工作，县直各相关部门主要负责人为成员，保护实验区内的各乡镇成立相应的组织机构，指定专人负责与生态保护实验区相关的工作。领导小组办公室职能：通过联席会议议事规则，定期召开联席会；定期协调相关部门，推进工作开展；设立专项资金及分配使用；监督瑶族文化生态保护实验区规划实施方案；采取必要的措施确保各区域瑶族文化及相应的非物质文化遗产、保护实验区内生态环境受到保护；支持保护实验区有关瑶族文化遗产的科学保护技术和艺术等研究。

2. 学术组织。由中国瑶族文化传承研究中心、江华瑶族自治县瑶族文化研究学会牵头，组成专家委员会，负责对保护实验区建设工作进行全面的学术指导和智力支持。专家委员会职能：就做好保护实验区的措施提出意见和建议；拟定保护实验区的业务指南，提交领导小组办公室批准；提供在保护、保存、展出和修复文化遗产方面所遇到的艺术、科学和技术性等问题的专业咨询；承担部分文化遗产鉴定、保护、展出和修复方面的教育和培训工作。

3. 民间团体。根据工作需要，由中国瑶族文化传承研究中心、江华瑶族自治县瑶族文化研究学会牵头，组织县内各类协会、学会等民间团体，以研究、保护瑶族文化为目的，开展系列保护活动，逐步形成全民参与瑶族文化生态保护实验区建设的合力。通过民间组织活动，进一步扩大保护实验区内的瑶族文化的宣传、研究和推介。

(二) 资金保障

国家级瑶族文化生态保护实验区创建纳入全县乡村振兴战略，作为其中文化振兴的重要部分，整合移民后扶项目资金、民族发展资金、中国少数民族特色村寨资金、农村文化建设资金和中国传统村落维修资金，制定年度预算计划，确保专款用于保护实验区项目建设。鼓励民间社团组织和企业参与保护实验区建设，鼓励社会力量捐助实验区瑶族文化保护。整合资金专用于基础设施和传承场所建设、项目活动开展、项目传承人培养和补助、文物修复、珍贵资料和实物征集与收购、对项目传承单位的资助、相关项目研究、保护区的其他必要事项等。

(三) 法律保障

根据《中华人民共和国非物质文化遗产法》的有关条款及有关法律和文件精神，建立国家级瑶族文化生态保护试验区规章制度，出台区域内保护瑶族文化与其相关非物质文化遗产相关细则，以推动保护实验区各项建设有效开展。

(四) 土地保障

县自然资源局在编制全县国土空间总体规划和乡镇国土空间规划时，综合考虑人口分布、经济布局、国土利用、生态环境保护等因素，统筹做好生态保护区的土地使用规划，科学布局生产空间、生活空间、生态空间、文化空间，确保特色村寨建设、各项保护项目的用地。

文化寻根与故事创生
——试论"瑶族姑娘"竹筒饭文化品牌创意与策划

◎ 魏佳敏

习近平总书记说得好:"绵延几千年的中华文化,是中国特色哲学社会科学成长发展的深厚基础。""中华优秀传统文化是中华民族的精神命脉,是涵养社会主义核心价值观的重要源泉,也是我们在世界文化中站稳脚跟的坚实根基。"瑶族品牌文化创意与策划不仅是一种文化创生,也是一种文化原生智慧的挖掘传承,同时也是一种终极哲学的文化寻根,我们借助科学研究方法以文化视野、哲学智慧,对瑶族品牌文化进行知识或者学术的建构,认清瑶族品牌文化意义、传播的价值,从而使我们的瑶族品牌文化更有魅力。随着对瑶族品牌文化的开发、传播带来的社会效应和经济效应的追求,不同的视角在不断出现,视角多起来,创意与策划也会多起来,不同的视角会把人带到不同的创意与策划中展示文化智慧、哲学智慧,也就得出不同的创意与策划。瑶族品牌文化的实践还在继续,笔者对"瑶族姑娘"竹筒饭品牌文化的创意与策划,旨在能对瑶族文化旅游乃至对瑶族历史文化研究、对乡村振兴有所启发。因此,本文试从文化视野、哲学智慧,对"瑶族姑娘"竹筒饭品牌文化的创意与策划作简要阐释。

一、"瑶族姑娘"竹筒饭品牌文化创意的理论动机

21世纪以来盛行全球的新神话主义文化潮流,在一定程度上代表着全球文化思想的一种价值新动向,要求回归和复兴神话、巫术、魔幻、童话等原始主义的幻想世界的诉求。其作品的形式多样,包括小说、科幻类的文学作品,以及动

漫、影视、电子游戏等。以《塞莱斯廷预言》《指环王》《哈利·波特》《特洛伊》《达·芬奇密码》《魁拔》《白蛇：缘起》《白蛇2：青蛇劫起》《哪吒之魔童降世》《西游记之大圣归来》《姜子牙》和新兴网络游戏（如《真三国无双》）等为标志，新神话主义浪潮以迅猛的方式风靡全球，成为大众文化的主流。随着"新神话主义"创作在世界文坛和影视界形成席卷之势，人们深刻认识到，一个民族的神话传说，不再是虚无缥缈的非理性产物，而是前现代的人类智慧的渊薮，并且能爆发出巨大的产业价值。鉴于此，笔者试图通过对瑶族文化的深刻挖掘，对瑶族独有的神话传说和民间习俗进行地方创生和情节重构，赋予"瑶族姑娘"以独特深厚的文化内蕴，再经故事性的诠释与驱动，令其获得独特的文化差异品质与持久的受众记忆，从而使"瑶族姑娘"这一品牌与其产品瑶族竹筒饭达到深层次的文化融合，最终获得强大的商品开发潜力与市场占有率。

二、"瑶族姑娘"竹筒饭品牌文化创意的民俗择取

中华民族在长期实践中培育和形成了独特的思想理念和道德规范，不论过去还是现在，都有其永不褪色的价值。瑶族作为中华民族大家庭中的一员，有着悠久的历史和深厚的传统文化，留下了许多美好的神话传说和具有优良传统美德的民族习俗，经广泛搜集与整理，"瑶族姑娘"竹筒饭品牌文化创意主要来源于如下四种习俗文化，借此彰显瑶族独特的文化精神与哲学智慧。

（一）瑶寨"公地"耕种文化遗俗

在旧时，一些瑶寨里的公共耕地（田），常常是交由寨子里的年轻小伙和姑娘们来耕种，他们在春种秋收劳作中，会互相增进了解，结下深厚的情谊。收获的粮食绝大部分首先会无偿送给寨子里的孤寡老人，或是接济那些最需要帮助的穷苦人。剩下的极少部分，他们会制作成各种食品，如竹筒饭、糍粑等，在共同分享中庆祝丰收。

（二）瑶族"唱月"风俗

这是流行于苗、瑶和壮族等南方少数民族的一种祭月风俗，又称"跳月"。每年中秋月团圆之际，瑶家人会捧出丰盛的食品祭祀月神，少男少女们则在月光下，围着篝火跳起长鼓舞，对唱情歌，彻夜长欢。

(三) 瑶族崇竹情结

《神仙传》云："离娄公服竹汁得仙。"瑶族作为山地民族，与竹子的关系更为密切，寨子、屋居四围，会种植许多的竹子，种类繁多，在生产生活中，竹子还被制作成各种器具，如竹筑、竹筒、竹椅、竹凳、竹筐、竹篓、竹笼等等。瑶家人与竹子结有深厚的情结，久而久之，便积淀、衍生出种种神秘独特的崇竹文化，如竹祭、竹卜、竹蛊等。

(四) 瑶家"嫁郎"习俗

瑶族有着"男嫁女娶"的习俗，他们称这种"上门"的婚俗为"嫁郎"。"嫁郎"是瑶家婚俗最典型的特征，在婚礼中，新郎分量重于新娘。"嫁郎"现象多发生在男女双方自由恋爱，女方是独女户或多女户家庭，由女方迎娶男方。在瑶家，上门入赘被视为忠孝仁义、尊敬同族老人、顾及民族兴衰的美行，所以上门之风在瑶族十分盛行。

根据上述四种瑶族习俗文化，我们试以瑶族崇竹情结为故事灵魂，以瑶寨"公地"耕种文化遗俗、瑶族"唱月"风俗为故事结构，以瑶家"嫁郎"习俗为故事背景，经过研究、筛选、提炼、融合、嫁接、辩证取舍，推陈出新，进行全新的文化创意，通过塑造"瑶家姑娘"这一动人形象，赋以这一品牌以丰富的精神文化内涵，以其强大的人文故事驱动力，推动人们对该品牌的精神认同，进而促使人们从产品实用的物质消费上升到品牌文化的心灵消费，达到扩大市场占有率的目的。

三、"瑶族姑娘"竹筒饭品牌文化创意的故事新编

秉持"以古人之规矩，开自己之生面"这一理念，我们试以对"瑶族姑娘"竹筒饭做如下文化创意式的故事新编。

瑶寨里，大家共有的公共耕田，被叫作"月场"。这也是交由瑶家少男少女们去共同耕作的田地。劳动之中，他们互相帮助，忙里偷闲，还常会跳起长鼓舞，对唱山歌，由此暗生情愫。月场，真是月下老人登场牵线做媒的地方。待到秋天，他们将收获的粮食，多半赠送寨里的孤寡老人和穷苦人家，留下的小部分，在中秋节精心制作成各种瑶家美食，如竹筒饭、糯糍粑。月光下，他们燃起篝火，一边品尝美食，一边载歌载舞，彻夜长欢，以此庆祝丰收，祈祷爱情。这便是瑶家的"唱月"风俗。

"唱月"中最重要、最神秘的一个环节，就是做竹筒饭考验爱情的坚贞度。他们成双成对走进瑶山深处，小伙子会选中一株大小合适、竹节均匀的瑶家"桶竹"（这是一种类似楠竹的粗大竹子），挑选出最满意的一节竹筒，砍下来，在上面刻下一个只有他们自己才能读懂的记号。姑娘则用瓜箪取来甘甜清冽的山泉水，捧出从月场收获的瑶家香糯米，淘洗干净，与适量的山泉水一起盛进竹筒。待晚上月亮出来，篝火燃起时，便将这节竹筒架在火中细心烧煮。在整个烧煮过程中，俩人会不停地唱着情歌，一首接一首，如："瑶山河水清又清，流水清清过竹林；竹子对水低头笑，好比情哥撩妹心""竹筒煮饭喷喷香，阿妹心里有阿郎；你一口来我一口，日子再苦也心甘"。

　　火光炙心，歌声缠绵。自然，大部分的歌声，也只有对唱的俩人才听得懂。

　　竹筒饭煮好了，俩人双手虔诚地高高捧起，齐跪在地，对月叩拜，祈祷月下老人赐予他们高贵的爱情。祭祀结束后，他们才将那竹筒一剖两半，竹丝缠绕，藕断丝连，但俩人早怀着迫切激动的心，赶紧你一口我一口，幸福地品尝起这香喷喷的竹筒饭来。倘若竹筒不幸爆裂，米饭撒进火中，烧成灰烬，这便兆示无缘共享爱情之果。俩人只好对歌作别，痴情的那一方因了幽怨，歌声定会哀婉无比。因此，这除了需要瑶家姑娘有一手烧煮竹筒饭的绝巧技艺，俩人还得要有心有灵犀的默契配合，以及用两颗炽恋之心去感动月神。

　　吃过竹筒饭，这对瑶家恋人还会在那两半竹筒上分别系上两条五色彩带，各取一半，当成定情物，永远珍藏在身。俩人如暂时分别，相思不已时，便会拿出来，对着那个记号细诉衷肠。传说俩人必能在梦中相见。若分别太久，还传说，痴情之人必定深陷梦中，不再醒来。据说很久以前，寨子里一位叫"水叶"的瑶族姑娘，貌若天仙，正是瑶山九峒十八寨的一枝花。她与一位瑶家阿哥定下情缘，只因为了生计，阿哥远走他乡时间太长，致使水叶姑娘情迷太深，竟然枕着她心爱的竹筒，永远陷入了梦中！待阿哥回到家中，不论怎么千呼万唤，也无法将她唤醒了。神奇的是，水叶姑娘并没有真正死去，在长久的沉睡中，竟青春永驻，精神焕发，永远保持着她最美的模样，成了一个真正的梦美人。从此，瑶家小伙再也不敢远离自己的心上人，甚至宁愿自己"嫁"到姑娘家，心甘情愿去做上门女婿。这，也正是瑶族喜欢"嫁郎"的来历。

四、"瑶族姑娘"竹筒饭文化品牌的内涵诠释

　　经对"瑶族姑娘"这一新的文化创意式故事"改写"，经过新的情节编排，

无疑让故事生发出了新的文化内涵,笔者认为"瑶族姑娘"竹筒饭文化品牌主要集中体现了如下三方面的文化内涵和精神主旨。

(一) 竹子的文化意寓

古人认为竹有刚、柔、忠、义四德。即:劲本坚节,不受霜雪,刚也;绿叶萋萋,以隐浮浮,柔也;虚心而直,无所隐蔽,忠也;不孤根以挺耸,必相依擢秀,义也。竹子天生清雅,无意与百花草木争奇斗艳,虽无牡丹之富丽,无松柏之伟岸,无桃李之妖艳,或生长于山野,或绕溪成径,但也万物中潇洒,修篁独逸群,因此又有诗赞曰:"一节复一节,千杆攒万叶。我自不开花,免撩蜂与蝶。"瑶家自古就有"视竹如手足"的谚语。在瑶家人看来,竹,谐音"祝"与"足",意寓祝福,富足的美好之意。而竹筒的"筒"字,谐音"同",又意寓着永结同心之意。当竹筒盛满象征纯洁与收获的泉水和糯米架在火上烧烤,也就意味着双方欲永结同心,定要历经赴汤蹈火的考验。因了竹子全身有节,岭南山区又多生湘妃竹(即斑竹),传说正是当年潇、湘二妃寻找丈夫舜帝,来到苍梧之野,留下的斑斑血泪,这更让瑶家人将竹视为忠贞爱情的绝佳象征。因此,瑶家姑娘在倾吐心意时,最爱说的一句话便是:"我要一根竹竿搭到头!"

(二) "瑶族姑娘"故事的文化表达

通过对瑶族几个独特文化习俗的挖掘、整合,重新编排出该故事,其实质是为了更加鲜明地表达出"瑶族姑娘"这一文化品牌的爱情主旨,彰显瑶族人勤劳勇敢、淳朴厚道、温柔善良、重情重义的可贵品质。爱情作为人性中最本质、最神圣的生命原力与精神之花,毫无疑问也是人类共有的情感记忆,没有谁能忘得了自己的爱情,也只有爱情才能超越阶层、民族、国别和地域。因此,该文化品牌的内里,实则是通过爱情的魔力去击中人们渴望爱情慰藉的心。为了让人们对其故事情节有一个更深刻的记忆,留下美好的印象,同时也为了让其与品牌LOGO上的那位翩翩起舞的瑶族姑娘形成映衬,便虚构了一位亦真亦幻的"瑶族姑娘"——"水叶"。之所以将她写成一位梦美人,自然是缘于只有梦中的姑娘,才是最完美无缺的美女。当然,水叶这位瑶族姑娘也正是爱情的化身。故事的编排,同时也为瑶族"嫁郎"这一独特习俗做了一个传说故事的诠释,目的就是为了强化受众的印象与记忆。

（三）品牌内涵的指向解构

一是竹子的清香，独有的营养和元素，以及瑶山里的山泉水和生态米，当然也包括竹筒饭制作过程与它独有的清香、口感等，都可指向生态环保与养生长寿的药膳功能性内涵；二是品牌的故事内涵，可指向爱情与其神秘的瑶族文化寓意性内涵；三是"瑶族姑娘"这个品牌LOGO，也是故事里的那位水叶姑娘的形象内涵，加上瑶家歌舞、月亮、篝火、瑶山、山泉、竹木等种种元素所各自散发出的美感，共同营构的一种古老、原始、神秘的梦幻意境，全都可指向"爱美之心，人皆有之"的审美性内涵。

五、"瑶族姑娘"竹筒饭文化品牌的开发建议

考虑到属于城市快餐、特色餐饮、时尚餐饮的定位，客户建议面向城里年轻小资；产品建议在以竹筒饭为主打产品开发前提下，辅以其他瑶家美食的系列开发。在店门设计装修上，应定位营造一种回归生态，既富有瑶族风情特色，又情调高雅、美轮美奂，富有私密化。在品牌文化宣传上，建议重点围绕瑶族姑娘这一富有民族地域性的故事情节与人物形象来表达，配以图片、音乐、视频，以及原生态的瑶族山歌现场即兴演唱等多种手段与形式。有条件的话，可根据该故事，作一首名为《瑶族姑娘》的歌曲，拍摄一部名为《瑶族姑娘》的宣传片，进行文艺化的品牌宣传造势。

六、结语

分析研究瑶族文化品牌创意与策划问题，一定程度上会对瑶族地区加速高质量发展助推乡村振兴提供有益的启示。本文经由对瑶族深厚传统文化习俗的开掘与对瑶族神话传说的整合新编，以达到塑造瑶族文化品牌，推动瑶族文化产业与特色商品的开发利用的目的。无疑，"瑶族姑娘"竹筒饭文化品牌创意与策划放大之于瑶族文化经济将提供有益的启示。而瑶族品牌文化创意与策划作为一种文化哲学智慧，借助科学研究方法，将极大提升瑶族品牌文化的内涵意义，优良的创意与策划必将带来相应的社会效应和经济效应。瑶族品牌文化的创意与策划还在继续，因此，从文化视野、哲学智慧对"瑶族姑娘"竹筒饭品牌文化进行创意与策划的意义和作用不言而喻。

象征创造与文化表达
——"醉喜多"作为过山瑶文化象征的意义及应用

◎ 林 源

文化产生于集体无意识，在族群演变的漫长历史中慢慢形成，并通过人类的分析解读，以象征的形式具象呈现在所有人面前。"原始象征活动，是建立在物象与观念内容之间的联想基础上的。客观物象与想象的观念内容之间在人的心理上建立起某种特殊的联系，由于成千上万次的不断重复而逐渐被强化并在人的心理上相应地建立起牢固的暂时神经联系，成为一种自发的、条件反射式的习惯性联想，因而积淀为深层心理的内在模式。"[①] 现代人类学研究的重要方向，就是通过解读各个族群的独特符号，结合其现在的生活状态，去分析和认识这一族群在历史上的生存样态及变迁。正如德国哲学家卡希尔所说，人是象征（symbol）的动物，而不是理性的动物，"人也并不是生活在一个由铁的事实组成的世界中，不是根据他的直接需要和欲望而生活。他生活在现象和激情、希望与恐惧、幻想与幻灭、幻想与梦境之中。"[②]

现在被各个少数民族视为象征的，大抵形成于族群漫长的历史中，如藏族的格萨尔，蒙古族的成吉思汗，壮族的刘三姐，彝族的阿诗玛。还例如苗族的牛角、蝴蝶、铜鼓，藏族的白牦牛、狼、鹰，瑶族的狗，还有西南各少数民族祭拜的石头、山、树等等。这些象征代表了一个民族的出身、信仰及文化特征，也在传播过程中不断被演绎和强化，成为其他族群认识该民族的钥匙。

2016年习近平总书记提出的文化自信，对我国社会发展和文化发展产生了

---

① 林兴宅.艺术之谜新解［M］.福州：福建人民出版社，2017：109-111.
② ［德］卡希尔.人论［M］.唐译译.长春：吉林出版社集团有限责任公司，2014：34-35.

极大的积极影响。他指出，"文化是一个国家、一个民族的灵魂。"①"文化自信是一个国家、一个民族发展中最基本、最深沉、最持久的力量。"②我国传统优秀文化的价值被进一步肯定，少数民族文化作为中华民族文化的重要组成部分也受到了更多人重视。一方面，很多少数民族地区以民族文化象征物为窗口，通过充分的挖掘和运作，形成本地独特的旅游吸引物。一个广为人知、令人慕名而来的旅游吸引物为本地带来了丰厚的经济回报。另一方面，在现代的运作和演绎过程中，代表民族传统的象征物也被赋予新时代内涵，甚至会出现传统或特色文化现象进一步归纳集中由象征物来表达的现象。

本文以江华瑶族自治县桐冲口村发掘重塑的"醉喜多"为研究对象，讨论过山瑶文化的传统历史表达和象征内涵及其与"醉喜多"的关系，以及"醉喜多"作为过山瑶文化象征的表达和价值。

一、过山瑶传统文化象征表达

我国瑶族是一个多样性的民族，族支与族支的语言、服饰、信仰、族源认知等方面差异较大。根据语系进行分类，过山瑶所属的勉语支在语言、图案、信仰、族源认知上的描述基本相同的，其内部共同认可的文化象征及其意义表达也基本相同。

（一）作为祖先的盘王象征

过山瑶最核心的传统文化象征就是盘王，他被认为是瑶族的祖先。盘王的身份有两种解释，一为盘瓠，二为盘古，同为一人还是两个不同的人物，现在已无法确切考证，大多数观点还是认为盘王是传说中的盘瓠。盘瓠的最早正史记载是《后汉书·南蛮西南夷列传》，内容取材于东晋的《搜神记》，在这个故事中盘瓠被描述为一条有神性的五彩犬，通人性、吐人言，应高辛帝悬赏取敌军将领首级，娶公主为妻，生下子女为十二姓瑶人。过山瑶内部流传的《过山榜》《评王券牒》中记载的，是龙犬盘瓠为南京平王作战，取高王首级，娶公主为妻，生下十二姓瑶人。

盘王有三个非常显著的特征。首先，盘王富有神性。盘瓠的形象和行为都不似

---

① 2016 年 11 月 30 日，习近平在中国文联十大、中国作协九大开幕式上的讲话.
② 2020 年 9 月 8 日，习近平在全国抗击新冠肺炎疫情表彰大会上的讲话.

一个实际存在在历史中的人物，而是一个神话故事中的形象。根据《搜神记》记载，盘瓠身形为犬类，由宫妃的耳屎化成，能口吐人言，能万军中取将领首级，还能与人生子，其能力不凡。其次，盘王拥有世俗权威性。传说中盘瓠娶公主，生下十二姓瑶人，获得了王权的认可，在朝堂上拥有正式的官职和权威。子孙后代为皇家血脉，有金银官职，还有不缴税、不服役、不被强征强娶等特权，这使得盘王象征融入王朝正史，被王权授予权威。最后，瑶族子孙将盘王塑造成人神。盘瓠作为瑶族先祖，被供奉在庙宇中，称"盘王"、塑人身、带冠冕、受香火，护佑瑶族子孙平安。瑶族每年农历十月十六日过"盘王节"祭祀盘王。

综上所述，盘王象征有非常浓厚的传统神性色彩，他是一个兼具神性和世俗权威性的祖先，象征瑶族文化中最神圣庄严的部分。

（二）作为图腾的龙犬象征

龙犬象征是瑶族的图腾象征。其最早源于《搜神记》和《后汉书》中对盘瓠形象的描述，身披五色毛，骁勇善战，后在《过山榜》和《评王券牒》中被美化为龙犬，与中华民族的龙图腾相联系，成为独特的龙犬图腾。有些学者和瑶族群众认为，神话传说中把盘瓠描述为狗，并说瑶族是狗的后代，是对瑶族的污名化和蔑视。过去的史书中常将"瑶民"写作"猺民"，也被认为是对少数民族的歧视。1935年5月22日第17期《红星报》专门在第2版发表了题为《纠正沿用"犭"旁书写少数民族族名　一律改用"亻"旁》的文章，于是官方书写中将"猺"改做"傜"。新中国成立后，响应国家民族平等政策号召，又将"傜"改为"瑶"。这一过程使得部分瑶族人民本身对于"狗"这个象征的心理比较复杂，相较于中华民族对于"龙"图腾的自豪感，以及其他少数民族对于本民族图腾的热爱，瑶族聚居地对于狗应用并不太多，即使出现也大多形似"龙子"的"龙犬"形象。盘王的塑像多以人形出现，瑶族刺绣中也少见狗的图案。即便如此，从五色犬到"龙犬"的象征变化中仍能够看出龙犬象征神性和庙堂的表达。

（三）作为文化展示窗口的长鼓象征

长鼓是瑶族独特的乐器，鼓身细长，呈两个喇叭倒接状，长约70—90厘米，鼓身一般以整块木料制作而成，两头蒙上羊皮，舞蹈时拿在手上或者悬于腰间，敲击两头的鼓面和鼓边，发出"嘣""啪"的声音。长鼓的传说同样与盘王有关。据说是盘王在山里追一头羊，不小心跌落山崖，撞在一棵树上去世了，他的子女找到他的尸体，敲击导致盘王去世的树干哭号，后砍树制鼓身，剥羊皮为鼓面，祭奠盘王，从此长鼓代代相传，作为瑶族的乐器和祭祀的礼器。

长鼓最传统的用法是只在盘王节祭盘王的时候敲响，剩的时间都悬于盘王殿中，或者家里的神坛上，因此它本身便具有神性和肃穆性，是作为祭器和礼器存在，与之相匹配的长鼓舞，最早也是用于祭舞。但是随着民族文化的传播，长鼓慢慢成为瑶族的象征，其形象用于各种建筑和公共文化场所的装饰上，长鼓舞也作为瑶族的特色舞蹈，其神性慢慢消解，成为传播最广的瑶族文化象征。

(四) 作为对美好生活向往的牛角象征

牛角既是瑶族的乐器，也是礼器，一般由水牛角制成，角尖处用泡桐木做吹口，吹奏时发出"呜呜"的声音。牛角象征源于瑶族千家峒的传说。相传瑶族有一片与世隔绝的世外桃源叫千家峒，瑶族在其中过着非常自由的生活。有一天官府要进攻千家峒，十二姓瑶人被迫逃亡前把一只牛角锯成十二节，每姓瑶人收一节，约定有朝一日再聚千家峒前，以牛角为证，合拢牛角，吹响三声，打开千家峒，重振家园。牛角既象征着瑶族同胞的重聚，又象征着开启美好生活的希望，兼具神性和历史象征意义，被瑶族内部视为自我标识。如今在盘王节上，牛角仍作为开启仪式的独特乐器存在。由于南方少数民族以牛角为象征的较多，作为瑶族象征物，牛角的独特性有限，但在瑶族地区的建筑物和公共文化场所装饰中非常常见。

以上这些瑶族传统文化象征有几个共同特征：首先，这些象征符号都与瑶族的起源和迁徙有关，带有神性。这种类型的象征对于一个民族来说有非常深厚的意义，其展示的方式和场合都有一定的要求。虽然随着现代社会的发展，很多象征的神性已经被消减，但是过度演绎还是会造成不当影响。其次，这些象征符号带有明显的祖先色彩，主要用于讲述少数民族的发展史和奋斗史，与朝堂之间的关系，有一定的官方色彩。最后，这些象征符号代表严肃的、正式的、不能被轻易改变的部分，缺乏民间活泼多变的生活表达。

二、"醉喜多"的文化象征和表达

荣格认为，自主的创作情节存在于象征作品中，它所表达的是一种原始意象，也就是"集体无意识"。人的创作冲动并非来源于自身的记忆或经验，而是来自群体代代相传的集体潜意识。"醉喜多"其实就是这样一种集体无意识的产物，它原意是勉语中的"最美最美的姑娘"，是瑶学专家郑艳琼女士的灵光一现，用作江华瑶族自治县桐冲口村旅游商品商标，而它的出现填补了瑶族文化象征中民间和生活部分的缺失，成为展示瑶族技艺的载体，同时还能够表现出瑶族男女平等的优秀文化。

（一）作为民间象征的表达

瑶族传统文化象征如"盘王""龙犬"等，都是高居庙堂的形象，带有神性和肃穆性，是正统的、官方的象征。象征表达既要有官方的、肃穆的，又要有生活的。"醉喜多"恰好填补了瑶族文化象征中缺失的民间表达和生活表达。

过山瑶中流传着很多故事和传说，里边大多会有一个姑娘，她或聪明、或能干、或心灵手巧，或勇敢追爱至死方休。在桐冲口的传说中，有一位"醉喜多"原名郑三妹，是村子里最聪明最漂亮的姑娘，她发现了木叶可以泡出清甜的茶水，红薯和杂粮能够蒸出甘甜的美酒，于是就有了今天瑶族的梗梗茶和瓜箪酒。桐冲口村口有隔河相望的雌雄红豆树，传说是洪武年间一位"醉喜多"的爱情见证。[1] 这样的故事代代流传，有的早已不知主人公的姓名，但并不影响她的美丽身影深深印在族人的心里，成为大家对于美好生活和美好爱情的向往。美国哲学家蒂利希认为，象征不能被有意地制造出来；它是从个人或集体的无意识中生长出来的。一个象征打开了一个实存的层面。[2] "醉喜多"并非被今人生造的象征，而是从集体无意识中生长出来的美丽形象，她是瑶族普通劳动人民的象征，是民间生活的象征，展现出瑶族人民的智慧、坚韧和勤劳。

民间象征的表达往往没有太多的权威和禁忌，例如彝族的"阿诗玛"，壮族的"刘三姐"等无数艺术家在不同时期用不同的艺术表现形式演绎这些形象和她们背后的故事，为这些象征增添了新的色彩，也借象征的传播宣传了本民族文化。"醉喜多"的表达，不仅没有权威和禁忌，更因为她不是特指某一历史人物，而少了一层历史和人格的桎梏，她作为一种纯粹的想象的共同体，将瑶族的民间传说故事中的普通女性，甚至人的形象集于一身，是瑶族人对生活的美好向往的投射。

---

[1] 故事由桐冲口第一书记郑艳琼提供。
[2] 成静.保罗·蒂利希的象征理论——它的理路与得失 [D].现代外国哲学，2018 (14)：176.

（二）作为瑶族技艺的表达

南方少数民族在相似的生活环境中都发展出相似的技艺，很多少数民族与某项技艺都已经形成了"绑定"关系。例如提起少数民族的刺绣大多数人会想到苗绣，看到挂满银饰的盛装姑娘会想起苗族，提起山歌对唱会想到壮族等等。瑶族的各类技艺在不同的支系中存在很大的差异，在过去的对外宣传中也没有出现突出的作品或者象征物，这使得瑶族技艺在传播上存在一定的劣势。

刺绣、服饰等天然与女性产生联系。一方面，掌握刺绣工艺、服装剪裁工艺的大多是女性，这是农耕社会留下的传统。另一方面，刺绣、服装、配饰等物的展示也多由女性完成，无论哪个民族、哪个时期，女性的衣饰都明显复杂于男性，其上承载的文化信息也要丰富得多。例如作为黎族妇女筒裙的黎锦就被称为"穿在身上的民族史"。"醉喜多"的出现会让人非常自然地联想到瑶族的各种技艺，一位美丽的姑娘利用自己的聪明和巧思，创造出精巧的刺绣、华丽的服装、精致的首饰，穿戴一新参加集会；她还能利用山野间的野草野果烹饪出五彩的饭菜，用自家种的红薯和粮食酿酒……这些都是每个人能通过美丽的姑娘自然联想到的场景，从而成就了"醉喜多"的象征意义和文化内涵，成为其他民族了解瑶族的一把钥匙。

"醉喜多"作为瑶族技艺的象征的另一层重要意义在于"活化"，即将古老的技艺与创造掌握这一技艺的瑶族人民联系在一起，用一个美丽姑娘的形象指代瑶族从古至今创造传承民族文化技艺的劳动人民，从而使其他观者能够感受到技艺背后的人的付出和人的智慧。

（三）作为瑶族女性的表达

瑶族传统文化受汉文化影响较深，从盘瓠的传说到十二姓的诞生，从《后汉书》到《过山榜》《评皇券牒》的记录，无不彰显着瑶族对于朝堂渴望又疏离的复杂心情。例如各种版本的《过山榜》《评皇券牒》中大多会声明盘王于国有功，瑶族十二姓是由公主诞出，受皇帝分封，居于深山，不缴税、不纳征、不服役等等。这些记载彰显瑶族的身份，是其自我认知的来源，也就成了象征的主要内涵。即使是瑶族刺绣，其著名图案都是象征盘王王权的"盘王印"。这些瑶族的传统象征体现的大多是阳性的一面，代表朝堂、王权、权威和男性。

另一方面，瑶族社会发展至今保留着非常显著的母系氏族色彩。例如瑶女坐家招郎的婚姻形式，孩子随母姓或随外婆姓等等，大多数瑶族家庭中也是女性做主。桐冲口村脱贫攻坚到乡村振兴的过程中，也涌现出了大量优秀的女性当家人，例如桐冲口的第一书记郑艳琼，千年瑶寨旅游服务管理中心负责人莫友翠等等。女性的象征和表达应该是瑶族文化中不可或缺的部分。

各个民族在过去都曾出现过母神或女神的形象，例如西方神话中的大地之母盖亚，中华民族神话中的女娲，苗族的仰阿莎，还有布努瑶的密洛陀。女神大多是创始神话中的原初神形象，随着社会的发展和社会分工的变化逐渐被父神取代。在历史中消失的女神并未在人们的记忆中消失，而是在深深的潜意识里等待被唤醒。"醉喜多"的象征形象，聚合了千百年来瑶族女性的身影，发掘了瑶族社会中未被展示的女性角色和女性力量，展现了瑶族由女性当家做主的特色文化，彰显了瑶族男女平等的优秀传统，是瑶族文化象征中一抹柔和的亮色。

瑶族传统文化象征特点及"醉喜多"文化象征表达

三、"醉喜多"作为过山瑶文化象征的应用价值

"醉喜多"的原型是瑶寨中最美最聪慧的姑娘，她源于瑶族的集体无意识，借由瑶学专家郑艳琼女士之口表述和翻译，最终落定为"醉喜多"三个汉字，其背后承载的是千千万万瑶族同胞在日常生活中对于瑶族文化的创造和演绎，展现了瑶族人民对于美好生活的向往，其象征意义及其应用具有独特的价值内涵。

（一）民族特色品牌价值

商业领域非常重视品牌的价值，其重要意义在于建立稳定的预期，并且彰显差异性。现阶段，我国少数民族特色商品行业基本是与当地旅游相伴而生，外地人到民族地区旅游，购买当地具有民族特色的旅游纪念品。这种经营方式使得大部分民族特色商品都是家庭小作坊生产，没有形成独立的产业链。随着近年来义乌小商品市场的发展，大量旅游区卖的都是相同的商品，走进各地的仿古城，游客根本分不清自己在湘西的凤凰还是浙江的乌镇。发达地区的集群产业链对民族地区的家庭小作坊产生了一定的冲击，现在在民族村寨旅游再想买到原汁原味的民族特色商品已经有一定的困难。

"醉喜多"作为一个品牌，已于2019年11月左右被江华瑶族自治县千年瑶寨旅游服务管理中心注册了包括食品、饮料、酒水、手工艺品、娱乐服务、生鲜、蔬果、活禽、服饰、旅游观光、广告服务等十二个品类的商标，覆盖了桐冲口旅游发展所涉及的方方面面，尤其是涉及了最能体现瑶族文化特色的手工艺品、服饰和歌舞表演品类，这为打造一个瑶族特色产品品牌奠定了基础。

(二) 民族文化归纳演绎价值

归纳与演绎是辩证逻辑的方法之一，归纳是从个别性的前提推出一般性的结论，前提与结论之间的联系是或然性的；演绎是从一般性的前提推出个别性的结论，前提与结论之间的联系是必然性的。[①] 在文化领域，归纳意味着赋予一个文化象征以多重内涵，使其成为多元文化融合的载体。例如刘三姐，其象征的核心内涵是表达南方少数民族女性聪慧善唱的形象，其本人到底属于哪个民族，甚至是否是一个真实存在的人，都已无法确定，但壮族民间歌谣被整理归纳以"刘三姐歌谣"之名进入了国家级非物质文化遗产代表性项目目录，并被大众深刻记忆。演绎意味着将文化象征通过各种不同的艺术表现形式表达出来。例如彝族的叙事长诗《阿诗玛》被创作成电影、电视剧、舞台剧、石林景区的阿诗玛石峰等等，多种方式的演绎使得阿诗玛的形象以及其中承载的民族文化被大众知晓。总的来说，文化的归纳和演绎对于文化整合和文化创新具有重要意义，也正因为如此，"醉喜多"的产生为瑶族文化的整理和创新提供了载体。

当然，文化的归纳演绎并非易事，一方面很多民族文化的象征，如歌舞、仪式等带有一定的禁忌，叙事长诗或传说中涉及真实人物的人格尊严和历史评价，归纳的概括性，以及演绎的商业化和碎片化会招致民族成员以及利益相关方的反感甚至是公开抗议；另一方面，互联网时代带来的扁平效应使得大量的文化在归纳的过程中出现互相迁移的现象，影响其原初的文化基因；演绎方式和手法趋于同质化，再

---

① 中国大百科全书数据库 [OL]. https://h.bkzx.cn/item/73082? q=%E6%BC%94%E7%BB%8E。

加上人类的传说大多源于相同的"原型"①就使得文化演绎缺乏特色。完善"醉喜多"的文化归纳演绎,应先完成其在本民族内部的形象建立和象征意义统一,使其有一个相对固定的象征内核,在此基础上借由瑶族文化的各项表达方式进行归纳和演绎,从而增强其作为文化象征的公信力。

(三) 民族文化传播价值

根据传播学理论,文化传播需要介质,早期人类文化传播即通过创造象征(symbol)来完成,现代社会中虽已经出现了各种确定、稳定的传播介质,象征所承载的模糊的、不确定的、充满解释空间的内容对于人类文化传播仍然有非常重要的意义。正如美国社会学家丹尼尔·贝尔所认为的,"人类运用象征符号创造出文化世界,象征符号是人的根本特性,是文化的核心"②。

"醉喜多"的形象,既是符号象征,也是人的象征,其形式内涵超越了普通符号的范畴,被用以链接瑶族文化中"人"的部分,从而作为传播载体,她是生动的、复杂的,代表人性的部分。她可以被创作为民间故事、歌谣、舞台形象,可以特指历史上曾经出现过的真实形象,也可以泛指所有的瑶族姑娘,象征瑶族的劳动人民。形象的模糊性反而能带来大量的创作空间,为瑶族文化传播提供一种生动的方式。

---

① 瑞士心理学家C.G.荣格创造的"分析心理学"术语。荣格认为,在人类发展演变的漫长历史中,形成了各种各样的人格"原型"。它们储存在集体无意识中,成为相对固定的行为模式和人格类型。中国大百科全书数据库 [OL] .https://h.bkzx.cn/item/244457? q=%E5%8E%9F%E5%9E%8B.
② 郝朴宁.民族文化传播理论描述 [M].昆明:云南大学出版社,2007:71.

瑶族民间手工艺助力乡村振兴

◎ 曾凡忠

民间手工艺泛指劳动人民（包括少数民族）为适应生活需要和审美要求，利用一定工具或纯手工制作出来的，并且具有观赏性、创造性和实用性的特征。随着商品经济的发展，民间手工艺品已在市场上占有了一定的市场。十八届全国人民代表大会上《制定国民经济、社会发展的第十三个五年规划》正式通过提出了："中华优秀传统文化体系建设，文化遗产维护，传统工艺的大繁荣"，随后为落实文件精神，文化部、财政部、信息部制定出了《中国传统工艺振兴计划》。传统工艺将手工技艺作为核心，重中之重就是个性化定制，讲究是人与技法的统一、和谐，其中融合了创作人员技术纯熟、思想情感、理解美的能力，这在工业化生产中绝无仅有的。民间工艺存续文化母本，是中华优秀传统文化的重要组成部分和内生发展动力，是推动乡村振兴战略实施落地的重要内容载体。文化的有效载体是艺术，也是民间艺术和生活结合最紧密的部分。一个民族如果想要建立自己的文化自信，负有直接职责的就是民间手工艺。时代要求我们应深入挖掘传统工艺文化，加强保护与传承；行业工艺应不断丰富创作题材，提升设计制作水平，培育工艺品牌，在传承中创新。因此，发展乡村特色产业的前提就是足够重视民间手工艺，发展模式要做到足够的"接地气"，才能对生活美学、文化记忆做出有力的传承和保护。

在调研中发现，瑶族民间手工艺表现为多样性、传承性、濒危性、灵活性、完整性、独特性等特点上。由于劳动力流向城市的速度加快、民族语言的地域化限制、民间手工艺发展生态消失、传统手工艺市场缺乏监管、传承者缺乏技艺创新等束缚了其发展。为此，融合推进瑶族民间手工艺研究与乡村文化建设，并将其研究成果运用于乡村文化建设中，可以更好地服务文化强国战略和乡村振兴战略，也是助推乡村振兴，促进瑶族地区现代化建设的重要途径。

一、瑶族地区民间手工艺概况

瑶族刺绣由唐朝时期开始广为流传，至今已有上千年传承历史，刺绣在瑶族的日常生产中已经形成独有的表现形式。瑶族刺绣具有独特的工艺、鲜明的色彩，并且形式多变，是我国不可多得的物质文化遗产，以广东乳源的瑶族刺绣为代表。瑶族刺绣采用深色棉布为底，用红、黄、蓝、白、绿、黑、紫等色的绒丝线绣出花纹，有"深山瑶"和"浅山瑶"之分。瑶族刺绣于2011年被列入第三批国家级非物质文化遗产名录。2018年，又入选第一批国家传统工艺振兴目录。瑶族刺绣奇异古拙而经典的形纹图案，记载了瑶族生存发展、信仰崇拜、文化艺术和思维观念的历史，是瑶族身份的符号和标志，具有多学科的研究价值。随着社会的发展，瑶族群众的生活方式发生了很大的变化，与传统的社会生活有着密切关联的瑶族刺绣已逐渐边缘化，濒临消亡，亟待保护。

瑶锦流行于湖南和广西等地，主要用于被面、服饰、背带、头饰等。瑶锦被面，当地人称"八宝被"。瑶锦织法有别于其他民族的织锦，是典型的经起花工艺，即经线为不同的单元颜色，纬线为单一底色，不断纬，花纹由经线显出，类似于花带的织法。用于被面的瑶锦色彩素净，线条古朴，花纹韵律性很强。用于服饰的瑶锦则色彩艳丽，调色大胆，善用强烈的对比色调，以红、橙、黄、绿、蓝、白等色为主，五彩缤纷古艳厚重。而且瑶族人民善于巧妙运用黑、白色作间隔及连缀，华而不俗，和谐统一，而又有强烈对比，使整个色调协调而又丰富，有新颖、独特、浑厚的效果。如江华瑶锦八宝被三幅相拼，四周镶以土法染制的深蓝黑被套成形。除被面应用外还有小孩包被和妇女姑娘们头巾，及竹藤篮盖帕等日常用品和姑娘的定情物和最主要的嫁妆。八宝被经点凸花工艺及瑶族挑花绣锦头帕及织彩带工艺，均呈现出古朴庄重、精美富丽的整体风格。其线条粗犷雄健，反映出山地民族耿直淳厚、矫健剽悍的民族气质。

瑶族蜡染既有久远的历史，还有独特的制作工艺，其中最典型的就是流行于广西、贵州瑶族地区的蜡染布——瑶斑布。瑶族蜡染布图案清晰，色彩特别鲜明、朴素并且对比相当强烈，具有独特的民族风格和极高的艺术价值。在瑶族蜡染中，当属贵州麻江县龙山乡河坝村的"枫脂染"最有特色。瑶族蜡染图案，主要以花、草、虫、雀、鱼等为主，间以几何纹、雷纹、云纹、锯齿纹等。风格粗中有细，或以细破粗，或以粗助细。布局饱满而不繁杂，多采用变形、夸张手法，图案生动，变化多样，色彩调配和谐，优美典雅。

瑶族剪纸中单色剪纸是最基本的形式，由红色、绿色、褐色、黑色、金色等各种颜色剪成，主要用于窗花装饰和瑶绣、布鞋或者绣花鞋的底样。用于瑶绣底样的剪纸，常用剪刺结合的手法。刺是以针尖在花纹的细部刺出小型圆点，在一些部位留出"暗刀"，可以作为刺绣时套针换线的依据。折叠剪纸、剪影、撕纸等都是单色剪纸的表现形式，也有部分使用山中的植物之汁作为染料进行点染，成为彩色剪纸。其艺术形式还体现在瑶绣、瑶服、鞋帽的剪纸纹样及土织布的纹样染色，部分家具、建筑结构的剪纸元素体现，逢年过节的装饰及祭祀品等。其特点是造型独特、色彩绚丽、寓意深刻、内涵丰富，它不仅是美的形式和精巧技艺的展示，更是一种自然灵性与人文表露，体现了瑶族人民热爱生活，善于发现与创造美的精神。

二、当前瑶族手工艺发展中存在的问题

近年来，不少瑶族地区将地方传统手工艺作为切入点，打造出浓厚地方特色、传统风俗的新风貌和新风气，自然成为乡村中最靓丽的风景线，在乡村振兴和建设的过程中，对传统手工艺的利用，取得了很好的历史经验，当然也存在一些不足，突出表现在以下四个特点：

(一) 手工艺传承严重断层

众所周知，传统手工技艺是以"人"为载体，通过言传身教、带徒授艺等方式完成代际间的延续，使得技术传播范围窄，甚至有些技艺根本不外传，再加上缺少资金和规范的经营，很难在市场上有一席之地。近年来，随着工业生产的不断推进和城市化的快速发展，村民特别是年轻一代对财富和知识的需求强烈，致使他们对生存和生活的理解完全不同于他们的祖祖辈辈，用刺绣、织锦、蜡染、剪纸制成的被面、桌布等生活用品也已逐渐被现代的商品所代替，空间已经越来越小。随着瑶族地区外出打工的人员不断增加，他们带来的外来文化冲击了瑶族地区的本土文化，致使年轻人越来越汉化，所穿着的服饰已不再是土布衫而改成西装及流行的时装，即使在村里的隆重节日里，也很少看见当地的村民着本民族服饰了。社会经济的发展促使年轻人往往倾向考虑高收入职业，真正热爱传统手工艺品、愿意坚守传统手工艺品的年轻人少之又少，这就导致了后续传承人的丧

失,加上从业人员的老龄化,传统手工艺逐渐陷入难以传承的困境。如广东乳源只有少数四五十岁的中老年妇女人能从事刺绣技艺。

(二)产业结构单一化

民间手工艺行业多以"生产—销售"的单一形式发展,产业链条单一,整体发展观念不强。基于民间手工艺的存在环境,其规模一般较小,多数以家庭或个人为单位,手工艺发展较为分散,并未形成现代产业纵向发展的完整产业链和横向发展的产业集群,产业竞争力相对其他行业较为乏力。

(三)缺乏专业型人才

近年来,人们保护传统文化的意识慢慢地在加强,在利用和开发民间手工艺的同时,手工艺本身正在创新和发展,这在筹划和培养人才上,对专业人员的能力要求更高,要是仅仅依赖传承者和保护者,凭借对文化的热爱和了解,在传统手工艺的发展和保护上已很难得到满足。

(四)市场化利用率低

随着科学技术的发展,与现代市场经济融合发展的工业替代品剧增。传统手工艺逐渐失去了赖以生存的环境与土壤,不少乡村传统手工艺被贴上了"陈旧、老套"的标签,缺少创新意识、过于单一等难以跟上当今文化发展的潮流和人们日益更新的需求,逐渐被机器生产的工业产品取而代之。这很大程度上冲击了传统手工业,对传统手工艺的传承和发展提出了挑战。同时,因为手工艺的传承人中老年人居多,缺少市场意识,自然在市场规划上缺乏有效的手段,他们的市场仅仅针对很小的范围,这可能也是手工艺濒临灭绝的原因。

三、助力乡村振兴的路径

"乡村振兴战略"是习近平总书记在党的十九大报告中提出的重要战略。2019年2月,《中共中央国务院关于实施乡村振兴战略的意见》正式发布,意见指出:"乡村振兴,乡风文明是保障。必须坚持物质文明和精神文明一起抓,提升农民精神风貌,培育文明乡风、良好家风、淳朴民风,不断提高乡村社会文明程度。"《中共中央国务院关于全面推进乡村振兴加快农业农村现代化的意见》提出:要从乡村文明自身特色出发,积极吸取城市文明及外来文化优秀成果,在保护传承的基础上，不断创造与创新，赋予新时代丰富的表现形式。乡村扶贫建设一直是我国大力开发和支持的一个项目，我们应该运用现有的手工艺特色元素，打开乡村创新发展的大门。

（一）把发展手工艺纳入乡村振兴规划

地方政府应科学规划本地的乡村振兴战略，把发展手工艺纳入其中，制定长远规划、并分步实施，规划统筹类的保护动作，要做到和社会发展同步、配套，从而使得计划切实可行且高瞻远瞩。

当地政府通过主动搭建平台，企业创新实践，传承人自主创业，贫困群众广泛参与，促进贫困人口就业创业，使传统手工艺赖以生存的土壤更加坚实，提升传统手工业向产业化发展组织力度。在实施中，充分发挥政府平台优势，拓宽融资渠道，集聚各种社会资源，在产品设计、工艺改进、品牌建设、市场拓展等方面扶持传统手工艺，使传统手工艺产业化，帮助当地群众增加收入。同时，乡村主体在传统文化留存、新空间传播上，将乡村文化发展的新形态打造出来，深挖旅游业，加大体验设施投入，深化旅游功能，承载文化传承和乡愁回忆。

（二）活化手工艺，在传承中创新

让青少年在有效引导中，对本地传统手工艺进行学习，培养手工艺背后的乡村荣耀感，进而将手工艺弘扬和宣传开来。如在当地学校第二课堂上增加刺绣、蜡染、剪纸等课程，让孩子们从小就能了解手工技艺、传统民俗等这些非遗。可在当地的市县属职业中专、职业技术学院等建设手工艺研究中心，开设传统工艺、民间美术等专业，在联合招生中争取手工艺传承人的帮助，对高层次的传承者进行培养。

在乡村旅游项目中，以瑶族手工艺作为切入点，让大家接触到制作方法，近距离地感受和体验；在销售中，加入这些工艺制成的零钱包、衣物、团扇等，为手工艺的发展创造条件。在有条件的瑶族地区，搭建"农村手工艺研发培训基地"，建立"产学研"等平台，加入创意、交流、培训等工作内容，在交流协作的开展上，促进企业设计师、师生、手艺人等的交流。

（三）融入专业设计，提升技术含量

传承、创新传统文化的载体之一是乡村传统手工艺。作为乡村经济助推器的传统手工艺将创新转化作为理念，将再设计的潜力充分地挖掘出来。优秀的设计技艺以其造型创意，可以成为刺激消费、拉动市场的重要手段。在专业力量的设计创新上，在地帮扶瑶族民间手工艺人开展制造活动，逐步将这些富有特色的工艺文化打造成当地的文化名片。

（四）工艺融合，走创新之路

跨界融合具有促进文化产业设计、制造品质升级、更好复兴优秀传统文化等作用。传统手工艺品振兴中，除了对传统、精品进行复制之外，还要紧跟时尚热点，以灵活的理念、本质的回归、关注和创新生活，从而实现融合跨界。通过剪纸与瑶绣、蜡染、织锦等材料融合，根据各自材料的性能进行优化组合，丰富民间工艺技法与内容，拓宽其发展空间，为其他手工艺品的相关产品设计实践提供理论指导和参考。工艺共融更有力地拓宽了民间工艺产品的设计广度，更完美地展示了非遗共融产物的魅力，打破了传统工艺作品的固有形态、颜色和质感，丰富和优化了其内容。如笔者通过把剪纸技法融入蜡染制作中，省时省力，可以批量生产，提高了效率和产品质量。

（五）文旅融合，盘活手工艺

多元化乡村旅游仅有乡村手工艺是不够的，还要开发更多的旅游业务，与瑶族地方特色相结合，以创作表演的形式来传播文化，以创新产品展示来吸引游客，设计具有价值的物品发放给游客；为顾客私人订制，并进行创意作品展示。在旅游景点附近建设以手工艺为主题的民宿与酒店，游客既能欣赏到精湛的技艺，又能体验到本地的乡村田园生活，让手工艺的价值升华，在相关旅游景点展示手工艺品，让游客眼前一亮的同时，也能带动销售。

充分利用瑶族盘王节、赶鸟节、洗泥节等富有瑶族特色的节日，通过设立摊位展销，吸引游客。如江华瑶族自治县就利用盘王节之机实现了利用民族文化转变富民经济的良好方式。通过政府指导、市场主推的模式，将文化体验、民俗采风、特色餐饮、手工艺品、绿色产品销售等有机整合，打造民族节会文化旅游品牌，成为旅游引爆点和节会经济增长点。举办以"瑶族手工艺（非遗）"等为主题的多种形式活动，采用不同的文化来展现瑶族特色；举行大型歌舞文艺表演，把特色手工艺文化融入舞台表演中；举办"手工技艺大赛""刺绣技艺大赛"及瑶族手工艺品联展销售活动等，充分运用市场机制，鼓励社会力量参与手工艺的保护和合理开发利用。

(六) 搭建销售平台，提升市场价值

电商平台是重构工艺品的发展方式。例如，一系列手工艺品 APP 大批量出现，世界各地的手艺人聚集在这些 APP 上，通过图片、文字、直播等方式，艺人和手工艺品为大众所熟知，或通过大量关注推出人气主播，通过流量 IP 与粉丝进行管理与互动，形成产品品牌化。同时，将互联网优势进一步深化，积极地拓展渠道，构建起以民间手工艺为主的电子商务平台，凭借现代化营销手段，使传统手工业的提升更上一层楼。

加强与协会、行业组织、异地商会的联动，合力开展销售，利用民间艺术协会举办赛事、展览和论坛活动，搭建更广泛的平台，最大程度地扩大销售空间。引导手工艺传承人将瑶族刺绣、织锦、剪纸等优秀的手工艺带进校园，将精品成果带到全国乃至世界各地展示展演，让瑶族优秀传统文化有效传承，广为传播。

四、结语

乡村振兴战略的实施，既需要将乡村经济发扬光大，也要将乡村文化精神弘扬出去。瑶族民间手工艺不仅是一种手工物品，更是手艺人的一种造物思想，它能够体现日常生产与生活智慧，同时也是瑶族文化生态的重要组成部分。城市化的快速发展使瑶族民间手工艺长期依存的文化环境、社会环境、生态环境消失，但也蕴含着极大的机遇。当前文化产业繁荣、经济全球化发展，富有民族特色的民间手工艺必然有着自己的一席之地。要使民族手工业在新时期焕发出新的生机，就要立足传统，重塑传统，从强化组织领导、精准策略落实、创新体制机制、加强宣传推广、搭建营销平台等方面着力为瑶族传统手工艺的复兴和文化传承保驾护航。

乡村振兴视野下瑶族文化保护与传承的策略探析
——以湖南省江华瑶族自治县为例

◎ 唐晓君

瑶族，作为中华民族大家庭中的一员，在漫长的历史长河中，创造了悠久灿烂、多姿多彩的瑶族文化。这些文化是瑶族人民年复一年生产生活实践的真实反映，是瑶族人民世世代代勤劳智慧结出的累累硕果，是瑶族人民生产生活多样性的集中体现。但是，随着经济全球化、发展一体化的速度加快和现代文明的蓬勃推进，瑶族文化遭受到前所未有的严重冲击，迎来前所未有的严峻挑战。一些优秀的瑶族文化正面临冲击、逐步淡化、濒危失传、甚至消亡的尴尬境地。

特别是在当前政绩焦虑、利益冲突和形式主义的驱使下，一些地方政府存在复制等于保护、重建等于开发等认识误区，一些地方对瑶族文化缺乏科学认识，造成对瑶族文化遗产保护不力，重开发轻保护、重开发轻管理、重开发轻传承等现象不同程度存在。一些地方盲目追求经济效益，对瑶族文化进行片面地、有选择性地过度泛滥地开发利用，大量机械复制传统手工艺、无序开发旅游资源等，瑶族历史文化人工化、同质化、模仿痕迹明显，趋利化运作、超负荷利用倾向严重。

2021年3月23日，习近平在福建考察时指出，"乡村要振兴，因地制宜选择富民产业是关键。要抓住机遇、开阔眼界，适应市场需求，继续探索创新，在创造美好生活新征程上再领风骚。"在当前乡村振兴的大背景下，我们应以高度的文化自觉和文化自信，保护瑶族文化，传承瑶族文化，弘扬瑶族文化，展示瑶族文化，促进瑶族文化的创新和发展，对提高瑶族地区的经济社会发展水平都会产生深远影响和重大意义。

"看得见山、望得见水、记得住乡愁。"（《习近平在中央城镇化工作会议上的讲话》2013年12月）一个村寨，一个乡镇，就是一个个鲜活的个体。人的生产生活，给予了乡镇村寨以生生不息的生命。道路、房屋、田野，是乡镇村寨的骨骼架构，而文化，则是它们的面子，它们的血液，它们的灵魂。在瑶族聚居区实施乡村振兴战略、推进美丽瑶乡建设中，结合发展旅游产业的需要，乡镇村寨都一定与瑶族文化密切相关，离开了瑶族文化，就缺少了生命力，就缺少了核心竞争力。笔者以素有"神州瑶都"之美誉的湖南省江华瑶族自治县为例，来具体阐述在乡村振兴战略中怎样以瑶族文化展示为抓手，来切实促进瑶乡旅游事业的建设和发展，有力推动瑶族文化的保护和传承。

一、充分挖掘提炼，定位要精准

"乡村改造，文化先行"。文化是核心吸引点所在，也是永久魅力所在。因此，在瑶族乡镇村寨的乡村振兴建设中瑶族文化主题定位是第一步，也是至关重要的一步。

独具特色的瑶族文化要在乡镇村寨的房屋结构、建筑风貌、民俗风情、生活习惯、传统工艺、商业业态等方面充分体现出来，必须通过"吃住行游购娱"展示出来，那么，对本地本乡本土的特色瑶族文化资源的充分挖掘提炼就显得尤为重要。通过实地调研、走访座谈、开会讨论、组织培训、瑶族专家田野调查等方式与当地政府、瑶族专家、村民共同商议建设发展蓝图，充分表达意愿和建设需要，全程参与，并纳入村规民约。要根据乡镇村寨的地域风情、历史背景和文化主题，为精心打造寻找文化支撑，确定主题方向，寻找差异化优势和独特性内涵。不要"一刀切""齐步走"的"千村寨（乡镇）一面"，不搞追求形式上"高大上""崇洋媚外"，坚持"一村一品""一镇一特"，展示出的主题和内容要突出本地本乡本村特色，展现独特魅力，让人过目不忘，让人流连忘返。

如江华的瑶族按照语言、服饰、居住地和风俗习惯的不同，通俗地大致划分为岭东的过山瑶（或高山瑶），岭西（除河路口、上游外）的平地瑶（或梧州瑶），河路口、上游区域的八度瑶。在规划设计之初，就要考虑论证乡镇村寨处于的地域，考虑相对应瑶族的不同特点，运用相对应瑶族的特色元素为主题，恰如其分地用在建筑房屋的整体布局谋篇上，在建筑房屋的细节处理过程中。如岭东的湘江乡桐冲口瑶寨建设以过山瑶的瑶族特色来规划设计，岭西的大石桥乡井头湾村注重用梧州瑶（平地瑶）的特色建筑语言来打造，岭西的河路口镇的牛路村以八度瑶风格的房屋来构建整体风貌。

二、领会建筑内涵，布局要精心

建筑的布局是决定一个村寨形制的重要因素。房屋建筑是一个村寨的骨架。瑶族建筑主要以过山瑶特色的吊脚楼为代表，是瑶族民间文化非常重要的文化遗产，积淀了丰厚的瑶族文化。瑶族吊脚楼本属于干栏式建筑，但又有所不同。干栏式应该全部都是悬空的，但是瑶族吊脚楼为半干栏式建筑。

瑶族是一个比较典型的山地丘陵民族。其生活的地区很少有可供成片建造房屋的平地。于是，他们便选择坡度较为平缓的山坡，一半平整土地，另一半依据山势用长短不一的杉木柱头支撑，架木铺板，与挖平的屋场地合为一个平坦的整体，再在此整体上建造吊脚楼。瑶家吊脚楼"巧于因借，精在体宜"，瑶族人民根据实用性和环境特性，选择砍柴挑水方便、风光优美的地势，采用在就近山上砍伐杉木撑起为基脚，建起被称为"千脚落地"的木楼。整座木楼以杉木为柱、为梁、为壁、为门窗、为地板，以杉皮为盖顶，不油不漆，无矫无饰，一切顺其本色，自然天成，朴实无华。

平地瑶村落聚居，族群集中。房屋建筑吸收汉民族的建筑艺术，结构坚固，朝实用性方向发展，普遍采用砖、瓦、木头、石头等原料，建造砖瓦房。房屋一般结构以3间平列式为主，俗称"三间堂"，中间为堂屋，宽敞明亮，用来接待客人，平时吃饭，喜事摆酒。两边为厢房，用作卧室、厨房。楼上主要用来堆放存粮、农具、储柴等。猪牛栏、厕所则建在屋后。大的村寨还有门楼、炮楼、围墙等，用来防卫盗匪贼寇。门楼、道路用青石居多。

平地瑶房屋建筑在汉文化风水观的影响下，体现"天人合一"的居住生态观念，比较注意房屋的装潢。如在房屋脊梁上雕刻龙头凤尾，在门槛外侧左刻凤、右刻龙，外侧左右均刻雄狮戏珠的图案，表达"龙凤呈祥"的美好向往和寓意。建房择地，要依山傍水，背山面水，有良田菜园美景。

八度瑶与平地瑶的房屋建筑相比，因为都建在平地丘陵地区，有类似的地方。如都是用砖、瓦、木头为主材，基本是"三间堂"，坚固实用，大体一致。但是也有区别，如八度瑶用红砖的多，平地瑶是青砖；八度瑶的房屋普遍比平地瑶的要低矮些，要窄小些，基本没雕龙画凤的装潢，简洁大方实用。

结合瑶族不同的文化主题、历史源流和地域特征，来打造村寨的内在布局和结构。如位于平地瑶的大石桥乡井头湾村为例，在规划设计时，要考虑用古巷道或街道、古商铺、古大宅院、古宗族祠堂、古书院或旧私塾、古祠庙、古戏楼、古井、古渠、古青石台阶等，来构成古村最核心的要素。青石板溜光的路面、临水而建的蜿蜒的潇贺古道、古香古色的各类公共建筑与住宅、紧凑有序又疏密结合的布局构成一座别具特色的岭南古村。而深藏瑶山的桐冲口村，则以过山瑶最具特色的吊脚楼为核心向外延伸进行房屋建筑布局，形成以"楼"为中心，"楼、山、水"为主题的山居画面，突出吊脚楼的原木围栏、原木梁柱、本色杉木皮，体现"生态、自然、绿色、休闲、养生"理念。

三、突出特色要素，风貌要精美

村寨风貌提升是村寨的"面子"工程，是村寨文化要素的重要体现、集中展示，是一个乡镇、一个村寨的"脸面""盖碗菜"。

首先，要有良好的精神风貌。乡镇村寨要弘扬和展示瑶族文化中蕴含大量的规范的瑶民生产生活方式、思维价值取向的朴实世界观、人生观、价值观，以及勤劳勇敢、与人为善、尊老爱幼、明礼诚信、天人合一等美好向上的传统道德资源和民风民俗，充分表达出瑶族自我与内心的和谐、自我与他人的和谐、人与社会的和谐、人与自然的和谐，以及族群与族群、地区与地区的"和谐大家庭"。

其次，要有美好的文化风貌。根据村寨瑶族文化主题的不同，村寨的文化风貌也具有不同的特点。结合平地瑶地域文化，井头湾村着力打造的仿古型旅游小村，从汉唐的潇贺古道到明清的建筑风貌，从山清水秀到耕读传家，形成具有明显地域特色的建筑风貌和民族风情。而桐冲口村结合过山瑶文化打造山水休闲度假小村，以瑶山风情、秀丽山水为特色，使小村打上典型的文化印记。

再次，要有完好的生活风貌。每一个村寨都是一群人活动的区域。瑶族民间的日常生产生活，承载着丰富的文化和历史符号，是过去岁月沉淀下来的历史财富，蓄积了不同历史时期的瑶族精神，保留了浓缩的瑶族特色，是瑶族历史文化的"活态传承"。通过在村寨恢复完好的瑶族生活场景，让人一进入到村寨，扑面而来的是浓厚的人间烟火味，感受到的是朴实的瑶族气质，触摸到的是瑶族生命的底色，领会到的是真实的瑶族文化吸引力。可以在村寨设计小型的瑶族历史文化博物馆，或瑶家生活场景展示馆，或瑶族农耕文化体验馆，或特色宗祠、特色族祠，或本地特色的庙寺等。着力解决垃圾乱堆乱放、污水横流、建房无序、空心屋等实际问题，以人居环境整治为重点，提出生活垃圾治理、卫生厕所建设、生活污水治理、村内道路建设和公共设施建设等方案，来促进村容村貌、寨容寨貌的提升和长效管控。

四、科学合理设计，业态要精致

业态关乎村寨的经济效益，经济效益关乎村寨运作的成功与否。每个村寨本身就是一个复杂的小商业综合体，都应具备最基础的接待服务和旅游休闲功能。在规划设计布局时，就要对一个村寨、一个乡镇的商业业态进行科学合理的设计安排。商业业态类型通常有餐饮、住宿、娱乐、文化休闲、纪念品和特产销售等。

业态是瑶族文化在村寨的重要展示和表现方式。不同地域和文化下的餐饮、住宿和特产都有不同的特色，业态设计要体现村寨独有的文化特色和内涵。业态设计必须结合村寨的功能定位、文化定位和市场定位来展开，科学分析确定餐饮、住宿、购物、休闲、体验等各种业态在村寨中占的比例。如位于岭西交通方便、场地范围广的大石桥乡井头湾村，可以定位为观光和文化休闲为核心功能的瑶寨，来相应地扩大游览、休闲、购物、纪念品、文化体验等业态所占的比例。如位于岭东瑶山深处湘江乡、水口镇及桐冲口、香草园等村寨，可以定位以接待功能为主的旅游休闲度假式村寨，根据游客接待量来加大测算餐饮、住宿等业态的配给量。同时，根据市场细分确定餐饮、住宿业态的内部配置，如住宿业态中的客栈、民宿、商务酒店、星级酒店、休闲度假酒店如何配置就需要通过对市场进行深入研究后来确定。只有具有村寨文化特色、符合功能定位、市场消费规律的业态设计，才能给村寨带来源源不断的人流、浓厚的商业氛围，注入蓬勃发展的活力。

下面，笔者以文化观光休闲型的井头湾村为例，来具体说明如何具备观光、休闲、住宿、购物、娱乐、生活六大功能的业态。

（一）观光功能是旅游文化村寨产品设计的基本依据

该村观光线路布局宜安排在沿村中小溪溯流而上，交通便利，位置明显，景观资源丰富，自然环境良好，文化遗存相对完好的区域。步行古朴的青石游道观光，适时有台阶拾级而上，小憩在位于高处的亭台楼阁，便于歇息时眺望远方山水田园，俯瞰全村建筑风貌，瑶山美景尽收眼底。这样利用村里和大自然的原有风貌，良好的生态环境，浓郁的瑶族风情，近乎原始的农业生产经营活动，满足人们返璞归真、回归自然的愿望。

(二) 满足休闲功能必须要有休闲产品

在村中设置打造瑶家美食一条巷，展示瑶族的特色休闲食品，如江华米粉肉、"十八酿"、瓜箪酒、腊肉、竹筒饭、油茶、腐乳、泡菜腌菜、粑粑、果子、原生态蜂蜜等等，宣传自然、生态、绿色、无污染理念。鼓励村里的瑶胞开辟果园、菜园、花园、茶园等，让游客休闲现场体验摘果、扒菜、赏花、采茶等农事活动。在固定区域提供运动健身、登山越野、修身养性的休闲场所及相关服务，来凸显乡间的宁静淡泊生活，如老宅下棋、河边垂钓、溪岸品茗等活动。或参与瑶族民间体育休闲活动，如打瑶族木棒球、踢毽子、打陀螺、打长鼓、抛绣包等，生动活泼，多姿多彩。

(三) 娱乐功能必须是核心设计

瑶族是善歌舞的民族。以长鼓舞为代表的瑶族舞蹈和以盘王大歌为代表的瑶歌，展现了瑶族歌舞绚丽多姿、丰富多彩的"乐神娱人"形式。在老宅子里面选一座房屋，按旧私塾、旧学堂的布局，设立"瑶学堂"，聘请村里德高望重的族长、族老兼职老师、师傅。让游客来这里学说梧州话方言和简单实用的日常用语，听讲瑶族口耳相传的口头文学，如瑶族源流的神话传说故事，瑶族特色的童话、寓言、谚语、歇后语，以及瑶家茶余饭后娱乐的各种笑话等。还可以学习瑶族文字，学写自己的名字及祝福语。开辟露天"瑶族风情舞台"或室内"瑶族歌舞剧场"。挖掘整理和再现梧州瑶地区"歌圩""坐歌堂""还盘王愿""度戒"等风俗、礼仪、节庆盛况，表现具有一定神秘色彩的图腾崇拜、祖先崇拜、自然崇拜。表演和展示梧州瑶特色的长鼓舞、梧州瑶歌、耍人龙等。让游客近距离观赏，适时亲身体验，积极参与互动。打造"瑶族工艺馆"。梧州瑶胞手工艺技能历史悠久。在服饰、生产生活用具，以及装饰用品方面，样式多样别致，图案花纹美观精致，造型艺术新颖大方。如瑶族的挑花、刺绣、织锦、印染等传统民间工艺，技术精湛，制作出腰带、绣花鞋、八宝被、头巾、便服、围裙、小孩帽子、挎包等瑶族特色服装服饰。在馆内现场可以再现织、染、晒、裁、缝、绣"一条龙""家织布"工艺流程，展示品种多样的各类成品，供游客观赏、购买。扶持"非遗传承坊"。瑶族列入国家级、省区级的非物质文化遗产名录的瑶绣、瑶服、瑶歌、瑶舞、奏铛、度戒等等，在"非遗传承坊"里，通过实物、图片、音视频及现场演示、展示和制作等手段和途径，让每一位来到村里的游客，变成一个临时非遗传承人，学习瑶族非遗的基本知识，了解瑶族非遗的历史源流，理解非遗传承人的艰辛历程，感受瑶族文化的博大精深。开设"瑶医体验所（室）"。瑶族世代居住在相对偏远的山区，在认识自然、适应自然、改造自然的过程中，利用瑶山土生土长、随手可得的植物、动物、矿物质等，创造了独特的瑶族医药，积累了丰富的防病治病实践经验和案例，形成了特色浓厚、独具一格的瑶族医学体系。在"瑶医体验所（室）"里，游客可以看到采用瑶山丰富的动植物资源制成的瑶药，可以内服、外敷、外擦、药浴、药挂、药佩、药熨、药灸、药垫等，还可以体验针灸、磁灸、骨灸、蛋灸、火灸、艾叶灸、打火罐、按摩、刮痧、挟捏痧、杉刺、阴阳火攻、熏洗、神火滚按、割治、针刺、陶针、植物刺等方法治疗疾病。瑶族传统医药的一大特色是瑶家的药浴。在让游客体验泡脚、泡澡解除旅途疲劳的同时，推销瑶族医药的特效良方。

（四）民宿和客栈是满足住宿功能的绝佳选择

尊重村里的瑶族文化传统，选取有特色的房屋按照"修旧如旧"和"景在屋中、屋在景中"的原则，因地制宜，顺势而为，自然而然进行住宿类型和住宿方式的设计。在原有房屋外观、结构、建筑、风貌等基础上进行修缮和改造，"原住民+艺术村"，保留原有建筑及院落围合的外观肌理和空间，将本土人文精神、自然景观、古朴建筑和现代生活相融合。

（五）满足商业功能要进行商业业态的总体设计

以整个村寨景观为脉络，遵循"以人为本"的原则，充分尊重当地瑶胞的生产生活方式以及游客的购物习惯，采用点、线、面成景的方式，参照不同位置、不同功能分割空间，营造一个舒适、令人愉悦的具有浓厚氛围的文化休闲、轻松购物娱乐的整体环境。关键是解决好商业的繁华气氛与古村宁静的文化气质相冲突问题、车行交通与步行交通空间的连接问题、商业的喧闹繁杂与单调枯燥问题、商业对瑶族历史人文记忆冲击问题，如何将商业不露痕迹、不矫揉造作地融合进古村的整个意境和氛围之中，寻找适宜的尺度。同时，要以景观意境为根本，通过空间变化重组，运用铺地、雕塑、喷泉、植物等元素，来解决商业的标识问题。

（六）满足生活功能是多方面

主题要义应该是"住瑶家屋、吃瑶家饭、干瑶家活、与瑶家乐、留瑶家情"，让人回归自然、身心放松、愉悦精神。环境是自然干净整洁的，瑶民是热情淳朴文明的，文化是浓郁特色休闲的，生活是方便舒适实惠的。

五、良性协调互动，产业要精华

"产业振兴是乡村振兴的重中之重，要坚持精准发力，立足特色资源，关注市场需求，发展优势产业，促进一二三产业融合发展，更多更好惠及农村农民。"（《习近平在河北承德考察时的讲话》2021 年 8 月 24 日）村寨的旅游开发，实际上就是以旅游和文化产业为主导产业的村寨建设。因此，在村寨旅游规划设计和建设中，既要尊重旅游规律，也要遵循城镇规划规范，还要注重瑶族文化展示和体现，以村寨的旅游发展来引导城镇化进程，弘扬瑶族文化，实现产业发展与村寨建设、与文化旅游的系统整合。村寨既是文化旅游区，又是瑶民居住生活区，瑶族文化与特色旅游互补发展，形成文化旅游休闲与生产生活双重互利共生的"文、景、村寨合一"系统。

产业是村寨发展最有力的支撑。村寨建设是一个以文化产业和旅游产业为主导的集休闲农业、娱乐、商业，甚至房地产等多个产业于一体的复合型闭合系统。在瑶族地区村寨的建设中，需要以瑶族文化旅游为主导进行泛旅游产业的整合，形成瑶族文化风情旅游主导下的瑶寨休闲农业、本地特色农产品加工销售产业、特色瑶族创意商品、特色瑶族商业等精华、"拳头"产业的协调发展，以多产业、多层次、多维度的全域良性互动来推动村寨旅游的可持续发展。

厚重的文化是乡村振兴的灵魂，缺少历史文化积淀的乡村振兴是难以可持续发展的。江华是瑶族文化保护、传承和弘扬的标杆，在乡村振兴战略中要充分发挥瑶族文化特色，增强文化自信，发挥瑶族文化的导向功能，推进瑶族文化建设与政治建设、经济建设、社会建设、生态文明建设协调发展，建设一个瑶族特色鲜明、文化系统完整、文化标志绚丽、旅游产业成熟、生态环境优美、乡村发展繁荣、民族团结和睦的现代化文化产业基地、文化旅游示范区。在乡村振兴建设中最大限度地融入瑶族文化元素，让一村一寨、一街一巷、一户一宅、一砖一瓦、一草一木都散发出浓郁的瑶族文化气息，让凝固的历史"活化"、无声的文化"说话"，打造出一批集休闲观光、娱乐体验、饮食、购物消费等功能于一体、各具特色、有机串联的瑶族风情村寨带，向生态宜居、休闲养生、文化绚丽的国际旅游目的地而努力奋斗。

关于贵州省榕江县过山瑶"塔石羊瘪"文化研究

◎ 盘祖湘

自 20 世纪 90 年代以来，以榕江县"塔石香羊"为原料制作的民族特色菜"塔石羊瘪"，以其独特的制作工艺和味道受到广大游客的青睐，近年来，"塔石羊瘪"已经走出山外，香飘千里。因此。在推进榕江过山瑶乡村振兴的过程中，一定要发展好"塔石香羊"产业，传承好"塔石羊瘪"文化。

一、"塔石香羊""塔石羊瘪"的来历

（一）"塔石香羊"

1. 根据榕江县塔石瑶族水族乡过山瑶的老人们传说，过山瑶刚进入榕江县塔石瑶族水族乡时就开始饲养山羊。榕江县塔石瑶族水族乡过山瑶所饲养的山羊，由于长期野外牧羊，封闭饲养，高度近交，加上自然和人工选择而形成具有特色和适应当地自然环境的地方羊种。1988 年，经贵州省农业厅组织专家对"塔石香羊"品种进行考察，榕江县塔石瑶族水族乡被誉为"香羊之乡"。2016 年 12 月 28 日，国家质检总局发出《关于对涉县柴胡等 70 个产品实施国家地理标志产品保护的公告》（2016 年第 128 号），正式批准榕江县"塔石香羊"为国家地理标志保护产品。

2. 榕江县塔石瑶族水族乡特殊的地理环境，是"塔石香羊"保种繁殖、发展商品羊的理想基地。榕江县塔石瑶族水族乡，地处贵州省雷公山山脉的延伸地带，海拔在 1100—1630 米。年平均气温 15°C—18°C，年积温 5 500°C—6 700°C，无霜期 270—310 天，年降雨量 1211 毫米。土壤大多为涓云母板岩风化层积土

壤，酸碱适度。全乡地形切割强烈，山高谷深，起伏较大，气候温和，雨量充沛，山清水秀，饲草资源十分丰富，房前屋后、田边地角均可放牧或系牧，是香羊保种繁殖、发展商品羊的理想基地。由于长期野外牧羊，封闭饲养，高度近交，加上自然和人工选择而形成具有特色和适应当地自然环境的地方羊种。

3. 榕江县"塔石香羊"品种优良。"塔石香羊"个体小，体型紧凑，结构匀称。头上宽下窄，略长，大小适中。公羊额较宽平，颈肩结合良好，眼大有神。角多呈倒八字形，长短适中而粗壮，少数有螺形卷。母羊头清秀，角呈倒八字形、较长而细。胸部宽深，肋开张，腹大，背平直，肌肉丰满，四肢短而坚实，乳房发育良好。毛色以白色为主，其次为麻色、黑色和褐色。根据专家研究，塔石山羊羊羔平均出生重 1.56 千克；周岁公羊体重 15.69 千克，母羊 16.48 千克；成年公羊体重 28.45 千克，母羊 26.6 千克。产肉性能好，肉质细嫩，膻味轻。成年公羊屠宰率 48%，母羊 46%；公羊净肉率 39%，母羊 38%。小香羊性成熟早，公羊 2 月龄即有爬跨行为，3 月龄达到性成熟，4—5 月龄开始配种，怀孕期 145—150 天，发情周期 16—18 天，发情持续期 2—3 天。初次发情体重 7 千克左右，年产两胎，初产羊多为单羔，经产双羔率 70%以上。公羊利用年限 4—5 年，母羊 5—6 年。

(二) "塔石羊瘪"

榕江县过山瑶同胞从何时开始吃羊瘪，由于年代久远和无文字记载，已经不可考证。在南宋末年，有个叫作朱辅的人，写有一本书，书名叫《溪蛮丛笑》。在《溪蛮丛笑》"不乃羹条"中有这样的文字记载："牛羊肠脏，略摆洗，羹以飨客，臭不可近，食之，既则大喜。"根据湖南吉首大学符太浩教授的研究，这里所说的是苗瑶族系以动物内脏为上等食品的一种饮食习俗。这一饮食习俗，与西南苗瑶族系的生产生活方式有关。至今，在榕江县过山瑶中还将牛羊胃中未经消化的草料制作成牛羊瘪，视为美味，用以招待客人。

1. 羊瘪，是地方发音，原意是"百草汤"。在传统中医里的"百草汤"概念，可不是"很多种草"或"很多种治病草药"，而是治病的验方制作的汤剂，"百草汤"的用意，就是可以治疗百病（多种病症）的天然方剂汤药。羊瘪不是羊屎。其实，"屎"的概念，不是俗话说的"下了喉咙一泡屎"，没有那么粗糙。食物吃到肚里，先要经过胃的消化，再通过小肠对营养的吸收，然后，由大肠吸收了水分，排出体外的才是屎。生理学解释，被吸收了营养、进入了大肠的食物残渣，才是屎。屎是食物残渣的俗称，学名"粪便"。

2. 羊瘪的生理学解释。羊吃进去的食物，已被胃液分解出营养成分，还没有被吸收，这个部分食物才是羊瘪。羊的食物是鲜草，在大山里自然放养，羊吃的草里就有很多的草药。羊对草料有自然选择，不会吃进有毒、对身体有害的草药。羊胃就相当于一个药罐子，通过胃部的消化工作，把大自然赋予人们健康治病的草药，熬到人体正好能吸收的程度。

3. 吃羊瘪，是贵州省榕江县过山瑶同胞生存的大智慧。榕江过山瑶同胞聚集的榕江县塔石瑶族水族乡，自古以来都是缺医少药，交通不便，信息不灵的深山区、石山区，瘴气横厉，疾病多。榕江县过山瑶族同胞认定羊瘪可以防病治病。其实，羊吃的都是无毒无害、滋补养生的草药。这是羊的天性，人是做不到的。在缺医少药的年代，生了病，怎么办？没有办法，只有向羊求教，用肚子里还没有消化的草药当作治病的草药，成了贵州省榕江县过山瑶同胞吃羊瘪的起源。

二、发展"塔石香羊"产业，传承"塔石羊瘪"文化

（一）发展"塔石香羊"产业

"塔石香羊"虽然已经成为当地群众增收致富的一大产业，但是，在发展"塔石香羊"过程中仍然遇到不少的问题和困难，比如生态环境遭到不同程度破坏、缺乏滚动资金和尚未形成规模化养殖等问题，为此，建议：

1. 以产业发展规划为引领，把"塔石香羊"培育成为当地乡村振兴的支柱产业。规划是产业发展的龙头，结合塔石瑶族水族乡的地理条件和自然资源优势，抓好产业发展规划尤为重要。建议塔石瑶族水族乡要紧紧围绕榕江县人民政府编制《塔石山羊产业发展规划（2016—2020）》的相关内容，结合塔石瑶族水族乡实际，对全乡山羊产业的发展条件、发展优势、发展环境进行深入研究。按照"改善品质、增强效益、示范带动、集约发展"的思路，立足于明晰方向、确定思路的要求，充分体现山区特色、民族习惯和优势资源，把《塔石山羊产业发展规划（2016—2020）》，合理规划"塔石香羊"产业空间布局到具有优势条件的各村去，着力构建"塔石香羊"产业与其他种植、养殖产业各具特色、优势互补、分工合作的产业发展新格局。

2. 积极探索"强弱融合、抱团发展"的"塔石香羊"养殖新模式。近年来，塔石瑶族水族乡通过采取招商引资的方式，成立了贵州塔石瑶山香羊发展有限责任公司，公司旗下有2个养羊专业合作社。公司采取"公司+合作社+贫困户"的

模式，在该乡的塔石、怎贝、党调、党细和宰勇5个行政村进行试点。目前，贫困户入股分红35户，为每户注入扶贫资金2万元。同时，乡人民政府与公司签订了合同，公司再与贫困户签订保底分红协议，每年以保底分红的方式分给贫困户入股资金6.5%的利润，注入资金不予分配，保值留在公司作生产流动资金。公司积极吸收周边农户加入合作社，与农户签订借羊合同，合作社负责技术指导服务，所产羔羊出栏公司定价22元/斤活羊回收，收入归养殖户所有。该公司的运作模式，既解决了贫困户与市场之间的主体不平衡，产品销售不畅等困扰农户发展的问题，又为加快该乡扶贫脱贫步伐，促进贫困户脱贫增收，找到了一条能稳定脱贫的发展道路，初步探索出了融合地方特色产业发展抱团脱贫的新路子。

3. 强化政策扶持、基地带动和完善服务三项工作。政策扶持。塔石瑶族水族乡党委、乡政府要把"塔石香羊"养殖产业列入发展畜牧业的重要议事日程，给予必要的政策扶持和资金投入，尤其是要落实好"塔石香羊"养殖产业的专项发展基金，用于良种繁育补贴及市场风险的调节，对引进优良种羊和出栏羊肉达到一定规模的养殖户给予重点扶持和奖励。依托扶贫项目、合作股份、创业贷款和产业扶持等项目资金，对养殖大户进行扶持，以奖代补，鼓励养羊大户以合作社和家庭农场的形式壮大自身实力，增强市场竞争力，把更多的资金投入到圈舍等基础设施建设和扩大生产规模上来。基地带动。通过基地化建设，建好种羊场，引领并带动周边养殖大户和养殖农户增强品质意识，自觉加大畜种改良力度。适度引进外地优质种公羊，逐步改良"塔石香羊"的品质，增强肉用性能、缩短饲养周期、增加饲料报酬、提高经济价值。同时，开展"塔石香羊"品种选优选育工作，杜绝近亲繁殖和过早配种，有效提升本地山羊品种适应性强、个体大、生长快、产肉多、肉质好的特点，抓强本地畜种建设。此外，还要改进饲养的方法，采取半放牧半圈养的饲养方式，可以利用撂荒山地、低产山地和农田种植高产牧草，以解决圈养山羊的部分青粗饲料问题。还要改良圈舍，必须配有漏粪高床，不断改善香羊饲养的环境。完善服务。塔石瑶族水族乡畜牧兽医站要经常组织技术人员主动进村入户，举办"塔石香羊"饲养管理技术、疫病防治、品种改良和牧草种植等技术的培训，充分利用广播宣传、会议讲解和座谈交流等形式广泛宣传科学养羊技术。要组织技术人员深入到农户家中传授经验，对山区群众养羊实行"三推"（推广适度规模经营，大力发展专业户；推广山羊短期育肥，提高个体产肉量和肉品质；推广适时出栏，优化羊群结构，减轻冬春饲草压力）、"四配套"（山羊生产和育种繁殖体系配套；山羊生产和饲草饲料配套；商品生产和羔羊培育配套；山羊饲养与疫病防治配套等），使养殖农户真正掌握科学养羊技术，增强商品意识和市场观念。

4. 严格规范饲养、屠宰环节的操作，在不断创新中推广"塔石香羊"这个品牌。要切实按照国家质监总局《关于对涉县柴胡等70个产品实施国家地理标志产品保护的公告》中"塔石香羊质量技术要求"，严格进行饲养管理、屠宰加工及贮运。在饲养管理方面，实行放牧与舍饲相结合，以天然草地牧草、灌木为主，归牧后适当补充本地产的玉米、红薯、豆类籽实、花生饼粕、麸皮和农作物秸秆等，每天放牧的时间不得少于6个小时。不断改进饲养方式，要求羊舍必须配有漏粪高床，饲养的环境、疫情疫病的防治与控制，必须执行国家相关规定，不得污染环境。在屠宰加工及贮运方面，屠宰的山羊，必须是健康羊只。屠宰前，必须进行检疫，严格按照屠宰加工流程，要求屠宰出来的肉色鲜红，有光泽，脂肪白色至淡黄色，肉细而紧密，有弹性，肉质鲜嫩，膻味轻，产品安全及其他质量技术要求必须符合国家相关规定。在制作工艺方面，在传统的干煲、汤煲的基础上，还可以适当进行创新，增加一些吃法和别样的风味。

5. 要协调好产业发展与生态环境保护二者之间的关系。生态环境保护，一直是一个永恒的话题，从古至今我国都有人提出。从孟子的要"保持人与自然的和谐发展"，到党的十八大以来，强调要大力推进生态文明建设，并将"绿色发展"作为五大发展理念之一。在生态环境遭到严重破坏的今天，我们更要吸取历史的教训，发展产业的同时，不能忽视生态环境的保护。"塔石香羊"走产业化发展之路没有错，但必须做长远打算，保证食物的供给不以牺牲环境为代价。因此，可以采取放养与圈养相结合的方式，提前规划好放养区域，在规划区内交替放养，并在放养后采取相应措施帮助植物快速恢复。也可以选择成活率较高、生长速度快的植物，采取人工种植的方式为羊提供更多的食物，保证食物需求。或是将撂荒耕地、田土进行流转，人工种植黑麦草、苜蓿草供羊食用，既充分利用闲置土地，又有利于山地植物的恢复。

6. 充分调动当地群众参与"塔石香羊"养殖、加工和经营的积极性。实施乡村振兴，首先是产业的振兴。"塔石香羊"应该作为一个产业加以发展。除了国家在政策、项目、资金和技术等方面的扶持外，作为当地政府，还要加大当地群众内生动力培育力度，切实巩固扩大脱贫攻坚成果与乡村振兴的有效结合，注重激发当地群众发展"塔石香羊"的积极性，注重提高当地群众的自我发展能力，教育和引导当地群众，通过自己的辛勤劳动、产业带动，走上小康致富。作为当地群众也要在思想上克服"等、靠、要"的思想，坚决克服小富即安，不富也安的思想，通过自己的辛勤劳动，包括参与"塔石香羊"养殖，实现脱贫致富奔小康。同时，鼓励有技术、有资金和有能力的群众，参与"塔石香羊"的加工、经营活动，发家致富。

（二）传承"塔石羊瘪"文化

1. 塔石永艳酒楼最早将"塔石羊瘪"带入榕江县城酒店、饭馆。羊瘪，原来只是榕江县的瑶族村寨，在逢年过节、办红白喜事才有的一道菜，后来，外来客人吃上后，没有不称赞的。由此，一些人看到了商机，于是，在20世纪90年代，才把"塔石羊瘪"带入榕江县城镇酒店、饭馆，列入酒店、饭馆菜谱，甚至有的开起了羊瘪专卖店。在厦（福建厦门）蓉（四川成都）高速公路没有开通之前，从榕江、黎平、从江3个县至凯里（黔东南苗族侗族自治州府所在地）、贵阳（贵州省会城市），都要经过塔石新厂。20世纪80年代初期，宰勇公社由宰勇搬迁至塔石新厂，90年代初期，在塔石新厂建立塔石瑶族水族乡。个别人看到了商机，便在此开办小酒店。其中，塔石永艳酒楼依托当地山羊资源，主要经营羊瘪。当时，酒店较普通，规模也小，只能接纳10桌客人就餐。由于塔石地处交通要道，酒楼办起来后，一炮走红，客源不断，一天可销售3至4只羊近200斤羊肉。于是，塔石整条街上经营羊瘪的酒店应运而生，一时间，一条小小的塔石街道，有大小酒楼、酒店近10家。在厦蓉高速公路和贵（贵州贵阳）广（广东广州）高铁即将通车时，永艳酒楼把握商机，于2011年4月27日，将塔石永艳酒楼迁到榕江县城厦蓉高速公路进出口的辣子寨，租了个简易的房子经营。当时，酒楼有8个包房，只可摆14桌，每天客人达300多人。一时客人来多，现有的房间容纳不下，应客人的要求，增加桌子，摆到露天院坝来吃。2014年11月，永艳酒楼搬迁到古州城北新区榕江老大桥旁边，老板对酒楼进行了豪华装修，酒楼有包房11间，可同时容纳14桌客人就餐。酒楼位于环境幽雅、风光秀丽的都柳江畔，因此，做客永艳酒楼，一边品尝美食，一边观赏都柳江边景物，别有一番情趣，生意较为红火。

2. "塔石羊瘪"的营养价值和药用价值。"塔石香羊"是在洁净的自然生态环境下放养，只在野外自由采食各种牧草和植物叶子。放到山上，爱爬上陡峭险峻的山石间，专选新鲜嫩绿的藤子、树上叶子和青草吃。不吃干枯的叶片和草，人脚踏踩过的，或是人割来的枝叶和草，也不吃。因此，其肉质蛋白质含量高，脂肪少，胆固醇低，营养丰富，并具有鲜嫩多汁、味道鲜美、容易消化的特点。"塔石羊瘪"，是上苍赐予榕江县过山瑶的一种美食，传承多年的一道传统菜，在榕江县过山瑶有"杀羊先分瘪，无瘪味全无"的习俗。榕江县过山瑶一直这样说:"羊吃百草,百草可入药。"根据考证,"塔石羊瘪",营养丰富、味美香浓、清凉可口、微苦回甜、增进食欲,具有治腹泻、肚痛,以及补肾、健胃、益肠和清火之功效。

  3."塔石羊瘪"的制作。"塔石羊瘪"的制作,工艺十分考究。主要分为宰羊去膻、瘪水提取、羊瘪亨制等工序。

  杀羊去膻。有的人说,羊肉好吃膻难闻,因此,闻而生畏。可是,塔石的羊肉就是偏偏例外,不仅肉质细嫩、无膻味,而且清香爽口。因为塔石人在屠宰的过程中进行去膻处理,他们将羊杀死后在羊角跟上和脚趾叉上用刀剖开放出羊体内的膻味,这就是塔石人所说的"放羊膻"。

  瘪水的提取。宰杀羊前,把羊放牧山间、地头吃饱大量的各种新鲜小草、树叶等,待百草被羊反复咀嚼半小时后宰杀,这样提取的瘪水才新鲜。剖开羊肚,将羊吃进到肠胃里尚未成为粪便的百草精华取出,用纱布裹好,用45度的高度苞谷酒浸泡过滤挤出绿茵茵的汁,这便是"瘪水"。将"瘪水"放入高温锅煮开,同时,用丝瓜络反复过滤去尽草渣,30分钟后,用纱布过滤去渣干净后存放在一边备用。羊吃百草,食性杂,从青草到树叶,从田间地角到悬崖峭壁,可以说羊肉的营养价值远高于牛肉,当地民间有句俗话:"鸡吃百虫药在脑,羊吃百草药在囊。"那截小肠尾端的囊包就是活羊觅吃百草后的精华。长期食用羊瘪可谓吃百草药,祛除百病,能够强身健体。目前,"塔石羊瘪"主要有干瘪、汤瘪两种制作方法。

  炒瘪制作。将新鲜的羊肉和羊杂放在砧板上切成丝,在一般情况下,羊杂比羊肉多一些,把少量菜油放入高温锅,等油冒烟,将切好的羊肉和羊杂放入高温锅焙干舀出。把锅洗好,放入适量的菜油逐渐升温到油冒烟后,加入适量的干辣椒、生姜丝、大蒜片和山奈丝炒呈金黄色,然后把焙干的羊肉放入高温锅爆炒2分钟半熟,加入适量的高度苞谷酒作为料酒进行拌炒2分钟,然后放入佐料:棰油籽、花椒、橘皮、盐、味精和酱油等进行拌炒入味,再加入适量的羊瘪水拌炒入味,出锅舀出。在制好的羊瘪上撒上香芹、大蒜和香草等香料,用电磁炉煨火锅食用,味道苦凉回甜,在食用过程中如果不够苦味,可加入制好的瘪水调味。

  汤瘪制作。首先,要制好火锅汤,主要是在制好的瘪水里加入,烧好磨碎的辣椒面、大蒜片、生姜片、橘皮、盐和味精等,把瘪汤在锅煮开舀出,然后,把切成丝的羊肉羊杂放入大钵中拌棰油籽、花椒、香芹、大蒜和盐西等香料,用电磁炉火锅食用。羊瘪散发出的特殊香味,真令人食欲大开、馋涎欲滴。羊瘪不仅清凉爽口,还能治腹泻、肚痛、祛热和助消化等功效。无论是制作炒瘪还是汤瘪，必不可少的作料是"棰油籽"，"棰油籽"是一种中草药，药名"吴茱萸"，气味芳香浓郁，味辛辣而苦，具有散寒止痛、降逆止呕、助阳止泻、抗消化系统溃疡等作用，加入羊瘪烹制饮食，是一种美食药疗。

4. 不断丰富"塔石羊瘪"文化的内涵。"塔石羊瘪"是从 20 世纪 90 年代开始进入榕江县城镇酒店、饭馆的。如今，不仅在榕江县城，包括黔东南苗族侗族自治州其他的县城，也都开办有打着"塔石羊瘪"的酒店、饭馆。此外，有的人甚至进行包装，通过快递邮寄到省外，"塔石羊瘪"已经走出山外，香飘千里。今后，建议城镇酒店、饭馆在制作"塔石羊瘪"时，要选用产于榕江县塔石瑶族水族乡本土的"塔石香羊"。同时，要严格按照"宰羊去臊、瘪水提取、羊瘪亨制"等工序，这样，制作出来的才是真正的"塔石羊瘪"。与此同时，作为经营"塔石羊瘪"生意的城镇酒店、饭馆，除了要向客人宣传"塔石羊瘪"的营养价值和药用价值外，还要向客人介绍"塔石香羊"的来历，尤其是传承"塔石羊瘪"浓郁的民族文化，不断丰富"塔石羊瘪"的文化内涵。

瑶族地区旅游商品开发现状及对策建议
——以江华瑶族自治县为例

◎ 罗会义

在旅游业蓬勃发展的今天,旅游商品作为旅游产业的重要组成部分,有着举足轻重的作用,同时也是旅游收入的重要来源。如何将江华县精湛的民间工艺、独特的土特产品等丰富的旅游商品资源转化为旅游商品经济,促进少数民族地区经济发展,成了越来越多的江华人关注的问题,下面就江华县旅游商品开发提出一些看法和见解。

一、江华旅游商品开发现状

旅游商品又称旅游购物品,是旅客在旅游过程中购买具有一定审美价值、使用价值、体现旅游地风俗文化特色和富有纪念性的实物商品。它主要包括:旅游纪念品、旅游工艺品、文物古玩及其仿制品、土特产品、旅游日用品。吃、住、行、游、购、娱是旅游业的六大元素,旅游商品属于六大元素中购的方面,其发展意义在于:增加旅游总收入,扩大劳动就业,带动相关工业生产的发展,传播地区特色的文化,提高旅游地的知名度,进一步增强旅游地的吸引力。因此,深入分析少数民族地区旅游商品开发现状,因地制宜地建立旅游商品的创新开发模式,对民族地区旅游业发展具有重要的现实意义。

(一)江华旅游商品资源情况

江华县总人口 54 万人,其中瑶族人口 37.5 万,占总人口的 69.36%;森林覆盖率达 78.78%,林区达到 85% 以上,活立木蓄积量 1964.47 万立方米,是国家南方林业重点县之一、湖南省林业十强县、湖南省茶叶生产优势区域县、湖南省"三品一标"(无公害农产品、绿色食品、有机农产品和农产品地理标志)工作先进县。江华县是一个神奇、古朴而又秀丽的少数民族县,民族文化历史悠久、源远流长,在漫长的民族迁徙过程中,形成了浓郁悠久的历史文化。同时,在生产生活过程中,创造了许多独特的民族民间工艺。瑶族是一个没有文字的民族,民族历史、民风民俗、民族习惯等都是通过口述代代相传,并通过民间工艺在实物上展现出来,每一个符号、每一个图案、每一个形状,都可能是一段民族的历史,都可能具有反映某一阶段民族战争、民族信仰、民族生产生活环境等的文化象征和意义。

江华发展旅游商品资源丰富。目前地理标志产品2个,即"瑶山雪梨"和"江华苦茶"。"江华苦茶"入围中国品牌价值评价榜,品牌价值达1.86亿元,荣获2018中澳茶博会金奖。2018年11月3日,在湖南省品牌农产品推介会上,江华瑞鑫源茶叶公司与澳大利亚KEKECIAL公司签约1000万美元,标志着江华苦茶"瑶都红"系列产品走向世界。

县内有五彩缤纷的服饰,精美的民族工艺,独特的土特产品。江华瑶族服饰类有头饰、首饰、脚饰,衣服有青色、蓝色、月白色。布为家织布,染以蓝靛而成;有民族服装、演出服装、工作服装、礼仪服装。手工艺类有竹木工艺、竹藤编织、根雕、石雕、银饰(头饰、手镯、项圈、铃铛)、瑶族织锦装饰件(八宝被、船头鞋、织带、方巾、围裙、围兜、鞋垫、绣花鞋、编织袋、公文包、背包、手包、手机包)、瑶族长鼓制作以及房屋建筑工艺等;土特产品类有珍珠椒、瑶乡八珍、腐乳、七彩椒、河鱼酱、香姜、麦酱、香辣酱、甜酸蒜头等,以及江华毛尖、江华苦茶、云雾白茶、将军龙井、瑶乡红茶等十余种红绿茶产品。

(二)旅游商品开发的现状

随着江华火车站、涔天河水库扩建工程、道贺高速公路开通以及香草源、井头湾、宝镜、水口水街等国家3A级景区的建成,江华县迎来旅游业发展的黄金时期,旅游产业结构调整和增长方式转变取得新的突破,旅游初具产业形态和产业规模,成为该县经济发展中最具活力的一个新兴产业。

2019年接待游客663.23万人次,实现旅游收入63亿元。其中"十一"黄金周,江华旅游出现井喷现象,各景区景点和部分特色村寨如水口特色小镇及水街、涔天河旅游度假区、桐冲口千年瑶寨、香草源、秦岩、宝镜、瑶族文化园、涔天河湿地公园、豸山寺、豸山公园等,游客数量为历年来最高值。

2020年虽受疫情影响,但全县仍接待国内外游客651.18万人次,旅游总收入达58.52亿元。

近年来,虽然游客量、旅游收入稳步增长,但是全县"游、购、娱、吃、住、行"的全方位旅游发展模式尚未形成,满足不了旅客多元化消费需求。旅游综合效益低,特别是"购物"这一块,不到旅游总收入的0.1%,远远低于国家平均水平,成为该县旅游业发展的"短板"。目前,该县在旅游商品开发仅为粗加工,生产瑶山腊肉、香肠、腐乳、七彩椒、河鱼酱、腊八豆、子姜、茶叶、民族服饰、瑶族织锦等产品,旅游商品资源有待进一步研发、生产,使资源优势转化为经济优势,促进少数民族地区经济发展。

据调查了解,该县现有瑶族服饰制作厂4家,瑶族织锦厂1家,瑶族长鼓制作厂1家。此类生产厂家规模都非常小,均为家庭作坊式生产管理,成品单价高。瑶族服饰的全年销售总额不足300万。2015年适逢我县60周年大庆,县内各机关部门均要求配制瑶服,才使得销售额有所突破。瑶族长鼓全年销售仅1000余个,销售额约15万元。金银首饰加工店3家,都是个体户,家族经营方式。特色食品加工企业2家,如大地食品有限责任公司,年销售总额在230万元左右,但利润仅10多万元,而瑶山腊肉的销售额占了全部销售额的50%以上,且集中在春节前后销售;其次,七彩椒的销售额占30%左右,其他20%来源于珍珠椒、河鱼酱、山野菜等。王氏食品有限责任公司,其主要产品有王老三茶油腐乳、腊八豆等多个品种,年销售额2000万元左右,利润120万元,其中瑶家腐乳销售额占总销售额的70%左右。茶叶公司一家:九龙井茶叶有限公司。其主要产品有江华毛尖江华苦茶、云雾白茶、将军龙井、瑶乡红茶等十余种红绿茶产品。年销售总额240万元左右,利润80余万元。

二、江华旅游商品开发存在的问题

(一)旅游商品缺乏地方特色,雷同现象严重

江华县可供开发的旅游商品资源非常丰富,但市场上销售的旅游商品结构单一,缺乏创新和特色,且在知名度、市场竞争上没有突出的优势,诸如银饰、织锦、瑶香猪、腊肉、香肠、茶油、河鱼酱、山野菜、瑶山香梨、茶叶、瑶药包等在江永、道县、蓝山等以及贺州、富川等周边地区都有生产。旅游商品只有反映当地的旅游资源的特色,蕴含地方文化,才能激起旅游者强烈的购买欲望。当然旅游商品缺乏地方特色不只是江华存在的问题,在全国都具有一定的普遍性。

(二)自主研发设计包装旅游商品能力弱,缺乏自己的品牌

江华有瑶锦、刺绣、根雕、石雕、竹木工艺等丰富的旅游商品资源,但由于自主研发产品的能力欠缺,没有较好地研发出瑶锦、刺绣、根雕、石雕、竹木工艺品等文化价值高,地域特色浓的精品商品系列。开发重点不突出,自主研发产品少,品牌形象模糊,在现有的旅游商品中,没有一样在全国叫得响的品牌。

(三)旅游商品制作工艺粗糙、加工简单、包装不精

多数一般价位的旅游商品虽然质量优良,但由于缺乏深度开发,产品加工工艺简单、设计没有新意、文化品位不高、包装不够精美,馈赠性、收藏性和实用性不强。如瑶族长鼓,没有生产出可携带的小而精的产品,如钥匙扣型纪念小长鼓等。制作的品类也非常有限,均为普通舞蹈用长鼓,礼品长鼓尚欠缺。瑶山腊肉、香肠、腊野味、腊板鸭、腊乳狗等食品包装简单、粗陋且质监缺位、品种单一,大部分游客不敢购买或者谨慎购买。

(四)传统旅游工艺品人才缺失

很多带有浓郁地方特色的工艺品是纯手工制作的,对从业人员的技术技能和艺术素养要求都很高。目前,由于该县没有形成旅游商品市场体系,手工艺人往往花费大量时间和精力打造一件独具匠心的手工艺品,却找不到彰显价值的推广展示平台。从业人员收入偏低,不少年轻人不愿意从事传统手工艺行业,如从事银饰加工、瑶族织锦、根雕等的传统手工艺人存在明显老化的趋势,很多宝贵的工艺有失传的危险。

(五)县旅游商品市场环境基础差,旅游商品生产企业"少""弱""小"

县城无集中的旅游商品销售场所,购物地点的不规范,不利于商家经营和旅客购买,商品市场氛围弱。目前我县涉及旅游商品开发的企业仅几家,公司经营规模小,大多为家庭作坊式的手工操作,管理人员缺乏,市场竞争弱。

(六)旅游商品景点融合不够

旅游商品与景区结合度不够,旅游商品尤其是本土旅游商品没有进入景区并成为一个展示景点。由于没有专门的旅游商品陈列、展示、销售、体验专柜,既不能作为一个景点延长旅游时限,也不能帮助旅客完成有效购买。例如被湖南卫视炒得火热的瑶浴用品更是空白,多数游客欲购买,却出现了寻找不到该产品的尴尬局面。

(七)旅游商品开发建设重视不够

一是政策扶持不够。政府没有针对性地出台旅游商品开发优惠政策。二是资金支持不够。旅游商品资源普查、研发、生产、设计等政府性前期旅游发展资金基本上没有投入。三是工作力度不够。从旅游"游、购、娱"等要素来看,抓旅游景区、星级饭店、旅游交通设施等方面的工作力度较大,工作成效较明显,而旅游商品建设和发展上没有被摆到重要议事日程上。政府在实施旅游景区的规划和建设中,没有把旅游商品开发与旅游业发展实现同步有机结合,没有开发旅游商品的相关协调性组织和机构,相关职能部门各自为政,彼此之间缺乏衔接,缺乏沟通交流,缺乏整体联动推进的意识,旅游商品成为旅游产业的短腿。

(八)对旅游商品的宣传力度不够,旅游商品知名度不高

近年来,江华通过多种形式加大了对旅游景区的宣传力度,但对旅游商品的宣传不足,旅游商品展销、旅游商品会展等活动都没有开展,旅游商品知名度不高。

三、推进江华旅游商品开发的对策与建议

(一)以资源为基础,突出地方特色

一种资源从某种意义上讲,可以成为一个地区的象征,充分利用当地资源,不仅经济实惠,更为重要的是具有浓郁的地方特色。特色是旅游商品的灵魂,是激发游客购买旅游商品的诱因,越是具有浓郁地方特色的旅游商品,就越会受到旅游者的青睐。因此,江华旅游商品开发决不能拾人牙慧,要立足本地资源,研发、设计、加工有浓郁地方特色,富有独特文化内涵的旅游商品。

(二)深入研发设计,创建知名品牌

优质的品牌是旅游商品的立世之本,是产业高速发展之基,是体现商品价值的精髓,是展示江华旅游形象的最佳载体。要加强旅游商品研发、设计、生产及销售方面的交流合作,通过与省内外企业以及大专院校合作,聘请专家、设计师和引进人才等方式,加大对江华旅游商品的研发、设计、包装。组织专业设计人员深入到各相关行业和全县重点景区,瑶族村寨挖掘资源,收集资料,拍摄图片,精心设计,包装一大批具有江华文化内涵独具聚合特色的旅游商品,创建知名品牌,提升旅游商品的核心竞争力。

(三)以市场为导向,推进旅游商品开发

针对社会各个阶层、不同消费习惯、不同消费能力的消费者,注重旅游商品多元化和系列化,并结合旅游商品工艺性、纪念性、便捷性、实用性等特点,以市场为导向,研发、设计出适销对路的旅游商品。诸如针对瑶族织锦等,研发不同层次的系列产品,即文化研究、收藏、展览等高端系列,纪念、赠送等中端系列产品,衣物、包等商务类系列产品等等。

(四)加大民族文化保护与传承工作力度,全力实施人才培训工程

加大对民族民间工艺的保护与传承力度,建设重点民族旅游村寨文化传承与工艺品展销中心,成立金饰银饰、瑶族织锦、长鼓等民间工艺传承协会,组织、协调、服务、监管本地区传统工艺产品的研发、加工、销售等工作,起到农民与旅游商品开发企业之间桥梁纽带作用。建立民间艺人档案,将其纳入特殊人才库。加大对非物质文化遗产的保护,鼓励非物质文化遗产更多进入旅游商品生产,尊重和支持民间艺人参与和从事旅游商品开发,提高群众保护和传承传统工艺技艺的意识,增强广大群众对保护和传承民族工艺的责任感、使命感和民族荣誉感;加大对民族民间工艺培训力度,支持和鼓励民间艺人带徒授艺,通过一定的资金扶持,参与乡土文化教育,全力实施民族文化进校园工程。江华县职业中专要设立旅游商品设计、研发专业,把旅游商品研发和人才培养纳入职业教育,为旅游商品发展提供科研和人才支撑。鼓励、引导和支持公司、手工作坊等培训传统工艺技艺、旅游商品生产技艺等,使越来越多的人掌握传统工艺技艺,并成为发家致富的有效手段。

(五)加大旅游商品扶持力度,创建良好的发展环境

江华县委、县政府对江华县从事旅游商品开发的企业应制定较为具体的奖励和优惠政策,鼓励和引导更多社会资金从事旅游商品开发,重点扶持1—2家市场前景好、拥有自主知识产权的旅游商品开发企业,将之做大做强。着力创建良好的发展环境,推进旅游商品进饭店、进机关,把设置一定规模的旅游商品专柜和销售区作为旅游定点接待单位、星级宾馆饭店的评定条件。旅游定点接待单位、星级宾馆饭店要有旅游商品销售专柜和销售区。在全县旅游商品中挑选一些具有浓郁地方特征、体现江华特色、有较高文化艺术品位的旅游商品,统一监制包装后,推荐作为本地对外友好交往、公务商务活动的赠送礼品,建设旅游商品的专卖市场,设立旅游商品展销馆,构建以"展带销"的发展模式,规划建设旅游商品购物一条街,从而创建良好旅游发展环境,促进旅游企业发展壮大,改变江华旅游商品开发企业"少""弱""小"的局面。

(六)设立旅游商品开发专项基金

按照有偿投入、贴息贷款、以奖代投、滚动发展的原则,用于旅游商品的研发、设计、生产和奖励对江华旅游商品有重大贡献的设计、研发、生产、销售的公司和销售人员,重点扶持市场潜力好的骨干企业,形成拳头商品,打响江华旅游商品品牌。

(七)建立旅游商品信息平台,加强旅游购物宣传,让产品走出去

建立江华旅游商品信息宣传体系,通过报纸、旅游地图、电视广告、电商平台、旅游商品专业网站、旅游书籍,利用各种节会和经贸文化活动等多种信息载体,或与周边地区联合举办旅游商品博览会,加强旅游购物的宣传与推介。发展一批具有地方特色的旅游购物连锁网点,购物网点应具有本地区或本旅游区特色的旅游商品,种类应力求丰富多样。通过精选不同系列的特色旅游商品,以特许连锁方式经营,发展建设一批特色鲜明、形象突出的旅游购物连锁商店网点,由点及面,扩大江华旅游商品的市场覆盖率,推动旅游购物发展。

乡村振兴背景下提升江华中国爱情小镇文旅品质的思考

◎ 陈菊香

一、江华中国爱情小镇概况

"中国爱情小镇·江华瑶都水街"是结合湖南省江华瑶族自治县涔天河水库扩建工程和水口移民旅游小镇工程的区域发展大背景，以瑶族特有文化和江华秀美山水为特色，以"中国爱情小镇"作为旅游品牌，以爱情、浪漫、邂逅为主题，打造的一个瑶族风情浓郁、爱情文化新颖、建筑古朴韵味、旅游体验丰富的绝美水岸度假小镇。瑶都水街全长约3公里，占地约165亩，分为南北两区，贯穿整个水口新镇。2019年9月16日，瑶都水街试运营以来，吸引周边地区众多游客前来打卡，成为享誉湘南的旅游网红地。目前属于国家3A级旅游风景区。[①]

二、为何要提升江华中国爱情小镇文旅品质

(一) 已具备提升的基础并有一定的影响力

目前，江华中国爱情小镇已成功打造一系列瑶族风情景观——愿望塔、娘娘庙、瑶家大观园、瑶家十二坊等；打造一系列爱情主题景观——三生桥、桃花岛、36鸳鸯池、爱情博物馆、"相遇—相知—相恋—厮守"四城楼等；一系列青年浪漫主题旅游商业街——风情客栈、文艺小店、情调小馆、酒吧街、美食街

---
① 永州市人民政府.永州新闻网.2019-12-06.

以及江华首家度假酒店等。

2020年10月1日,江华中国爱情小镇3A级景区迎来了近8000名游客,共度浪漫中秋。铜梳广场前红歌主题大合唱、拜月赏月仪式、三生桥畔浪漫邂逅大会、拥吻桥旁瑶员外招婿大会、许愿塔下夜色喷泉水上舞蹈、大水车前月下桃花扇空中舞、爱情小镇星空影院、提灯游夜色、赏月饮佳酿……还有各式各样的缤纷瑶族歌舞演绎,引爆了"十一"旅游黄金周期间中国爱情小镇"井喷式"旅游热潮。①

(二) 能够满足现代人的精神和情感需求

当代社会,职场竞争乃至"内卷"的激烈,让人们的生活节奏加快,容易身心疲惫。人们在追求物质富裕的同时,也在不断追求精神愉悦与悠闲娱乐方式。很多人对诗和远方充满期待,都想外出旅游放飞自我,让自己的身心得到放松。江华中国爱情小镇是一个放松身心的极好去处,那里有岁月静好,也有雪月风花;有文艺青年驻足的客栈,也有激情青年躁动的酒吧,不论是年轻的,还是曾经年轻的人们,都能在小镇找到久违的悸动。

(三) 开拓乡村振兴新局面

乡村振兴是我国脱贫攻坚之后又一项伟大工程,其深度、广度与难度都不亚于脱贫攻坚战。水口镇位于江华瑶族自治县中部位置,全镇总面积326平方公里,总人口近3万人,也是湖南省最大的移民安置新集镇,其中部分移民安置工作在全省乃至全国都是首创。水口镇通过保护和传承瑶族文化,突出旅游扶贫成效,创建"湖湘风情文化旅游小镇",集镇统建2000余栋统一外观的瑶族风情小楼,拥有按4A级标准打造的、集瑶族风情和爱情浪漫文化于一身、以"中国爱情小镇"为旅游品牌的休闲度假的旅游综合体"瑶都水街"、古瑶都部落(花海)、仙姑潭索道(玻璃栈道)。生态资源丰富,有里六源云海、蜜蜂吊生态风景区、"水上桂林"等景点。世界上最大的铜梳落户水口,总长11.5米,总高6.5米,重量达4吨,已经成功申报世界纪录。②从以上列举的项目,看得出当地各级领导非常重视打造"中国爱情小镇"品牌。笔者认为,在乡村振兴和全域旅游背景下,中国爱情小镇在新起点上要因地制宜,继续奋斗,不断提升文旅品质,

---

① 张华兵.朱晓燕.江华爱情小镇:为文创产业注入新动能.永州日报,2020-10-05.
② 唐建国.叶升毫.世界最大铜梳雕塑亮相瑶都江华传承瑶族文化.永州新闻网,2018-05-02.

为乡村振兴注入新动力,向国家 5A 级景区冲刺。

三、提升江华中国爱情小镇的新举措

(一) 进一步凝心聚力达成共识,树立全县一盘棋的思想

要以党的二十大精神和习近平新时代中国特色社会主义思想为指导,把全县各族干部群众的思想统一到创建世界知名旅游品牌重大决策上来,坚持"统筹协调、融合发展,因地制宜、绿色发展,改革创新、示范引导"的原则,加快旅游供给侧结构性改革,着力推动文化旅游业从门票经济向产业经济转变,从粗放低效方式向精细高效方式转变,从封闭旅游向开放"旅游+"转变,从企业单打独享向社会共建共享转变,从景区内部管理向全面依法治理转变,从部门行为向党政统筹推进转变,从单一景点建设向综合目的地服务转变。全县上下凝聚共识,引导全民参与共建,形成良好的全域旅游创建氛围。

(二) 重视创意策划

重视创意和策划,有利于提升江华中国爱情小镇文旅品质新举措的"落地、生根、发芽"。江华中国爱情小镇的文旅创意重点应该以打好"瑶族文化""浪漫爱情文化"和"生态水文化"三张牌为基础,以打造"湘南度假天堂,稀缺旅游典范"为愿景和使命,并致力于成为江华首个国家 5A 级旅游区。

(三) 邀请中国有影响力的夫妇到江华中国爱情小镇举办仪式

纵观历史,很多有名的景点是名人到那里游览,并留下名句而名扬天下的。比如李白到过江西的庐山,并写下《望庐山瀑布》这首诗而使庐山闻名天下;范仲淹到湖南岳阳楼并写下《岳阳楼记》,让岳阳楼名声大振;江西三大名楼之一的滕王阁,因王勃的《滕王阁序》为后人熟知。湖南江华中国爱情小镇可参考"名人效应"的模式,邀请有足够影响力的人到中国爱情小镇举办民族特色婚礼,邀请德高望重的金婚夫妇到中国爱情小镇举行隆重的民族特色庆祝活动。或者在中国爱情小镇举办"中国最美金婚夫妇"评选活动,从结婚年限、为祖国做贡献的大小、健康情况等方面进行评选。以上活动通过网络、电视等媒体广泛宣传,使之家喻户晓。

(四)创编美轮美奂的婚恋表演真人秀

建议将全国各地瑶区独特的婚恋习俗植入江华中国爱情小镇。如贵州荔波瑶族姑娘在卧室凿一个"恋爱洞",与来到"恋爱洞"的心上人情意绵绵地谈个没完;广西金秀大瑶山有"爬楼"的恋爱方式,新颖独特;广西巴马的瑶族青年男女谈情说爱的主要媒介和信物是赠送烟叶;"拿篮子"是湖南丘陵地区瑶族青年选择对象的一种别开生面的方式;广西、广东、湖南、贵州、云南等地区瑶族有"抬郎上门"的习俗……这些新颖别致的婚恋习俗神秘而充满浪漫气息,表演性较强,搬上江华中国爱情小镇的舞台,定能赢得广大游客的喜爱。

(五)精心打造爱情信物买卖一条街

在广西靖西市旧州古镇有一条街,名叫绣球街。绣球以前是壮族青年男女的定情物,每逢三月三等壮族传统节日,壮族青年男女相互对歌、表达爱意,女方若有意则将绣球抛向意中人,以此订下终身。电影《刘三姐》里就有刘三姐在大榕树下把绣球抛给阿牛哥的片段。现如今,在当地政府的扶持下,绣球已成为靖西的产业新秀。目前,旧州街从事绣球生产1000多人,年生产绣球约23万个,年产值约280万元人民币,成为旧州农民增收的主要产业。旧州老街的青石板路,古朴典雅,五彩缤纷的绣球使街道成了"浪漫街"。

据了解,各地瑶族也有爱情信物,江华中国爱情小镇可以借鉴广西靖西的经验,开拓创新,充分挖掘、制作出瑶族独特又令人喜欢的爱情信物,让人们走在古朴典雅的街道里,欣赏街道两旁的爱情信物,就像被爱情信物包围其中,甜蜜、温馨又浪漫。[①]

(六)精心制作十八酿爱情食谱

江华有最具特色的"瑶家十八酿"美食。十八酿已经走进江华寻常百姓家,不论是生活条件相对好的县城,还是边远乡村,到处盛行酿菜,你若来到江华,热情好客的瑶家人一定会做上几个酿菜来待客。十八酿中最具浪漫色彩的是水豆腐酿。当地人介绍,小伙子到未婚妻家提亲,要经受未婚妻家长的考验:夹水豆腐酿要一次成功夹起,不能断开、不得掉下。如果断开或掉到桌上,就说明没有姻缘,婚事就此罢了。这样的民俗风情故事对游客极有吸引力。可以参考天津狗不理包子的做法,做大做强水豆腐酿。如充分挖掘水豆腐酿的爱情动人故事,着

---

① 蒋雪林.壮族绣球:爱情信物渐成产业新秀.借互联网闯东盟.中国新闻网,2016-10-11.

力打造水豆腐酿文化。以绘画等形式张贴在中国爱情小镇水豆腐酿门店里，让读者了解其中的爱情主题。中国爱情小镇店家的水豆腐酿要精工细作，既要饱满，又要防止破损，吸引游客不远千里来品尝水豆腐酿等瑶家特色酿菜。既要"一花耀眼"，也要"百花齐放"。在做好爱情水豆腐酿的同时，还可隆重推出瑶家腊肉酿、瑶家野蕨酿、瑶家炕肉酿、瑶家猪红酿、瑶家竹筒酿等，都与爱情主题"沾亲带故"。

（七）打造令人惊艳的标志建筑物

2021年上海花博会精心设计的那只巨型彩蝶，造型美观，色彩鲜艳，呈现出"蝶恋花"的美景。从高空俯瞰，五彩斑斓的"大蝴蝶"在花博会北园周边苍翠的树木映衬下，格外亮眼，很多游客都是冲着那只"大蝴蝶"而去的。由此可以启发我们打造江华中国爱情小镇的思路。目前，江华中国爱情小镇还没有切合主题、寓意深刻、令人惊艳的标志性建筑物。建议组织瑶学专家、美术家、建筑大师等各行业专家讨论研究，深入思考，提出意见和建议，最后经过千锤百炼打造出造型独特、色彩绚丽、高雅大方、吸人眼球并与爱情主题有关的标志性建筑，让江华中国爱情小镇成为永久网红打卡地。

（八）进一步改善旅游设施与旅游服务

积极贯彻实施乡村振兴战略，加快构建畅通便捷的交通网络，改造升级县城通往中国爱情小镇旅游景区的道路，如有可能修建飞机场，方便客纷至沓来。在某路段铺设"红地毯"，一路撒满"鲜花"，让爱的路上充满温馨与浪漫。完善旅游咨询服务体系，充分发挥江华游客服务中心的调控总功能，景区需按照规范要求设立游客咨询服务站点。按照高标准、高起点、创新强的要求，参考借鉴贵州省打造荔波县瑶族拉片村的模式，在景区建设高品质的民宿，让游客去了不想走，走了还想去，改变目前住宿短板。规范完善引导标识系统，合理配套建设旅游停车场，推动旅游服务区向交通、安全、生态旅游等复合型服务区转型升级。全力推动"厕所革命"，厕所向"艺术化"发展，在景区建设的厕所要做到数量充足、干净卫生、管理有效，切实解决旱厕、孤厕及其污物处理、厕所信息服务等难题，提升游客满意指数。

四、结语

　　江华瑶族自治县是湖南省永州市下辖县，位于湘、粤、桂三省结合部，位置得天独厚。江华是永州市唯一的少数民族自治县，是湖南省唯一的瑶族自治县，是全国13个瑶族自治县中瑶族人口最多的县，被誉为"神州瑶都"。在各级领导的高度重视下，现在的中国爱情小镇，已成功打造出一系列瑶族风情景观，打造出一系列爱情主题景观，打造出一系列青年浪漫主题旅游商业。相信在乡村振兴和全域旅游背景下，江华中国爱情小镇在新起点上因地制宜，进一步凝心聚力达成共识，树立全县一盘棋的思想；重视创意策划；邀请中国有影响力的夫妇到"中国爱情小镇"举办仪式；创编美轮美奂的婚恋表演真人秀；精心打造爱情信物买卖一条街；精心制作爱情概念食谱；进一步改善旅游设施与旅游服务等。通过以上举措，相信会不断提升江华中国爱情小镇的文旅品质，让它名扬四海，让世界游客纷至沓来。

乡村振兴视域下江华瑶文化的传承与发展探析

◎ 杨红艳

针对我国社会主义现代化进程中出现的各种新问题、新情况，习近平总书记在党的十九大报告中提出了实施乡村振兴这一伟大战略，还指出实施乡村振兴战略，不仅要塑形，还需要走文化兴盛之路。乡村振兴是关乎国计民生的大事，而文化则是乡村振兴不可或缺的力量，尤其是在少数民族地区，对文化资源的开发利用具有不可估量的价值。江华瑶族自治县是全国重点扶贫县之一，域内瑶族人口占五分之三以上。近年来该县积极响应国家号召实施乡村振兴战略，大力传承发展瑶文化并取得了一定成效，但在实现乡村全面振兴过程中，对于瑶文化的挖掘以及科学合理传承方面依然存在许多问题。当下，积极贯彻落实习近平总书记所强调的文化建设精神，充分挖掘江华瑶族文化资源优势，摸清其发展存在的困境，积极探索科学合理的传承发展对策，对推进瑶文化的传承与发展，全面推进该县全面振兴具有重要的意义。

一、江华瑶文化概述

江华地处湖南、广东、广西三省的接合部，域内有多个少数民族聚居，其中瑶族人口占该县总人数的一半以上，有"神州瑶都"之称。作为一个历史悠久的民族县，其文化底蕴颇为丰富。据相关数据显示，该县在2017年拥有17家乡镇文化站，300多家农家书屋，并拥有国家级、省级、市级、县级文物保护单位，省级非物质文化遗产6项，市级非物质文化遗产10余项，瑶文化资源十分丰富。瑶族长鼓舞是其特色舞蹈，动作形式多样，既有模仿动物的：金鸡跳杠、山羊反臂、画眉跳笼等；也有模仿植物的：扫地梅花、大莲花、古树盘根等；其形式根据地理位置或其他因素影响主要有：盘古长鼓舞、芦笙长鼓舞、锣笙长鼓舞。瑶族长鼓舞早在宋朝沈辽《踏盘曲》中就曾记载："湘水东西踏盘去，青烟云雾将军树；社中饮酒不要钱，乐神打起长鼓舞。"如今每逢春节、丰收、祭旁王等节日，当地人都会表演长鼓舞庆祝。此外，该县的瑶家坐歌堂也是不可缺少的文化娱乐，当地瑶语管其叫"扛者"。瑶族坐歌堂主要是为了表达出瑶族这一少数民族所经历的艰苦磨难、被追赶与迁徙，居住于大瑶山的民族，也被称为瑶族中的过山瑶。如今瑶族坐歌谣已经是瑶族民众处于文化自觉而举行的欢聚喜庆活动。为了纪念祖先盘王，在每年的农历七月或是十月，瑶族民众还会举办"盘王节""还盘王愿"，唱《盘王大歌》。在内容上，《盘王大歌》包含了神话、生活生产、传说故事、宗教等内容，且主要都是来自瑶族民众日常生活，民族特点突出，被称为"瑶族的百科全书"。在表现手法上，采用夸张、巧妙、比兴的形式，运用约定俗成的民族语言，叙述世间万物的发展历史，讴歌古代英雄人物与劳动人民，抨击剥削人民的奸诈之徒，揭示瑶族人民的生活本质与内心情感。此外，瑶族还具有多种传统手工艺和其他传统节日：手工扎龙灯、瑶山老手艺、赶鸟节、踏瑶等都是瑶文化不可或缺的一部分。作为瑶族历史文化的载体，在乡村振兴背景下，加强对瑶文化的保护、传承与发展探究，对增强瑶族人民的文化认同、振奋民族精神、促进社会和谐具有重要作用。

二、乡村振兴与瑶文化发展的双向互动机制

（一）乡村振兴战略带动瑶文化的产业化发展

乡村振兴离不开文化振兴，更离不开文化产业的发展。在新时代，人民日益增长的美好生活需要和不平衡不充分的发展之间的矛盾是社会的主要矛盾。随着生活水平的不断提高，人们对美好生活的向往不单单停留在物质层面，更多的是精神文化层面的追求。在广大农村地区，实施乡村振兴战略，是解决这一矛盾的必然要求。在2001年、2010年，江华都被确定为国家级扶贫开发重点县，贫困村一百多个。为了完成脱贫攻坚任务，实现脱贫摘帽，该县先后确立了"生态立县、民营活县、开放兴县、产业强县"等各种发展战略，全力打造瑶族生态旅游胜地，文明幸福之乡。此外，还积极开展文化旅游项目，发展文化产业。举办赶鸟节暨春季乡村旅游节、荷花美食节，全力打造江华民俗文化

旅游品牌；开展瑶族工艺品钩织培训，不断提高本土文化工艺品制作开发水平，转移剩余劳动力，促进当地人民就业，开辟增收致富新途径。习近平总书记在考察湖南时就指出要高度重视文化产业的发展。为了给文化产业注入新动能，该县创新求变，极力打造打"湖南省特色文旅小镇"瑶都水街爱情小镇。据统计，去年国庆节假日期间，爱情小镇迎来了近八千名游客，让更多的人了解到了瑶文化，推动瑶文化的创造性发展，开拓了新的文化消费市场。乡村振兴战略的提出是传承与发展民族文化的重要规划，民族地区文化的繁荣、文明进步则是实施乡村振兴战略的重要保障，两者相互促进。我们可以看到，在江华瑶族自治县脱贫摘帽的过程中，不断采用文旅融合模式，发展瑶文化，开展非物质文化遗产继承人的相关培训，提高乡风文明，不断丰富活跃瑶文化，为瑶文化产业发展注入新动力，提供更加广阔的市场空间。[1]

（二）瑶文化的传承与发展助力乡村振兴战略的实施

作为乡村振兴的魂，文化振兴能够为乡村振兴提供精神支撑，激发乡村振兴的内生动力。首先，瑶文化不管是在形式上还是内容上都颇为丰富，是多元统一体，作为独特的精神文化，对乡村振兴战略具有重要推动作用。瑶文化是中华文化的重要组成部分，其繁荣兴盛不仅对该地区发展具有促进作用，同时对实现中华民族伟大复兴具有重要作用。瑶文化是江华瑶族自治县的精神文化财富和社会文明标识。瑶族长鼓舞、盘王节、盘王大歌、扎龙灯、赶鸟节等，充分挖掘这些优秀传统文化的资源优势，能使瑶族人民认识到本民族文化的独特魅力，增强他们传承与发扬瑶文化的使命感与责任心，进而促进江华瑶族自治县的乡村文化振兴，为全面实现江华乡村振兴奠定强大的精神基础。其次，传承与发展瑶文化有利于推动江华瑶族自治县乡村人才振兴，为全面实现乡村振兴提供智力支持。江华县一些学校通过将非遗文化纳入拓展性课程、体育活动、研学活动等。打造特色校园文化，例如江华县大圩镇开展的非遗文化进校园的活动，充分发挥了瑶族长鼓舞作为文化资源的优势，结合实际，积极组织师生学习长鼓舞；营造浓厚的瑶族文化氛围，培养师生的民族荣誉感，为建设瑶文化传承体系打好基础，促进瑶族长鼓舞的有效传承与保护。

---

[1] 陈丽芳,董蕾.乡村振兴背景下少数民族地区文化产业高质量发展的路径[J].云南民族大学学报（哲学社会科学版），2021，38（04）：46-52.

三、乡村振兴背景下江华瑶文化传承与发展的新语境

城镇化、市场化的发展冲击着瑶文化的生存环境。随着城镇化、市场化进程加快,人们的社会生活结构、方式不断调整,逐步向现代化转型,同时,广大农村地区的人口、资源等不断由农村向城市聚集,使得少数民族地区文化发展失去原有的物质基础、生存空间,进而改变了少数民族地区的原有的文化生态结构,对传承与发展少数民族文化的文化生境产生了深刻的影响。江华瑶族自治县也同样如此,现代化浪潮的冲击使得瑶族人民的思想观念发生了极大的改变,不再拘泥于传统生产、生活方式,在城镇化进程中,各个乡镇地区的劳动力流向城市、土地成为城镇扩建用地,使得人们传统的农耕生产生活模式逐步转变为商品流通经济或者流动的打工模式,加速了各个乡镇的现代化发展,丧失了传承瑶文化的物质基础,对其原有的生存空间、发展与传承状态都产生了复杂而深刻的影响。[①]

多元力量介入下使得江华瑶文化失去独特的地域特性。近年来,乡村旅游的发展,对乡村文化提出了新的要求,为了更好地适应并服务于社会发展的需求,文化更新转型日益加快。各种外来文化的冲击使得江华瑶文化在一定程度上出现同质化现象。新兴热门旅游镇新水口镇就过于追求网红打卡效应,各种瑶文化表演不再依赖孕育与生产它的瑶族人民,同时这些文化活动不再是瑶族人民日常生活的娱乐,而是为迎合市场及游客需要的商业化演出。各类景点售卖的手工艺品也都大同小异,使得瑶文化失去原有的独特韵味,难以表现其鲜明的地域特征。

总之,乡村振兴战略背景下现代化进程的快速发展,一方面为瑶文化传承与发展提供了一定的机会,另一方面也使得瑶文化传承与发展的生存空间发生改变。现代化观念的影响,使瑶族人民在一定程度上对本民族文化认同度不断降低,严重制约了瑶文化的传承与发展。因此必须审视瑶文化传承与发展所面临的新情况、新问题,进而找到合理的对策。

---

① 范建华,秦会朵.关于乡村振兴的若干思考 [J].思想战线,2019.4 (45):86-96.

四、乡村振兴视域下进一步传承与发展瑶文化的对策

2018年中央一号文件《关于实施乡村振兴战略的意见》中，指出"再次强调要'传承发展提升农村优秀传统文化'立足乡村文明，吸取城市文明及外来文化优秀成果，在保护传承的基础上，创造性转化、创新性发展，不断赋予时代内涵、丰富表现形式。"[1]在乡村振兴的过程中，瑶文化的传承与发展也面临许多新问题，因此必须结合实际情况灵活处理。

首先，加强政府的主导作用。作为国家政权机构中的行政机关，无论是在乡村振兴还是瑶文化的传承与发展过程中，政府始终发挥着主导性作用。制度上要有充分保障，及时出台有利于保护与发展瑶文化的相关政策，加强对瑶文化传承与发展的立法工作。经济上要有相应的扶持，加大对瑶文化保护的经费投入，并将其落到实处。当然，光靠政府投入是远远不够的，还应当加强经费筹集，鼓励社会上其他单位的参与。对于一些瑶文化的非遗传承人，政府及相应部门应出台一定的扶持政策并开展技能培训，对他们传承瑶文化进行鼓励与支持，建立传承人保障制度。

其次，加强宣传工作。江华瑶族自治县作为一个老少边穷地区，近年来，尽管通过文化旅游等有了一定知名度，但是瑶文化在宣传方面还必须加强。结合各个乡镇的民情、实际问题与民众觉悟程度，通过实践提高宣传工作，充分利用互联网技术，各种短视频平台、微博、微信公众号大力推广江华瑶文化，并使其普遍化、规范化，让网络成为宣传瑶文化的重要载体。招募江华瑶文化的代言人，拍摄更加迎合大众欣赏的宣传片；在盘王节、赶鸟节等节日的基础上，开展瑶文化周、瑶文化月、瑶文化年等活动，展示瑶文化的魅力，唤起江华瑶族人民的文化自信，让人们从内心认可并挖掘瑶文化。建立具有特色的江华瑶文化展览馆，分乡镇模块进行展示。

再者，挖掘与整理瑶文化资源，实现瑶文化保护与利用的协调发展。对于一些年代久远不可移动的文物、历史建筑等，在不破坏原有风貌的基础上进行及时抢救与修护。把传统文化的传承与发展作为乡村振兴的根，处理好各个乡镇文化保护与新农村建设的关系。在保持瑶文化特色的基础上，又要注重融入现代元素，实现瑶文化创造性转换与创新性发展。例如，对于瑶族的传统工艺，

---

[1] 鞠熙.传统文化与乡村振兴[J].社会治理，2019（04）：81-86.

根据市场需求为导向，赋予新的历史内涵和表现形式，实现传统与现代的有效衔接。长期以来，瑶族人民都处于贫困偏远地区，文化发展落后，相当一部分人缺乏现代思维与观念，因此必须加强他们的现代技能培训以及瑶文化的传承与发展意识，提高这些瑶族艺人参与市场、利用市场的能力，让他们在实现自身价值的过程中，不断提升瑶文化的艺术魅力与价值内涵，实现瑶文化保护与利用的协调发展，在一定程度上促进江华瑶族自治县全面实现乡村振兴。

乡村振兴背景下，传承与发展瑶文化，一方面需要瑶族人民坚定文化自信、文化自觉，这是传承与发展瑶文化的内生动力；另一方面需要政府制定一定的保障机制，为瑶文化传承人给予一定经济补助，鼓励年轻人投入到瑶文化的保护与传承工作中来，自觉担任传承与发展民族文化的重任。此外还必须以铸牢中华民族共同体意识为主线，在融入现代元素的基础上，推动瑶文化的创造性转换与创新性发展。

乡村振兴背景下大化瑶族自治县发展路径的探讨

◎ 罗承革　罗康艳

所谓乡村振兴，就是通过乡村发展，带动乡村人民走向脱贫致富的道路。乡村振兴不是乡村某一领域的振兴，而是总体振兴。它既包括乡村经济，也包括乡村文化建设等等，覆盖了乡村振兴建设的20字方针政策，即"产业兴旺、生态宜居、乡风文明、生活富裕、治理有效"。习近平总书记提出的乡村振兴建设总纲领，是对未来乡村建设的一个长期发展的总体要求。如何将乡村振兴发展战略的政策落到实处？这就要求我们在统筹乡村振兴的基础上，对乡村做到具体问题具体分析，尤其是从当下我国乡村各种发展极不均衡的状况来看，要确保乡村振兴行之有效地推行，就要对乡村发展过程中突出的问题制定具体解决方案，把乡村振兴建设落到实处。

一、乡村振兴要重点突出

(一) 推动产业振兴

乡村产业振兴，是目前我国乡村振兴建设的核心问题，也是我国经济发展的核心问题。现阶段农村发展落后、资源分布不均和乡村农民收入过低等问题的出现，衍生了许多农民迫于无奈选择了北、上、广等经济繁荣的城市谋生、求发展的新问题，导致乡村只留下一些空巢老人和留守儿童。党中央实行乡村振兴建设二十字方针，明确了乡村产业振兴的重大举措，从根源上解决了农村农民的社会问题，也是我国可持续发展战略计划的重要任务。大化瑶族自治县在乡村振兴发展阶段坚持因地制宜，实行一村一策的发展理念，发展乡村特色产业。例如，大化县利用北景镇依托库区水资源丰富的区位优势,在北景镇依托库区发展黑龙江乌苏里拟鲿鱼,进一步优化当地的渔业结构。2020年,北景镇共销售水产品6760吨,水产收入创历史新高,进入了"全国农业产业强镇"建设名单。在大化镇城内村丹丈屯建设"七百弄鸡"示范基地,在大化镇流水村头水屯建设湖羊扶贫产业核心示范区等。该县根据当地的实际,大胆创新,采取"联建联养"的一系列举措,突破当地山多地少的天然瓶颈,带动人民群众脱贫致富,走上产业振兴的发展道路。

(二)优化宜居环境

实现乡村"生态宜居"环境,是我国提倡生态建设的重点,也是每个人对生态环境宜居建设的根本要求,只有改善环境,才能提高人民的生活质量,人民的健康才能得到根本的保障。乡村本来就拥有得天独厚的地理环境,我们在实行乡村建设过程中,要时刻推行习近平总书记生态发展理念,建立健全人与自然和平相处的基本原则。大化瑶族自治县在建设乡村振兴过程中,一直秉承节约资源和保护环境的生态发展方向,在乡村振兴建设中,提前统筹规划,将乡村振兴建设列入具体规划之中去,在稳步推进示范村建设过程中,深入乡村开展调研夯实美丽乡村建设。

首先,大化县在推进清洁乡村活动中,积极引导当地居民卫生自治,着力于营造健康向上的人文环境和可持续发展的生态环境。政府出资修建垃圾处理场,实现垃圾分类存放,在各村和各屯路口人流相对密集的地方放置垃圾桶,减少乡村村民随地乱丢垃圾的行为。

其次,对于村屯地头水柜水面上的漂浮物进行定时处理,保证乡村群众的饮用水安全。同时,大化县还实行县领导片区清洁负责制,对乡村环境治理严格把控。同时形成"党员干部带头,村民群众参与"的工作合力,对卫生不达标的城乡进行地毯式清理工作和问责。

再次,对于乡村"三清三拆"工作,党支部书记履行第一负责人责任制,围绕乡村规划目标要求,充分发挥村"两委"的作用,切实推进美丽乡村建设,有效地提升乡容乡貌。

最后,乡村振兴立足于未来农村人口城镇化的趋势,对乡村建设实行统筹规划和科学布局。以城市发展为中心,城市基础和公共服务向乡村延伸为乡村提供补给,加快乡村生态建设环境综合治理力度,从根源上彻底拔掉乡村污染的顽疾。

(三) 促进乡村文明建设

文化是一个民族的重要根基,乡村振兴建设离不开当地的文化传承和文化素养,文化振兴是实现乡村振兴的内部发展需求。立足于乡村文化建设是发展乡村振兴建设的长久之计,这要求我们必须着力于乡村文化所蕴含的厚重感、温度感和乡愁感。唤醒乡村群众的文化自觉性,这样乡村振兴建设才能最大限度地发挥广泛而深刻的作用。所以说,乡村全面振兴要遵循乡村群众的民族文化,加强乡风文明建设,传承和发扬当地的传统文化,建立健全农村公共文化服务体系,把现代文明建设与乡村文化建设有机统一起来。大化瑶族自治县着力于推动人文建设在各个乡镇推进乡村风貌改造,对大化镇坡鸾村、山脚村、大调村、大悟村等各乡村民房进行立面改造。在民房的外墙和道路两边打造地域特色文化元素。在改造中着重保留乡村文化特色,以绿化、文化、美化的发展理念规划乡村发展蓝图,激发了村民主人翁意识和创造灵感,积极投身于乡村振兴建设之中来,从而实现了民族文化激发了乡村建设的发展理念,使本县的乡村建设常态化、规范化和特色化。同时也摒弃了乡村群众多年以来的不良习气,使人民群众在发展乡村振兴建设过程中获得了真正的幸福感和归属感。

(四) 强化乡村治理

国家实行乡村振兴建设,强调了乡村治理的基础要求是实现公共利益最大化、维护乡村振兴和谐稳定。在国家治理体系和治理能力建设进程中,对乡村规划、生态建设、公共服务等资源合理配置的发展蓝图,这是对促进乡村经济、改善乡村环境、提高广大人民群众的物质生活和精神文明生活的具体保障。对乡村原有的布局乱、环境卫生差、公共服务跟不上的乡村风貌进行一次重大洗牌。大化瑶族自治县对于乡村治理遵循以下原则:

第一,在乡村治理的大环境下,大化县始终秉承以人为本的原则。对乡村振兴的具体方案、问题和建议设置服务窗口,搭建政府与群众信息桥梁和服务平台,让群众能提出自己的建议和意见。同时,政府牵头,群众参与建言献策,展现了在乡村治理过程中,大化县对群众主人公地位的充分肯定,也充分展现出政府在乡村振兴建设中的透明性。群众通过平台对乡村振兴建设行使参与权和监督权,激发乡村群众的积极性,对治理乡村建设起到推动作用。

第二,城乡一体化进程,大化县一直秉承"工促农、以城带乡、以乡带村"的长效机制。统筹乡村建设发展理念,政府增加对乡村基础设施建设和公共服务的财政支持，把城市和乡村建设有效地结合起来，坚持乡村振兴过程中一个乡村都不能少。

第三，人才的输入。乡村发展好不好，很大程度上取决于领导干部的先锋带头作用，所以村干部的工作决策是乡村治理的关键所在，优秀的人才是打赢乡村振兴建设攻坚战的重要保证。大化县在脱贫攻坚结束后，为助兴乡村建设，保证脱贫攻坚成果，今年又新选派二百八十多名驻村第一书记、工作队和队长，为大化县乡村振兴凝聚力量和提供保障。

（五）改善乡村人民生活

乡村振兴建设的最主要目的是改善农民生活，实现最终富裕。党的十九届五中全会提出，新发展时期，围绕提升人民生活质量，改善人民生活水平，这是现阶段中国乡村振兴的发展趋势。近年来，我国人民生活水平不断提高，经济发展又上一个新的台阶，现代化建设强国又迈进了一大步。大化瑶族自治县人民政府在改善农民生活质量方面做了如下努力。

第一，农产品销售方面。大化县根据当地的实际情况，各帮扶单位和广大干部职工为解决农产品销售问题，通过政府引导社会参与消费帮扶活动，助推乡村农产品消费与乡村振兴政策紧密结合。为乡村群众拓展销售渠道，增加乡村人民的收入，鼓励企业、爱心团体、职工等积极参与消费帮扶工作。对于采购乡村农产品，大化县还通过一些重大节日，策划相关活动，推动参与对特色乡村农产品的精准消费，支持当地各大超市、购物中心、农贸市场等相关场所开设特色产品专区，为城乡居民日常生活提供便利。

第二，打造特色产品。大化县因地制宜，坚持发展"中、长、短"的特色产品，大力发展"七百弄鸡"、食用菌、淡水鱼和核桃等种类的产业。把"七百弄鸡"打造成具有当地地理性标志和生态标志的特色农产品，这一系列的特色农产业发展促进了乡村人民群众的收入，改善了人民的生活。

第三，旅游业的发展。大化县利用当地的区位优势，以创建广西特色旅游为目标，大力发展旅游业。重点开发大化镇上游至贡川一带的红水河百里画廊、七百弄国家地质公园、北景库区等，以游泳消费促进经济发展。

第四，打造"美食之乡"。大化县还着力餐饮服务业的发展方向，打造出特色的"美食之乡"，以当地的食材（黑豆、高山白玉薯、红水河鱼、火麻等特色农产品）为主打菜品，推进餐饮行业蓬勃发展。

二、乡村振兴急需解决的五大难题及对策

(一) 乡村发展优先解决"三农"问题

乡村振兴的提出，突出显示了"农业、农村、农民"在乡村振兴发展过程中的主体地位。国家坚决把解决好"三农"问题放在首要位置，以"强农、惠农、富农"方针扎实于现代化新农村建设之中去，是对我国现阶段乡村振兴建设的整体把控。农业、农村的发展为党和国家事业奠定了基础。农村全面发展，人民生活水平显著提高，为脱贫攻坚战略取得决定性的胜利作了铺垫。乡村振兴中农村生态文明的建设，为"三农"在将来乡村发展战略中，奠定了良好的基础。如何加快我国现代化农业国向农业强国转变，应从以下几个方面入手。

第一，加强农业生产力基础设施建设。首先要落实农田改造制度，在原有的土地上以不破坏农田为基础，全面对农田进行高标准高规划的治理和建设；强化耕地质量，加强农田水利建设，提高抗旱、防洪水利工程建设，推进农田水利工程"快、准、稳"的发展趋势。深化农业转型和技术性改革，提升自主创新能力，对现代化农作物、林业、水产业等进行产业升级。

第二，提升农产品质量。以国家质量兴农为目标，建立健全质量兴农评价体系，对农产品生产、出品全过程进行质量跟踪和安全追溯体系建设，提高农产品监管力度，推进农产品从增产到提质的转换。

第三，建立乡村多农业发展体系。乡村振兴应充分发挥土地多功能产业链，提升其运用价值，对乡村土地因地制宜，完善其利益链。整合土地资源，统筹开发。企业应以创新、兼并重组等方式淘汰落后企业，对农产品开发和利用转型升级，重点对农产品销售问题开拓产品销售渠道，激发全社会积极参与消费帮扶的行动，积极引导单位食堂、学校食堂和广大干部职工采购，帮助销售已通过审核认定的农产品。同时，建立健全的网络平台，对乡村提质的产品进行销售等。

第四，提高农产品国际竞争力。要让农产品走出去，在提升农产品质量的同时，也要对农产品特色优势提升其口碑和宣传力度，建立健全的国家贸易政策体系，扩大我国农产品出口，把我国农产品深化到"一带一路"的大政方针政策中来。提升我国农业产品的国际竞争力，培育农业企业的安全治理和农业贸易规则，遵守国际贸易秩序，以农业对外的新格局，参与到国际贸易中来。

(二) 乡村发展要解决人才培养问题

不可否认，改革开放后，随着社会进入了高速发展阶段，乡村或贫困县的人才缺乏和高速流动愈演愈烈，有些乡村甚至出现人才"断层"的现象。如何有效地解决这一问题，我们应从传统观念中寻求突破。近年来，国家增加了对乡村人才的输入力度，如党员干部到乡村任第一书记、大学生村官、工作队等倡导和鼓励人才到基层锻炼，这是一种切实可行的政策措施。不过，存在最大的问题是这个举措的实施导致人才在基层的时间短，有些只成为走过场式的镀金形式，对乡村振兴建设收效甚微。要解决这些问题必须要从制度上创新、观念上转变。

首先，选拔人才要创新制度。一般情况下，国家实行人才提拔制度是要求有相关的基层工作经验的，这一措施的推行有利于乡村人才的引进。然而，事实并非如此，有一些乡镇干部在乡镇工作，有时候一做就是一辈子，只能在乡镇里轮换工作岗位，很难有往县城提拔或者调动的机会。村干更是如此，由于他们没有编制又缺乏文化没有提拔的希望，导致部分人出现懒政、惰政的现象。基于此，国家应该打破原有的观念壁垒，创新提拔政策，让乡干部和村干部在有能力晋升的基础上提拔或破格提拔，这样乡村振兴引进人才机制才能更有效、更快速发展起来。

其次，人才选拔实行严格把控。乡村干部在农村建设中起到至关重要的作用，是直接联系乡村和城镇的桥梁。政府对乡村干的作用应该高度重视，正所谓，万丈高楼平地起，只有夯实乡村干部这个地基，才能确保乡村振兴建设稳步迈进。乡村干部的人选必定是一个能人，这样才能给乡村振兴发展输入新鲜血液。如果选拔上不严格把控，势必让乡村振兴这一伟大工程举步维艰。

再次，如何做好人才引进工作，这是当前乡村振兴建设中需要深思熟虑的基本问题。乡村人才的流失，很大程度上是乡村的后期配套服务跟不上人才的基本需求，甚至出现后续工作滞后的现象。政府在通过三支一扶、大学生村官、西部计划、能人返乡等方式拓展引才渠道的同时，也要做好乡村后期人才服务配套的工作，让人才在为乡村振兴建设工作的同时也享受到应有的政策待遇，避免其后顾之忧。这样才能给乡村振兴建设插上腾飞的羽翼。

最后，乡村振兴建设是一个长期发展的伟大战略，人才的输入是这一战略的关键。对于乡村振兴人才的输入方案我们要用发展的眼光看待，统筹县、乡、村，不能让乡村振兴建设的人才输入陷入机械化。

(三) 乡村发展要解决农民收入

乡村振兴的最终目标是实现农民富裕，缩短城乡差距，追根究底还是应回归农民本身。基于此问题，我们可以从以下方面入手。一方面，农民收入低，发展慢，这是传统农业的基本特性，要想提升农业发展进程，必须因地制宜，推进农业结构调整，以市场需求为导向，以优质产品为目标、对农产品进行技术创新，构建现代化农业体系。以科技手段发展畜牧业、水产业等特色产业，重点扶持龙头企业，培育品牌企业。另一方面，政府要加强基础设施建设，对城乡道路进行修建和完善，做到县通乡、乡通村、村通屯，确保城乡一体化互补。同时，地方政府着眼于未来、从长远的角度进行考虑，充分发挥主观能动性，通过招资引商，扩大当地就业。最后，坚持建设和管理并行的方针政策，积极探索乡村发展理念。搞好特色乡村的定位，发展特色产品，以"特色产品"和"旅游业"的发展模式，推行乡村振兴发展，为乡村居民生产和生活创造优质条件。

(四) 规划乡村振兴建设

乡村规划作为乡村振兴的先导工程，应全面落实党中央关于国土规划编制的总体要求，全力加快乡村具体规划蓝图。一方面，政府应该发挥主观能动性，根据乡村的具体情况全面分析，对乡村统一部署规划。统筹指导乡村有序、长久地走出一条"规划引导、生态富民"的特色道路。对原布局乱、脏、混、危的村庄要重点治理，以生态先行、优化空间、合理布局的规划完善乡村建设，对于有开发价值的乡村，应开展调研，设立乡村文化结合旅游的发展模式进行规划，提高乡村群众的收入。政府应整合在原乡村的基础上，把乡村土地规划与城乡发展有机融合起来，形成"从规合一"的实用性乡村。另一方面，推行"一村一面"的规划，从土地整合利用、产业重新规划、乡村房屋布局、生态可持续发展、乡村优秀文化传承等方面着手定位"特色"建设，避免"千村一面"。遵循乡村文化、保留乡风民俗，重点打造"特色"。最后，要着眼于"三农"建设理念，严守耕地保护红线，科学合理规划乡村建设，加快城乡融合。

(五) 政府加大资金投入

乡村振兴以来，"三农"问题一直是优先发展的重要目标，在党的正确指导下，城市和乡村居民收入差距逐渐缩小，这都是离不开政府对乡村振兴建设的经济支撑。要全面现实社会主义现代化建设，农村建设是阻碍其发展的一个短板，要打破我国现阶段社会发展的主要矛盾，需要从以下几个方面入手。

第一，增加乡村振兴财政投入，乡村振兴建设涉及乡村建设的方方面面，所涉及的资金比较广泛，所以目前对于完善乡村振兴财政涉农资金的管理是政府急需解决的问题之一。对此情况，政府应设立相关的涉农专项资金，按照规定加强对乡村振兴的大力支持。政府每年应该把乡村振兴中的支农资金以逐年递增的方式写入财政预算报告中去，为乡村振兴发展保驾护航。第二，政府引导社会助推。乡村振兴不是一个人的事，这就需要在乡村振兴过程中全民参与。政府应该以工业反哺农业、城市支持农村的发展模式助推乡村振兴发展。在坚守"耕地红线、环境红线、农民利益红线"的前提下，鼓励更多农业品加工业从城市转向乡村；同时，制定鼓励社会资本投资农业建设的方针政策。第三，设立农业信贷担保机构，为"三农"相关的经营主体服务。总之，国家应建立健全多层次、多方向的乡村金融服务体系，确保乡村振兴的发展胜利进行。

三、结语

乡村振兴建设的提出，以二十字方针政策为总体要求。要想让乡村振兴建设能得到具体落实，就必须对点十九大提出的具体要求进行深入分析。当前我国正处于脱贫攻坚巩固发展阶段，怎样让脱贫攻坚的成果与乡村振兴有效的衔接起来是当务之急，亦是需要解决的重中之重。从历史角度来看，乡村振兴是在新的起点总结过去，谋求未来。从理论角度看，乡村振兴是深化改革开放，巩固社会现代化建设的重要方针政策。从经济角度看，乡村振兴建设是以人民为核心，着力解决"三农"问题主为重要抓手，是继脱贫攻坚之后另一个有关乎于国计民生的重大举措。

文化编

试论千家峒瑶文化
在青少年思想道德建设中的作用

◎ 谭　竣

　　青少年思想道德建设，是社会主义精神文明建设的重要组成部分，我们党和政府历来予以高度重视。2004年2月26日，中共中央、国务院颁布了《关于进一步加强和改进未成年人思想道德建设的若干意见》，多角度、全方位地对未成年人的思想道德建设指明方向、提出要求。2014年5月4日，习近平总书记在北京大学师生座谈会上的讲话中指出："人生的扣子从一开始就要扣好。'凿井者，起于三寸之坎，以就万仞之深。'青年要从现在做起、从自己做起，使社会主义核心价值观成为自己的基本遵循，并身体力行大力将其推广到全社会去。"青少年是民族的希望，是祖国的未来，加强和改进当代青少年思想道德教育，提高他们的思想政治素质，把他们培养成中国特色社会主义事业的建设者和接班人，对于确保我们在激烈的国际竞争中始终立于不败之地具有重大而深远的意义。当今世界，中华民族的全球性生存和伟大复兴不能没有文化复兴。青少年成长中对民族文化、语言的认同是一种根的认同，是将青少年个体精神世界与民族精神血脉连通的重要纽带。千家峒是瑶族历史上重要的聚居地，是世界瑶胞向往的"精神家园"。千家峒瑶族同胞创造的丰富多彩的、独具特色的物质文化、民俗文化、宗教文化、社会文化及其他文化，是中华文化乃至世界文化的重要组成部分。从千家峒瑶文化中挖掘丰富的思想道德建设素材，充分汲取其养分与价值，对于培育青少年以爱国主义为核心的民族精神、践行社会主义核心价值观具有极其重要的作用。

一、千家峒是世界瑶胞向往的"精神家园"

(一) 千家峒的历史脉络

在瑶族的语言中,"峒"是指群山环抱的肥沃小平原。顾名思义,"千家峒"是指居住着一千或几千户瑶家的山间小平原。根据瑶族典籍《千家峒源流记》记载,历史上,千家峒是瑶族的世外桃源,瑶民生活富足,和睦相处,过着与世无争的幸福生活。元大德九年(1305),粮官来到千家峒,瑶家热情款待,轮流宴请粮官。粮官久不回官府,官府以为粮官被害,便派兵马前来攻打,千家峒成为血雨腥风之地。侥幸活下来的十二姓瑶人,被迫逃散。逃离前,全峒的瑶民"祭盘王""跳长鼓芦笙舞""把六尊铜像一起埋在平石岩口""把一根牛角锯成十二节,每姓瑶人各持一节、约定五百年再回来"。在元以后的漫长岁月里,流落到世界各地的瑶民,通过各种方式寻找千家峒故地。1982年11月到1985年5月,中南民族学院政治系讲师宫哲兵先后6次到中国南方各省的瑶家山寨进行调查和访问,收集到瑶族民间保存的《千家峒》各种手抄本,并对手抄本中提及的千家峒地理特征,进行反复的调查和考证,在江永县原大远瑶族乡境内,发现古千家峒峒口穿岩、象征瑶族图腾的狗头岩的石狗、约定五百年后再回来相聚的地点石童子,以及南蛇、马胫、鹅胫、平西大田遗迹,还有盘王庙、黄巢庙、白鹅寺、五层门楼、七节石桥、黄府闹子、玉井古窑址等古遗址,这些都是千家峒重要的历史文物。宫哲兵先后著有《千家峒运动和瑶族发祥地》《妇女文字和瑶族千家峒》,并于1985年首次以学者的视点提出瑶族千家峒故地就在湖南省江永县大远瑶族乡的观点。1986年5月18日—22日,中南民族学院政治系和江永县人民政府联合在江永县召开"瑶族千家峒故地问题座谈会"。与会专家就宫哲兵先生提出的观点进行座谈,并到大远瑶族乡进行了实地考察和科学论证,一致认为,大远瑶族乡就是瑶族千家峒故地。1987年,经湖南省人民政府批准,"大远瑶族乡"更名为"千家峒瑶族乡",从此作为瑶族"故都",千家峒每年都要迎接一拨又一拨从远方归来寻根访祖的瑶胞后裔。

(二) 丰富多彩的千家峒瑶文化

千家峒瑶文化存在于千家峒瑶民的价值观念、思维方式、道德情操、生活方式、风俗习惯、宗教信仰、文学艺术、教育科技之内,又见于历史传说、经典文献、旧址遗迹,是千家峒瑶民生存活动的结果和智慧的结晶。

1. 瑶族歌舞——独具特色的非物质文化。历史上，千家峒瑶族先民凭借他们的聪明才智，创造了古朴的历史文化。瑶民能歌善舞，歌谣有《盘王大歌》《千家峒源流歌》《蝴蝶歌》《敬酒歌》《十二月生产歌》等，舞蹈有长鼓舞、响铃舞、芦笙舞、敲梆舞、龙舞、狮舞等，种类繁多，独具特色。这些瑶族歌舞，表现出勤劳勇敢的瑶民生产、生活情景，凸显了瑶族人民信念坚定、热情奔放、坚强勇敢、百折不挠的性格特征，是融入千家峒瑶族同胞血脉之中的身体记忆和生活常识，是他们信仰和社会生活的精神载体，对于今天促进文化自觉、凝聚民族力量具有重要的时代意义。于今，在千家峒大溪源霸王祖自然村的瑶族风情歌舞表演厅，可以尽情欣赏瑶族歌舞表演，还可以围坐火塘，喝油茶，饮瓜箪酒，吃竹筒饭，感受到浓浓的瑶族风情。

2. 穿岩古城墙——瑶族民族精神的体现。位于县城西北方向 5 公里处的穿岩，是历史上出入千家峒的唯一通道口，洞长约 10 米，具有"一夫当关，万夫莫开"之势。穿岩之上，四周悬崖峭壁，山势陡峭，是历代兵家相争之地。元代大德九年 3 月，官府误以为粮官被千家峒瑶民杀害，派重兵进"剿"瑶民。峒内十二姓瑶民在此筑石墙抵抗官兵，终因寡不敌众而撤离。古城墙是千家峒瑶胞在官兵围剿的千钧一发之际匆匆修筑起来的，是保护千户瑶胞生命安危的首要屏障，见证着千家峒瑶胞坚贞不屈、保护家园的民族精神。

3. 玉井古窑址——瑶族智慧和创造精神的见证。玉井古窑址位于千家峒瑶族乡玉井村岗脚底自然村背后山岗上，方圆约 1 平方公里，分布着大小 40 余座陶窑，为宋代民窑。出土的陶瓷器种类较多，有碗、碟、瓶、罐、灯具和筒形垫具、支座、匣钵等，陶瓷器多施青釉、酱釉、褐釉以及少数绿釉，装饰以印花为主。碗碟中的"金玉满堂"与瑶族师公的幡上"金玉满堂"四字相同。玉井古窑址陶瓷既吸纳了汉族陶瓷的先进工艺，又具有瑶文化的特征，彰显出瑶族的创造、创新精神，对于研究湖南陶瓷史和瑶族史具有重要意义。2013 年，被国务院公布为全国重点文物保护单位。

4. 盘王雕像——瑶族宗教信仰中的盘王崇拜。盘王是瑶族的始祖，在漫长的历史变迁中，瑶族借助于一种信仰形态——盘瓠与盘王崇拜。虽历经迁徙游耕之苦，瑶族却始终坚持信仰习俗，祭拜始祖盘王。江永县为满足海内外瑶胞的心愿，于 2012 年 9 月第十二届中国瑶族盘王节前夕，在千家峒中峒的核心区建成盘王广场，安放雕塑盘王像。广场总面积 1000 亩，核心部分包括一座盘王巨型塑像、十二根长鼓图腾柱组成的花岗岩雕塑群。盘王雕像高 21 米，由优质花岗岩雕塑而成，"盘王"神态伟岸，冠冕"三叉"，颈戴"八宝"，胸佩"盘长"万字牌，右手紧握，左手按膝，气宇轩昂，是目前世界上最大的室外盘王雕像。

5. 寻访千家峒——生生不息的寻根文化。寻找千家峒，寻梦桃花源，是瑶族子孙血脉的呼唤。在元朝以后的漫长岁月里，瑶族人民逐渐形成一种强烈向往千家峒的民族心理，即希望重返千家峒居住。许多瑶族群众通过各种方式寻找千家峒故地。民国二十年（1931），广东连山、连南等县瑶民，或只身，或三五成群，或兄弟结伴，翻山越岭，到过浙江、湖南、广东、广西等省区的很多地方寻找千家峒故地。1933年前后，江华湘江乡赵明禄、赵柯贤和盘仙健等瑶民，凑足400多元钱找到"石碧洞"，仔细考察后认定不是要找的千家峒，悻悻而归。民国三十年（1941）春，广西金秀、蒙山、荔浦、修仁、永福、鹿寨等县的瑶民，曾集结100多人组成"飞虎队"，准备寻找和搬回千家峒，被国民党士兵围住并当场枪杀2人、逮捕3人，瑶民被强令解散回家。新中国成立后，特别是1954年后，在湘、桂一带瑶民自发寻找千家峒。1957年3月，恭城县观音乡乡长周先隆组织联合灌阳、荔浦、富川、阳朔等县的瑶民36人，翻山越岭抵江永县大远瑶族乡，认定这里就是千家峒，回乡报喜后，瑶民们决心联合起来搬回千家峒居住，后经恭城县委、县政府耐心劝导，才使瑶民安定下来。广西荔浦县蒲芦乡桃树脚屯瑶民赵德标一家三代人寻找千家峒。祖父、父亲耗尽家产，多年寻找，未能如愿。1983年秋，赵德标和赵余旺等7人，到达江永县大远瑶族乡，认定这里就是他们祖先曾经居住过的千家峒，要求在此定居。由于当地政府不同意接收安置，赵德标只好让女儿与千家峒一个瑶族青年结婚，全家随女儿迁到大远瑶族乡定居。1993年11月8日，全美瑶人协会总裁赵召山先生为团长，率团一行8人回国参观考察，专程到江永千家峒考察。在千家峒，美国瑶胞和千家峒瑶胞讲瑶语、唱瑶歌、述情怀，他们抱成一团，痛哭不止。美国瑶胞激动地说："这里就是千家峒，这里就是我们的老家！"他们还用英文写下："我终于回到老家千家峒了。"纷纷签下自己的名字。岁月流转，千家峒寻根文化至今传承不息。

6. 三峰山战斗遗址——红色基因永传承。1934年11月下旬，红八军团、红九军团先后进入永明（今江永），11月27日上午，两军团按照中革军委"不惜任何牺牲攻占永明三峰山，然后，向灌阳、兴安前进"的命令，对三峰山的国民党守军发动进攻。由于山路狭窄、崎岖、陡峭，加上敌人居高临下，又有飞机、大炮轰炸，红军战士前仆后继，浴血奋战，发起多次冲锋均未攻克山隘口，伤亡惨重。28日，八、九军团接到命令改道北上由雷口关入桂突围渡江。三峰山战斗，印证中国工农红军是一支具有坚定的信念、勇于牺牲的革命队伍。千家峒瑶族人民热情拥护和积极支援红军，为红军抢救伤员，运送物资，军民结下鱼水情。红军部队撤离后，山峰村瑶民将红军烈士掩埋在银杏树下，严加保护。三峰山战斗遗址、红军墓、红军岩，成为千家峒永不消逝的红色资源。2017年以来，在刘家庄村建成的刘家庄红色教育基地，在三峰村修建的红军烈士纪念碑等，成为红色文化教育和爱国主义教育基地。

二、千家峒瑶文化蕴含的教育功能与价值

历史是最好的教科书，优秀传统文化是最深厚的文化软实力。千家峒瑶文化历史悠久，是中华民族文化珍宝。对千家峒瑶文化的内涵再发掘、提炼、阐发，并用现代方式加以展示和弘扬，赋予其与时俱进的时代内容，总的讲，其主要方面有：

（一）千家峒瑶文化体现以爱国主义为核心的民族精神

爱国主义历来是民族文化的主旋律。发生在元朝大德年间的"千家峒事件"，使千家峒瑶民流离失所、背井离乡，虽饱经磨难，但千家峒瑶文化滋养的"勤奋勇敢、坚韧不拔、仁爱智慧、奋斗不息"的民族性格，使得这个伟大的民族如江河奔腾绵延不息。他们对盘王先祖的崇敬和对瑶族故地的热爱和眷念，是维系一个民族的重要象征性符号和精神纽带，更是一种爱国爱家乡的炽热情怀。穿岩古战场遗址体现的是千家峒瑶胞对和平的渴望以及誓死保卫家园的民族精神。千家峒红色遗址，是进行革命传统教育、爱国主义教育的优秀文化资源。凡此种种，千家峒瑶文化如实反映了以爱国主义为核心的"爱好和平、团结统一、勤劳勇敢、自强不息"的中华民族精神。

（二）千家峒瑶文化体现了以改革创新为核心的时代精神

创新是一个民族进步的灵魂，是国家兴旺发达的不竭动力。千家峒瑶文化随着时代的进步、科技的发展，形式和内容有了日新月异的变化和创新：在工艺制作方面，千家峒玉井古窑址的发掘证明，瑶族善于学习汉族的陶瓷先进制作技术，并且融合瑶文化，进行创新实践，创造出具有瑶族特色的陶瓷制品。在歌舞方面，2014年由千家峒瑶胞编排、演出的原生态舞蹈《敲梆》，以瑶族人种山、守山、赶山的过程为素材，用竹竿丰富、生动地展现了瑶族群众劳动和与野兽抗争的场面。起先，该舞蹈以当地传统歌舞乐为素材创作，后来，该舞蹈将瑶族的原生态山歌、号子、长鼓舞蹈与现代音乐、舞美、灯光融合起来，最终创作出既有

民族特色，又有现代气息的原生态舞蹈。《敲梆》荣获湖南省"欢乐潇湘"文艺汇演舞蹈类节目金奖，之后还参加中央电视台第三套"群英会"栏目录制，成为观众喜爱的经典节目。这启示我们要弘扬千家峒瑶文化，既要继承传统，又要推陈出新，学会海纳百川，这正是改革创新的时代精神。

（三）千家峒瑶文化体现了以"富强、民主、文明、和谐"为主要内容的社会主义核心价值观

从千家峒瑶文化可以看到，无论是口头传统的文学表达方式，各种仪式展演，还是古籍规章、生活习俗表现的内容与形式等等，无不蕴含社会主义核心价值观所概括出来的"富强、民主、文明、和谐""自由、平等、公正、法治""爱国、敬业、诚信、友善"的内容。《千家峒源流记》记载："千家峒里有上、中、下三个峒，峒内有四块大田，小田无数。""千家峒里大洞田，三百牯牛犁一边。还有半边犁不到，牲猪马鹿里头眠。"一千户人家共耕种，田里长的谷粒有花生米大，体现瑶民对富足、美好生活的向往。瑶族是个迁徙的民族，长期"随峒而居，俱无君长"。瑶族首领属于自然领袖，与峒民平等，没有特权，与峒民一样参加劳动生产，只起组织者的作用，是在民主基础上建立起来的一种社会和谐。在瑶族的传统理念中，平等是一个社会中能够相互尊重，实现和谐共荣的基本原则。瑶族婚姻有嫁娶婚和入赘婚两种。入赘婚俗称"招郎"，男方到女方家落户，所生子女随母姓，是对女性自由文化个性的张扬。无论是瑶族的民间社会组织，还是传统的民族乡村自治，"公正"和"法治"都是紧密地联系在一起的。千家峒境内瑶民是根据习惯法来维护村寨中人与人、家庭与家庭、家族与家族乃至于村寨与村寨之间的安宁和稳定，在平等、公正的良性社会环境中，发挥维护人们共同利益的法治作用。瑶族一家有事，四邻帮忙。建房时，亲友主动帮工帮料。砍伐、挖山时，主人上门相请，家里再忙也要出劳相助。瑶家俗语有"烟酒不分家，难事靠大家"。瑶族有打标记物的习俗。野外凡有肥粪、柴草、木料等实物或待垦荒地，打一草结置于物上，以示有主，旁人绝少染指，体现出"文明、和谐、诚信、友善"的品性。瑶族敬老爱老。瑶族民谚："家有老，胜过宝。"路上遇老人要亲热招呼，主动让路；屋里见老人要让座；与老人谈话，不跷二郎腿；吃饭时，老人未入席，晚辈不先吃；老人有病要悉心照料，这些也应该是我们当代人的行为准则。由此可以探寻出千家峒瑶文化中蕴含的社会主义核心价值观的正能量精髓，为中华民族的伟大复兴在精神上提供更多的文化支撑。

三、千家峒瑶文化的当代价值审视

历史文化是最好的教科书，也是最好的营养剂。吸取千家峒瑶文化中的合理内核，对加强和改进当代青少年思想道德建设具有积极的意义。

（一）有利于加强青少年的理想信念教育

千家峒瑶族宗教信仰中的盘王崇拜及寻根文化，表达了瑶族人民执着的信念和矢志不渝的追求。千家峒瑶民在节日文化中渗透理想信念教育，比起空洞的说教而言，会收到更好的教育效果。组织青少年寻访千家峒故地，开展参观千家峒瑶绣坊、瑶族文化展示馆、自然保护区博物馆、红色文化展示馆等体验教学，让旧址遗迹成为"瑶族史教室"，让文物史料成为"瑶族史教材"，让瑶学研究本土专家成为"瑶族史教师"，使青少年接受课本以外的历史知识，深刻认识到刀耕火种、战火纷飞的艰辛，更加珍惜现代生活的美好，有利于加强青少年的理想信念教育，促使他们树立正确的世界观、人生观、价值观。

（二）有利于培育青少年的爱国情怀

习总书记指出，"爱国主义是中华民族精神的核心。爱国是人世间最深层最持久的情感，是一个人立德之源、立功之本。"有人认为"祖国"是从"祖籍"即祖先居住占籍生存养息的方域中演变而成的。从某种意义上说，"祖国"原本相对于身在异域的后代子孙而称其先祖所籍之国。离开祖籍地的人称自己的国家为"祖国"，带有念祖与爱国的感情色彩。爱国即热爱祖国，缘亲祖而爱国。千家峒瑶民寻根问祖、眷念故地之情结，是对青少年进行爱国爱乡教育的重要素材。在瑶族中小学教育中，向青少年介绍瑶族的历史，特别是瑶族的族源、迁徙、漂洋过海和千家峒的传说，以及海内外瑶胞寻根问祖的生动事例，有利于培养青少年的民族认同感、自豪感，增进爱国情怀。

（三）有利于青少年塑造和谐的人际关系

青少年的人际关系指与长辈的关系、师生关系、兄弟关系、朋友关系、同学关系等。千家峒瑶文化传承下来的敬老爱幼、热情好客、团结互助、忠诚守信的道德风尚，凝聚了人与人之间的情感，成为社会和谐的重要精神纽带。以千家峒瑶文化引导青少年学会尊老爱幼、关爱他人、和睦九族、以亲乡里等等，对构建和谐的人际关系具有十分重要的意义。

(四) 有利于树立青少年的感恩意识

千家峒瑶文化具有重视人情、友情、亲情、家国情和重视尊老孝老的传统美德。当下，在年轻一代中，存在"做人准则迷失、孝敬观念丢失、感恩文化缺失"的现象。一些子女对父母的辛勤付出不仅没有丝毫感恩之心，反而在"功成名就"之后，看不起生养自己的父母，不关心家人的疾苦。为此，充分利用千家峒瑶文化资源，特别是瑶民的寻根意识，让青少年学生感悟亲情，培养饮水思源、知恩图报的人格，引导青少年感激父母的养育之恩、感激老师的教育之恩、感激学校社会的关爱之恩，让青少年常怀感恩之心，常思回报之义。

(五) 有利于培养具有中国魂和世界眼光的现代人

我国教育基本任务就是要培养具有中国魂和世界眼光的现代人，即培养有理想、有道德、有文化、有纪律的德智体美全面发展的社会主义建设者和接班人。"中国魂"是指中国人的共同理想和价值取向，即"以爱国主义为核心的团结统一、爱好和平、勤劳勇敢、自强不息的伟大民族精神"。"世界眼光"是指学生既要学做中国人，还要学做"世界人"，要有世界的眼光，有国际意识、全球化视觉、开放的心态、吸纳的度量、预见的能力。"现代人"是指培养青少年的爱国精神、人文精神、科学精神、心理素质、身体素质、现代意识和生存发展的能力。千家峒瑶民曾漂洋过海，与世界各民族实现大融合，共生共荣。在当今全球化大背景下，继承和弘扬千家峒瑶文化，对培育具有中国魂和世界眼光的现代人具有不可忽视的作用。

四、结语

思想道德教育是做人的工作，是一项复杂、艰辛的工作。尤其对于当代青少年这个思维活跃、个性强、对国家未来发展起关键性作用的特殊群体，如何加强与改进其思想道德建设，是必须面对和思考的。千家峒瑶文化是前人留给我们的宝贵财富，它不仅是瑶族文化的精华，也是中国文化的精华。继承与弘扬千家峒瑶文化，将其精华内化为当代青少年的自觉意识，使当代青少年形成正确的世界观、人生观、价值观，对于加强与改进当代青少年思想道德建设意义非凡。

弘扬乡贤文化　助推瑶都振兴
——关于在江华瑶都普及"乡贤协会"的建议

◎ 杨盛科

历代乡村贤士受人敬仰。什么是"乡贤"？"乡贤"是乡村贤士能人的简称，但自古至今没有一个统一的答案，因为不同时期有不同的衡量标准。在瑶族地区，旧社会曾出现过不少受人敬重的"乡贤"，他们的姓名与事迹除了载入县志和族谱外，殁后还在孔圣庙侧旁专门设立的"乡贤祠"内享受后人香火祭祀，如清同治七年编修的《城步县志·人物志》中就载有60多名当地苗瑶乡贤的姓名与事迹。元皇庆二年（1313），苗族知识分子杨再成、杨景清和瑶族乡贤江正顺、张茂卿等一批乡村贤达能人自筹资金创建城步第一所"儒林书院"，这是当时江南一带成立最早的"民族学院"，曾为苗瑶地区培育出大批人才，杨再成、江正顺等苗瑶乡贤的姓名与事迹被载入《城步县志》，殁后入"乡贤祠"享受苗瑶民众的香火祭祀。儒林镇南侧孔圣庙大成殿右侧的"乡贤祠"内供有历代乡贤的牌位，香客们祭拜孔夫子牌位后必须到"乡贤祠"祭祀地方上已逝去的历代苗瑶乡贤；各姓氏的宗祠或家庙内也立有本宗族的乡贤牌位，让已逝去的乡贤享受后人的敬仰和怀念。如城步杨氏官厅内就供奉有50名历代杨氏英雄的牌位，他们的姓名不但载入官方史志和杨氏宗谱，还享受后人的香火祭祀，其实他们都是杨姓历史上受世人敬奉的历代先贤。由此可见，旧时的苗瑶乡贤应是知名度很高、为地方做过贡献、普遍受人爱戴敬仰的少数民族"乡村贤士"。

不同历史时期的乡贤有不同的特征：明清时期因受"皇权不下县，县下赖乡绅"的影响，处理地方事务主要依靠各地的乡绅。在旧社会有些苗瑶乡绅是退休官员，因他们离官不离乡，退休后返回自己的故乡养老，他们与乡亲们有共同的语言与共同的利益，故愿意牵头把乡村管理好。因有些苗瑶乡绅的文化功底深厚，多被聘为师爷，协助县太爷管账、文秘、钱粮赋税、统计户口人丁、巡捕、河防等事务，相当于编外办事员。民国时期的苗瑶乡绅多数被任命为地方保甲长，帮助国民政府从事征收税款、布置农林业生产任务、派兵丁、维护地方治安等事务。有的任教谕、训导一类的非正式官员；有的创办私塾、书院或义学，有时也亲自授课，为地方培养文化人才。民间乡绅多半是某宗族的族长，由他们牵头制订或执行乡规民约，管理本宗族教化、纷争、诉讼等事务。地方乡绅是儒家礼仪专家，在主持祭祀、婚丧礼仪等方面能唱主角。民国后期，随着社会的转型和变革，基层乡绅已退出历史舞台，失去其发挥聪明才智的机会。

历史上的乡贤文化在不知不觉中传承至今，并在社会发展中不断地发扬光大。

新时期的"乡贤"是指当地政府和民众公认的、政治素质过硬、为人正直、文化素养高、助人为乐、掌握某些种养高产技术、当地民众公认的德高望重的精明强干者。新时期瑶族地区的"乡贤"是扎根乡土社会的民间精英、德高望重的儒雅志士、"两代表一委员"、反哺乡梓的企业家等，以及在当地能起到一定积极作用的优秀群体。这些乡贤具有匹夫有责的担当意识、崇德向善的思想品质、精忠报国的爱国情怀、孝悌忠信的荣辱观念，"耕读传家久，诗书济世长"的传统观念影响着一代代瑶族乡贤，这种由乡贤群体在基层社会所起的积极作用被称为"乡贤文化"。若将他们组织起来组建成"乡贤协会"，调动他们的积极性，发挥他们的某些特长，能使"乡贤文化"得到发扬光大，使乡贤们在乡村（社区）振兴中发挥更大的作用。"乡贤协会"成员应由当地的退休干部、退休教师、老党员、民间能人、知名人士为主体，他们政策水平高、遵纪守法、为人正直、疾恶如仇，他们中有的是种养能手，有的是乡土文艺明星，在地方有一定的威望，在他们中有些人具有较强的组织能力与号召力，他们在参加各种公益活动中往往不计得失，不计报酬，乐献余热，在乡村基层所起的作用不可低估，有时比个别村干部的作用还要大。在维护乡村社会稳定方面，他们是当地的"稳定器"，相当于编外"村辅警"，有了乡贤的"余威"在，乡村很难出现混乱现象。"乡贤协会"其实就是乡村的实用型"能人集团"与"智囊库"，把这些现有的乡土人才发动和利用起来，对瑶族地区乡村振兴有极大的助推作用。

一、农村缺失乡贤的现状

前些年因为鼓励农民进城,许多现代乡贤也"随大流"趁机离开故乡进城落户,造成大批乡贤流失,留在农村中的乡贤所剩无几,有些自然村已成为白发老人坚守的"古稀村"。以前农村的公益事业如架桥修路、扶贫济困、公共设施的维修等多由乡贤牵头,只要乡贤们振臂一呼,应者如云,如今有些乡村的公益事业却无人牵头。乡贤们进城后,农村中的红白喜事无乡贤操持,由于"村官不理民事",有些村干部也不会理民事,使主人一片茫然,开支了不少不应支付的资金,造成了巨大的经济浪费。有些家庭发生矛盾时村干部无法调处,村民也不服从村干部调处,只好将矛盾上交乡镇或由法庭判决;农村离婚率直线上升、农民不肯种田、耕地荒芜面积达耕种总面积的3%—5%,农民宁愿进城买米吃饭也不肯种田等怪现象的产生也与乡贤缺失有一定的关系。乡贤文化缺失后,中青年外出务工,村干部改选缺能人接班,集体企业无能人维持,公共事业无能人牵头,甚至红白喜事也无能人张罗。船的力量在帆上,人的力量在心上。充分发挥现有乡贤们的作用,能助力实现村风好、村庄美、村民富的目的。所以说,瑶族地区乡村的振兴呼唤乡贤回归,乡村的社会稳定和经济文化的繁荣发展都离不开乡贤文化的支撑。

二、乡贤协会的组建方式

民族地区农村中原有的"老年协会"成员其实是清一色的老年群体,由于年龄普遍偏大及身体等方面的原因,在当地所发挥的作用其实并不明显或根本不起作用,而具有青春活力的中青年乡贤因受年龄限制无法进入村老年协会,中青年乡贤们也不愿意加入这个"纯老年"协会。建议江华瑶都将乡村的老年协会,放宽年龄限制,吸收不同年龄层次的乡村能人、年轻的党员、有培养前途的共青团员。我们可以借助乡贤协会的形式赋予新的时代内涵,以乡村贤士为纽带,以他们的嘉言懿行为示范,推进乡村振兴,加快培育新型农民、涵育乡风文明、村民共同致富的步伐。乡贤协会成员人数增加后,协会理事会则根据人才的特长及当地实际情况将他们分成若干个小组,将他们安置在最恰当的位置上,让其发挥应有的作用,使新时期的乡贤文化不断发扬光大。

(一) 社会治安组

成员由那些不怕事、敢管事、敢碰硬、正气足、警惕性高的人组成。其职责是配合村辅警开展维护地方治安工作：杜绝黄赌毒和非法传销入村，打击黑恶势力，反击电信诈骗，谨防老年人受骗上当，提高村民的防范意识，减少乡村打牌赌博等不良现象，为乡村社会治安稳定再增加一张可靠的安全网。

(二) 红白理事组

由懂民俗、会主持操办各种礼仪的人组成。职责是配合村委会为村民操办和简化红白喜事程序，当移风易俗、传承优秀传统文化的代表，为村民在操办红白喜事时节约人力、时间与资金。

(三) 民事调解组

由懂法律、口才好、善调解的"和事佬"组成。职责是普及和宣传法制，协助执法部门治理乡村，提高乡镇政府对基层的执法能力；普及乡村文明，配合村委会调解家庭矛盾，化解各村民小组之间的隔阂，使基层各类矛盾不上交、问题不出村，为村委会排除各种干扰与阻力，为乡村振兴与社会的和谐稳定起到促进作用。

(四) 文艺演出组

由当地喜爱文艺、有歌舞演唱特长、会舞文弄墨的业余文艺作者等乡土文化人才组成。职责是自编自演文艺节目，配合党的中心工作宣传扫黑除恶，组织反邪禁毒、扶贫攻坚、接待旅游团体、文物古迹保护、非遗整理与传承、挖掘巫傩文化与梅山文化、舞龙玩狮等文化娱乐活动，将当地的典型人物与先进事迹编成演唱节目排练后登台演出，活跃农村群众文化生活。

(五) 种养技术组

由有市场意识、有经济头脑的种植养殖能手组成。其职责是指导和带领村民开展高产高效的种养业，发展一村一品特色产业，助力扶贫攻坚，带领村民致富。青年会员则利用"互联网+"的新模式在网上将地方特产推销出去，解决农副产品销售难的问题。

（六）卫生保健组

由退休医生、退休护士、村医、民间瑶医组成。其职责是监护村民的身体健康，护理五保老人、空巢老人与病残老人，兼顾当地民众的家庭卫生、环境卫生检查。

（七）护林防火组

由热心公益事业、责任心强的防林员与治安人员组成。其职责是在清明节与护林防火期间加强护林防火宣传与监管工作，同时兼顾村民的安全用电、用气与家庭防火检查等工作。

三、瑶族乡贤协会的作用

（一）年轻乡贤是村干部的后备力量

2018年6月15日，《人民日报》发表的《发挥新乡贤的有益力量》一文中指出："建设新乡贤文化，培育新乡贤群体，将为乡村振兴战略注入凝聚人心、教化群众、淳化民风的强大正能量。"乡贤协会是村支部村委会领导下的民间组织，也是一种多公益性的乡土文化组织，它在村支两委的直接领导下开展各项工作，与当前的乡村振兴并不矛盾，两者是相辅相成的。其实村干部的"前身"也是当地的年轻乡贤，只不过是通过民主投票选举的方式进入村干部队伍中；合格的村干部是乡贤中的精英代表，是群众信得过的能人。乡贤是乡土人才，而乡村中最缺的是人才，人才的闲置或外流实际上是浪费人才资源，而人才资源的浪费是最大的浪费，乡贤协会的成立能最大限度地发挥当地乡土人才资源的作用。乡贤协会中一些拔尖的年轻人才其实又是村干部的后备力量，通过在乡贤协会多年的实践与锤炼，一些工作能力强、业务拔尖的青年会员很有可能会成为下一届村干部后备人选。各村乡贤协会成立后可根据当地实际情况与需要设置相关的小组，一些具有多种特长的"多面手"会员也可参加几个小组；村委会成员既分工又合作，每人负责两三个小组的指导工作。

（二）乡贤协会是传承保护优秀传统文化的生力军

乡贤协会虽然是民间组织，但其作用不可低估。农村优秀传统文化的传承与发展若没有热心公益事业的瑶族乡贤积极参与，一切都是纸上谈兵。例如：

城步县的"六·六"山歌节最初是 23 年前由长安营乡 10 多名苗瑶族中老乡贤发动组织起来的，通过不断发展与完善后普及全县，已连续举办全县性的 23 届山歌节，如今已成为湖南省四大节庆之一，通过山歌搭台、经贸唱戏，每年为当地带来滚滚财源。城步县丹口镇太平村的吊龙舞是 20 多年前由当地的 10 多名中老年瑶族乡贤自己挖掘整理、自己扎制、自编自舞组建起来的，他们将吊龙舞遍大江南北，如今已被列入国家级"非遗"名录。县城儒林镇民间的"油茶协会"是 30 多年前由当地 20 多个有远见的中老年苗瑶"女性乡贤"自发组建的，如今城步的"油茶协会"遍布城乡，对传统食俗油茶起到传承和保护作用，"油茶习俗"也被列入湖南省"非遗"名录。五团镇瑶族妇女伍前珍掌握刺绣技术后，在县妇联和残联的支持下举办了 6 期刺绣培训班，已有 750 人参加培训，如今已有 10 多件作品获省级奖，并被列入邵阳市"非遗"名录。民间的《嫁女歌》《贺郎歌》及瑶族山歌等民间优秀传统文化都是靠地方苗瑶乡贤演唱、传承和发展起来的。隆回县花瑶文化也是靠当地众多瑶族乡贤将全部瑶族民俗传承和保护下来，并开展多种民俗活动，地方乡贤们用照片、文字、录像等多种手段助推隆回花瑶冲出湖南走向全国，变成世界花瑶，如今成为隆回县一张亮丽的名片，吸引海内外专家学者与游客蜂拥而至，从而带动了当地文化旅游业迅猛发展。可以说，没有瑶族乡贤的带头传承与保护，再过 20 年，瑶族民间优秀的传统文化在历史长河中将消失大半。这些都是以中老年为主体的瑶族乡贤所起的作用的具体表现。

(三) 乡贤是振兴乡村经济的领头雁

前些年，乡村中许多能人纷纷出远门闯世界，经过多年的打拼，有的成为企业家，他们掌握有技术、资金与信息，有成熟的经营理念。他们虽然年龄增长，但仍然有浓厚的家乡情怀，有抹不去的乡愁意识，也愿意返乡投资创业回报桑梓，带领村民们致富奔小康，但家乡没有人牵头召唤他们。邵阳市邵东县政府领导班子清楚地看到了这一点，认为决不能让这些宝贵乡土人才浪费在他乡，应召回故乡为我所用。2018 年 11 月，邵东县政府在北京成立"邵东商会家乡联络站"，每年召开 4 次以"迎乡贤、回故乡、建家乡"为主题的会员大会，专门为在外打拼多年、愿意回家乡创业的游子提供优质服务，为他们当好家乡与游子的"信使"、故乡与他乡的"特使"，鼓励乡贤们以乡情为纽带、以价值为根本、以商业共赢为目标，尽力为家乡的经济发展奉献智慧与力量，并为他们回乡创业在引资、引技、引智等方面穿针引线、铺路架桥。通过"联络站"的真情努力，邵东县每年有 30 至 40 名企业家带资金、带技术、带项目回乡创业，村民们在家门口上班挣钱，人人有事做，户户奔小康，使回乡的乡贤们都成为振兴当地乡村经济的领头雁。由于召回一大批乡贤回乡当发展经济的领头雁，邵东的民营企业经济突飞猛涨，仅打火机一项就占全球约 70% 的份额，该县的财政收入与民众人均收入都在邵阳市 12 县（市）市中排名第一，这些都是从乡贤中招商引资兴办企业所取得的丰硕成果。邵东县的有些做法值得江华瑶都研究与借鉴。

四、普及乡贤文化的重要意义

2021 年 9 月 27 至 28 日，习近平总书记在中央人才工作会议上强调：要深入实施新时期人才强国战略，全方位用好人才。综合国力的竞争，说到底就是人才的竞争。国家发展靠人才，瑶乡振兴也要靠人才，而崇德向善的瑶族乡贤是治理乡村、振兴乡村、树立文明乡风的重要力量。瑶族地区的新老乡贤们德高望重、见多识广，是当地的道德模范，他们对乡村知根知底，有情有义；他们古道热肠、平和优雅、淡定从容、乐善好施、为人正直的品德能为乡村文明建设增添仁厚的气息。2021 年，湖南省委文件曾指出：要大力实施乡村建设行动，提升农村治理水平，而治理农村离不开乡贤的参与。乡贤协会是现代乡村振兴中的一张新"名片"，也是乡村社会治理的"稳定器"，它能促使民众见贤思齐，是连接传统与现代的桥梁，能弥合基层的分歧，化解社会矛盾，减少乡镇党委政府和村委会的工作量，在乡村的社会治安、促进村民自治、文艺宣传、挖掘整理和传承文化遗产等方面是村委会的得力助手与参谋，也是广大瑶民的一种期盼。各地瑶族乡贤既是乡民维系情感联络的纽带，又是各地村民最信任的乡村振兴生力军。这类投入成本不大而效果十分显著的民间组织应该给予肯定、支持并推广，让它造福瑶乡百姓。江华瑶都乡贤众多，县委统战部及各乡镇党委政府应充分发挥"乡贤协会"的作用，各乡镇党委书记应该当好"乡贤协会"的"第一会长"，充分调动乡贤们的积极性、主动性、创造性，将热心公益事业的贤达人士、扶危助困的民营企业家等瑶族乡贤凝聚起来，把乡贤们的智慧与力量凝聚起来，形成强大合力，共同为瑶都经济文化快速振兴贡献智慧和力量。每年应由县委统战部门牵头在全县评选一次"最美乡贤"的活动，对于那些确实为繁荣瑶族文化做出贡献的瑶族乡贤应给予表彰与重奖，充分调动他们的积极性。只要对"乡贤协会"这种民间组织正确引领、管理得当，则瑶族地区官有清廉，村有良俗，民有佳风，对于加快江华瑶都新农村建设步伐，繁荣瑶都经济文化建设是大有益处的。

乡村振兴背景下瑶族文化与新时代发展融合方式探析

◎ 谯 飞 魏慧英

文化是展现民族历史脉络的载体，是传承民族习俗特色的纽带，是对民族繁荣发展的记载，是民族精神文明的传承和弘扬。忆往追今，我国各个民族在朝代更替中发展，既见证了历史上各朝代的繁荣兴衰，更经历了繁衍生息的艰难困苦。在各种困难争相逼近之时，我们的祖先为能保护民族，维护家庭，守护家人，敢于面对各种风险和挑战，为实现心中理想敢于奋斗，为实现民族独立顽强拼搏。在困难与挑战面前，英勇的瑶族人民怀着战胜困难和挑战的决心，迎来蓬勃发展和生活条件的不断改善。历史的轨迹留下了无数瑶族人民深深的脚印，让瑶族人民用勤劳的双手和丰富的智慧发展了瑶族文化，激励着一代代人前赴后继，不断书写发展长河中的新篇章。

一、瑶族文化融合学校教育促进学生认知

瑶族文化是中华民族五千年悠久历史中形成的中华文化的重要组成部分，是中国民族文化中的璀璨明珠，是中国的民族文化史上不可缺少的部分。瑶族文化体现的是瑶族人民衣食住行各个方面的民族特色，是展现瑶族人民的精神风貌和民族品质的重要载体。随着中国的脱贫攻坚战取得圆满胜利，中国人民摆脱了贫困状态，达到了小康生活水平。为有效地保护和传承少数民族自身独特的文化，把民族文化和学校教育相融合是重要的发展途径，是让孩子在学习教育过程中提升对民族历史的认识，对民族文化从学习到传承，对民族精神从感悟到弘扬。

新时代下的教育事业已经不仅仅是识字学数的传统教育，而注重全方位地提

升学生的认知能力，对民族的饱满热情。瑶族文化是瑶族人民精神的寄托，不仅是瑶族人民传统的思想道德、风俗习惯、交往方式、处事风格的总和，更是瑶族人民悠久的历史文化的集成。在尊重瑶族人民的民族文化和民族信仰的基础上，要把瑶族文化的深厚精髓融入学校教育中，让瑶族的孩子甚至是其他民族的孩子自入学就能和瑶族文化产生深层的联系。

学校教育与瑶族文化的深度融合已经在多方面得到展示，但是在现有的基础上，还要创新更多让学生乐于接受的学习方式，让每个瑶山走出的孩子都能成为瑶族文化的传承者和发扬者。随着时代的发展和生活水平的提高，对于瑶族文化的传承和发扬需要探索更多可进行的措施，要真正让瑶族儿女从生活中感受到祖祖辈辈生活的来之不易，认识到瑶族的特色文化象征的意义，从学校教育中就努力培养瑶族儿女继承和发扬瑶族文化的意识。瑶族独具特色的文化来源于对生活的感悟，是瑶族人民赖以生存的精神力量。瑶族儿女要深刻认识到瑶族文化的重要性，要站在时代发展的前沿看待民族文化发展的路径。学校教育已然成为各民族文化传承和发扬的重要途径，把民族文化与学校教育深度融合，无疑是有效保护民族文化的正确抉择。

新时代下各种发展机遇接踵而至，作为瑶族人民的儿女，有责任和义务接替好祖辈手中传承下来的瑶族文化，在历史的长跑中把握瑶族文化辉煌的今天，在未来创造瑶族崭新的灿烂的明天。让瑶族文化走出瑶山，走出中国，走向世界，打造承载瑶族人民希望的名片，让瑶族文化立于世界民族文化之林，书写瑶族历史丰富多彩的篇章。

二、瑶族文化融合红色资源，提升爱国热情

随着脱贫攻坚战顺利完成，全国所有贫困县全部脱贫摘帽，在全体人民的共同努力下我国已全面建成小康社会。国家的综合国力不断增强，人民群众的生活条件不断提高，影响人民认知水平和品德养成的文化也愈加繁荣。在这些卓越成就的背后有我们坚强的领导核心——中国共产党，领导全国人民共同在战斗在脱贫致富的康庄大道上。

中国共产党领导全国人民进行革命、建设和改革，这段波澜壮阔的伟大征程留下了无数中国共产党人英勇献身的事迹，留下了不畏强敌、不惧困难、迎难而上、冲锋陷阵的壮丽凯歌，这成为中国人民的崇高信仰，成为激励中国人民投身国家建设的精神动力。

在革命历史中,瑶家无数的英雄儿女献身于保家卫国的前线,续写了一段段可歌可泣的英雄赞歌,以牺牲小我成就大我的精神为后辈树立了崇高的榜样。瑶族文化要发展就要结合这沉甸甸的红色资源的力量,通过瑶族文化宣传瑶族革命英雄的英勇事迹,发扬瑶族革命英雄的优秀品质,深挖瑶族文化的深层精髓。

新时代下国家在传承和弘扬红色文化方面的努力越来越受到全国人民的关注,像瑶山这样红色资源丰富的地方,更是地方政府极力宣传红色文化和瑶族文化的重要阵地。在爱国教育高质量建设的问题上,红色文化与学校教育已经深度融合,学生从进入学校就开始接受红色文化的洗礼,在红色资源的熏陶下培养优秀的道德情操,学生也在成长中不断提高自身的爱国热情。爱国是每个中国人民应有的高尚品质,以教育特有的方式向学生传递红色文化的深刻内涵,通过学习红色历史认识中国革命的艰辛,通过红色视频展现中国革命的历程。瑶族地区的学校教育不仅可以结合这样的方式加以教学,也可以探究出适合瑶族地区学生的特殊教学方式,最终的目的都是为了更好地借助红色资源传播瑶族文化和红色文化。学校教育不仅要把瑶山的学生培养成敬畏历史、敬畏人民、爱国爱家的瑶山继承人,更要让他们继续发扬瑶族文化的光荣传统,继续弘扬红色文化。

三、瑶族文化融合旅游发展扩大传播领域

随着全国脱贫攻坚战吹响胜利的号角,全国各族人民的生活条件已得到基本改善,中国已经全面进入小康社会,在国家实现高质量发展的道路上,各族人民的脱贫致富的途径也越来越广泛。在习近平总书记提出的"绿水青山就是金山银山,我们既要绿水青山,又要金山银山"的号召下,全国各地的生态环境问题都已放到突出的位置,改善环境促进人与自然的和谐发展已是时代发展的主题,是国家快速发展过程中需要着力解决的突出问题。瑶山的山水林田湖草是得天独厚的自然资源,是大自然馈赠给瑶族人民宝贵的自然财富,在全国旅游业蓬勃发展的今天,瑶山的自然资源就是瑶族人民增加经济来源,提高物质条件,改善生活水平的重要保障。

中国辽阔的土地蕴藏着各种丰富的自然资源,大自然的鬼斧神工造就了各具特色的自然风景和地理风光,全国各地的旅游业都以不同的方式展现自然美、生态美、和谐美,通过旅游业的发展带动人民摆脱贫穷走向富裕的案例数不胜数。在与大自然的相处中要做到尊重自然、顺应自然、保护自然,给予大自然无私的关爱,大自然才能给予人类无限的馈赠,让人类的付出得到应有的回报。在自然

资源丰富的瑶山发展旅游产业，通过旅游带动瑶族文化走出瑶山、走向全国、走向世界，让瑶族文化在世界文化的舞台上展现独特的魅力，与其他各种优秀文化相互交融，打造新颖的民族特色文化，让我们的瑶族人民不仅能通过旅游传播和弘扬瑶族文化，也能通过旅游借鉴各种文化的精髓，弥补瑶族文化在历史发展中未能完善的地方，使其更具有无限的生机活力，通过其独特的文化魅力吸引游客的青睐。

瑶山的旅游发展已经取得显著成效，为瑶族人民的脱贫致富带来了经济，在现有的小康生活条件下继续朝着更强更富的未来发展，温暖当下生活也福泽子孙后代。瑶族文化在助力旅游发展的过程中，不仅要展现出瑶族文化的内涵和精神实质，更要在传播的过程中激发无穷的生机活力，让游客在体验和感受瑶族文化的历史、特点、内涵、精髓的同时陶醉其中。

文化同旅游资源融合的过程中不能迷失初心，要用最真诚的行动来传承瑶族文化的精髓，在民族利益的问题上决不允许任何人利用旅游投机取巧，做出损害瑶族人民切身利益和危及瑶族人民安全的行为。

四、瑶族文化融合地域特色激发传承动力

瑶山是瑶族儿女共同的精神家园，在岁月的长河中留下了瑶族人民生存繁衍的悠久历史。这一路充满无数荆棘与坎坷，但是拥有顽强意志力的瑶族儿女披荆斩棘，在经历无数的困难后得以繁衍生息，让瑶族文化在历史中永续传承。瑶山独特的地理环境让瑶族儿女安身立家，丰富的自然资源让瑶族儿女辛勤耕作。瑶山寄托着瑶族人民对未来的殷切希望，也让瑶族人民枝繁叶茂，真正感受到人与自然和谐相处的甜美。俗话讲"人无精神不立"，瑶族文化就是瑶族儿女宝贵的精神财富，是取之不尽用之不竭的精神源泉。

江华的旅游发展把对瑶族文化的传承和发扬展现得淋漓尽致，让游客能身临其境，体验独特的文化魅力。同样，瑶族文化的发展与地域特色深度融合，屹立在神州瑶都城中央的盘王殿，承载着多少瑶族儿女的精神寄托，又为多少瑶族儿女的未来指引着前进的方向。江华的水口镇有着"中国爱情小镇"之称，在这里能感受到各种富有瑶族气息的文化特色，能感受到瑶族人民在衣食住行方方面面的文化底蕴，让人流连忘返。

不管是瑶族儿女传承和发扬瑶族文化，还是其他民族的儿女传承和发扬自己民族的文化，都不能背离民族文化传承的初心，要用真情实感和实际行动参与到

文化传承的队伍中。在瑶族文化发展的问题上,不能借传承和发扬瑶族文化之名为个人谋求私利,要站在民族发展的高度思考文化传承的意义,要权衡瑶族文化发展与个人利益的相互关系。只有在新时代下继续把瑶族文化传承好发展好,才能让全体瑶族人民共同受益,才能让瑶族文化在民族文化之林绽放光彩。

五、结语

目前,全国各地都在如火如荼地推动乡村振兴,围绕产业振兴、文化振兴、人才振兴、生态振兴、组织振兴五个方面全面展开农村建设,是巩固和完善脱贫攻坚成果的重大战略举措。瑶族文化的传承和发扬是瑶族地区文化振兴的重要内容,打造富含瑶族文化的瑶山特色,保持瑶山美丽的自然风光,这是瑶族地区产业振兴和生态振兴建设的重要环节。作为新时代发展瑶族文化的接班人,我们有责任和义务接过接力棒站好这班岗,让瑶族文化在我们这几代瑶族儿女的手里枝繁叶茂。

新时代赋予我们发展瑶族文化的众多机遇,要把瑶族文化推向时代发展的新高度,就要利用好学校教育、红色资源、旅游发展、地域特色等方面的优势,探索与瑶族文化融合发展的全新方式,集各种发展机制于一体,把瑶族文化打造成宣传瑶族特色的名片,通过"有形"与"无形"的手推动瑶族文化深层次发展。瑶族文化的传承与发扬需要大家的共同努力,我们的目标不只是把瑶族文化向世界人民宣传,更要在保留瑶族文化精髓的基础上借鉴各民族文化发展的方式,让瑶族文化不断创新发展,打造展现瑶族人民精神风貌和性格品质的新型瑶族文化。

艺术编

花瑶挑花及其价值研究

◎ 蒋欢宜

在湖南省溆浦县与隆回县接壤之处的雪峰山东北麓崇山峻岭之中，居住着一支自称"模岚""巴哼""唔奈"（汉译为瑶人）的瑶族。该族女性特别爱美，服饰从头到脚都有花饰，色彩艳丽，光彩夺目，故被外界冠以"花瑶"之名。花瑶是瑶族大家庭中最小的支系之一，到目前为止，只有8000余人口。在长期的历史发展过程中，花瑶形成了自己的语言，但没有自己的文字。中华人民共和国成立之前，受居住环境的制约，花瑶人与外界少有往来，至今保存着较为原始、古朴的狩猎文化、农耕文化、宗教文化，较为完整地保存着活态的挑花技艺、瑶族医药知识、呜哇山歌以及"打滔""赶苗"等独特的民风民俗。

花瑶挑花是我国璀璨的民间艺术瑰宝之一。花瑶挑花的图形与纹饰互相映衬，层次分明，色彩鲜艳，具有浓郁的民族特色，其精湛的手工技艺获得了国内外广泛的认可。1982年，花瑶的鱼纹挑花裙、锦鸡挑花裙、鱼马挑花裙入选《湖南省民间美术集》。1995年，文化部举办了"中国民间美术一绝展"，花瑶挑花艺术品荣获铜奖。1998年，省文物管理局何强借在日本参加国际民间艺术学术会议之机，介绍了花瑶挑花裙纹样，获得了国际学术界的高度赞扬。2003年，在中国文物仿制品暨民间工艺品大展上，花瑶挑花荣获金奖。2004年，广西电视台、陕西电视台、湖南卫视和浙江卫视陆续摄制了专题片《寻找金花》《花瑶传奇》《掀起花瑶红盖头》和《神秘花瑶》，将独特的花瑶民俗、美丽的花瑶服饰、精湛的挑花技艺搬上了荧屏，引起了国内外对花瑶，尤其是花瑶挑花的广泛关注。2006年，花瑶挑花被录入国家非物质文化遗产名录。[①]

---

① 禹明华.走进花瑶——花瑶民俗文化研究 [M].郑州：河南人民出版社，2010：88.

花瑶挑花历史悠久。据东汉应劭《风俗通义》记载，瑶族有"积绩木皮，染以草实，好五色衣服"①的习俗。唐代魏征在《隋书》中记载："长沙郡杂有夷蜒，名曰莫瑶。……其女子蓝布衫，斑布裙，通无鞋履。"②上述史籍虽然不是关于花瑶服饰的直接记录，但却与现在隆回女子"头缠五彩斑斓的挑花头巾，上着蓝色圆领衣，腰系挑花彩带，下穿彩色挑花筒裙，腿扎挑花绑带"的服饰特征相吻合，花瑶挑花技艺之历史久远、风格独特显而易见。相传，明洪武年间，花瑶从洪江迁往龙潭定居隆回之后，花瑶姑娘们模仿岩壁上丛生的绿色花朵挑刺成精致图案"杯干约"。此后，花瑶挑花技艺日益成熟，不用描图设计和模具绣架，也能用简练生动的手法表现出复杂的自然形象和抽象的思维理念。

一、花瑶挑花图案

花瑶挑花主要体现在女子服饰上，她们的头巾、衣领、袖口、绑腿、小孩背带和筒裙上均有挑花。花瑶挑花图案题材丰富，有上千种之多，按其题材可分为动物类、植物类、历史故事和历史人物类、日常生活与寓言故事类四大类型，其中以动物类为主。

花瑶挑花中多动物类图案，以蛇、虎、龙、鸟、狮、鱼、马等图案最为常见。其中，蛇的图案最为丰富。盘蛇、交体蛇、昂头翘尾蛇、无尾双头蛇、蛇缠图腾柱、比势蛇、蛇上树、无足蛇、群蛇聚首、双蛇戏珠、训子蛇、吐信蛇，形态各异，不可胜计。如"群蛇交体"图案，上层和中间层均为左右两条身体呈"S"形相交缠的蛇，四条蛇的蛇头上下两两相对；每层空白处还挑有四条两两相对的小蛇，左右上角各挑出一只飞翔的长尾鸟；下层左右各有一条身体呈"S"形弯曲的蛇，蛇头相对；左右下角各有一只飞鸟。又如"相交蛇"图案：两条花边蛇紧紧缠绕在一起，蛇头相对，彼此深情对视。

挑花图案中有"侧身正面虎""侧身侧面虎"等二十多个虎图案。"侧面正身虎"是最为常见的虎纹饰，也是挑花中纹饰最繁杂、层次最丰富、难度最高的部分。图案主体一般是两只头相对的侧身虎，虎头扭向正面，虎尾弯曲上翘至脊背呈"S"状，尾尖朝天。主体以下，挑四只肥猪或六只小老虎点缀。最奇特的要数在虎肚里挑一两只小老虎，栩栩如生，憨态可掬。此外，还有龙图

---

① [东汉] 应劭.风俗通义 [M].北京：中华书局，1973.
② [唐] 魏征.隋书 [M].北京：中华书局，1973.

案，如"双龙抢宝""飘洋过海""腾云降雨""龙蛇共舞"等；鸟图案，如"六鸟连环""梧桐栖凤""双凤朝阳""枝头报喜""比翼双飞""鹰击长空""鹰蛇相斗"等；狮图案，如正面狮、侧面狮、麒麟狮、金钱狮、几何狮、吼狮等；鱼图案，如娃娃鱼、几何鱼、刀币鱼、女阴鱼、双头鱼、锯齿鱼、金鱼、鲤鱼、泥鳅等。花瑶筒裙中马图案所占的比重较大，主要有"双马奋蹄""马放南山""小马过河"等。

花瑶挑花的植物类图案一般以树木花草为基本元素，组合成按几何图形排列的主体图案。有的在一块绣片中挑几十种花纹，将图案自由、不规则地排列，或花中藏花或将鸟虫组合成花，大胆而新奇。

历史故事和历史人物类图案主要以瑶族先祖抵御外族侵略和压迫的历史故事为题材。有"乘龙过海"，即先王骑在龙背上，腾云驾雾的图案；"先王升殿"，即先王身着王服，端坐殿中的图案；"朗丘御敌"，即朗丘骑在马上，头戴神冠，身着铠甲，英勇御敌的图案；"元帅跨马"，即元帅头戴军帽，身着军装，跨骑高头战马，昂首挺胸，威严无比的图案。

日常生活与寓言故事类主要以花瑶传统习俗"唱山歌""打滔"等为素材。这类图案往往场面宏大、人物众多，故对挑花技艺有很高的要求。现在，能挑出以生活场景为素材的大型挑花作品的人已经不多了。尚有一幅保存较为完好的作品《山歌传情》，只见图案中有两座飞檐瓦顶的木楼，二楼的窗户都开着，窗边各有一人嘴巴张得圆圆的，作对歌状。

除了上述四种类型的主体图案外，填充花纹也是花瑶挑花图案的重要组成部分。填充纹是花瑶挑花裙图案的基本单位，常用于图案与图案之间的空白部分、筒裙的花边以及主题图案的空白部分。花瑶挑花的花纹种类很多，常见的有：太阳纹、卍字纹、灯笼纹、铜钱纹、牡丹纹、蕨叶纹、勾勾藤、岩石花（"杯干约"）、雪花纹、回字纹、小圆点、旋涡等。这些花纹图案都是花瑶女子从日常生活中常常见到和接触到的植物中提炼出来的，是花瑶女子热爱生活的诗性表达。

二、花瑶挑花技艺

花瑶挑花工艺有选购布和线、穿针引线、挑花、缝合（筒裙、衣襟、袖口）四个步骤。花瑶挑花所需要的材料有：直纹粗平土布、绣花针、白纱线及各色丝线、毛线。

花瑶挑花必须用直纹经纬线。过去主要用"家织布"，即纯棉布料的直纹粗平土布。这种布料经纬不是很清晰，线条不太均匀，带毛，易掉色，不是很适合挑花。现在，纯棉土布很难买到，故改用化纤尼龙布。与纯棉土布相比，这种布料布面光滑，线条均匀粗大，经纬明显，更适合用来挑花。挑花布一般以藏青色、黑色为主，红黄白亦可。筒裙前两页"固补"一般为黄、红、白色，后面两页为藏青色或黑色，绑腿和袖口为白色，腰带为黄、白或红色，裙边为红色。布的规格不一，视衣服尺寸而定。一般来说，"固补"高五六十厘米，宽四十厘米，红边五厘米，后两页裙边高五六十厘米，宽一百厘米。袖口白布长三十余厘米，宽四、七、九厘米不等。绑腿白布高三十余厘米，长近四百厘米。[1]挑花所用的针多为11号、12号、13号的小号绣花针。挑花所用的线，过去为土纱线和七色丝线，现在多用毛线，配以纱线。

在工艺上，花瑶挑花具有与湘绣、苏绣、蜀绣截然不同的特点。第一，花瑶挑花不需要支架，也不需要事先构图，全凭挑花技艺将所见所想随心所欲地展现在布上。第二，花瑶挑花在图案布局、造型设计、配色方面独树一帜。

在花瑶挑花的图案布局上，有对称平衡、平面分割、穿越集合、反复连续、填补空白等方法。挑花图案布局时，常常采用对称平衡法，诸如：筒裙后两片白色挑花图案相同，方向相反，拼接后成对称形式。在整体布局上，主要采用平面分割法，诸如：传统花瑶筒裙由上中下三条平行横向图案构成。中间是主体，面积最大，挑花图案多为两只或多只相对的动物、人物或几组相对的大植物花纹。上下部分较窄，上部分多为花鸟飞禽，下部分多为树木走兽。

在图案造型上，主要有简化、夸张和几何等手法。简化法，即将所见所想提炼概括成单纯简洁的纹样。夸张变形是花瑶挑花纹样的主要方法，往往将描绘的对象变形到超乎常理，其中，以打破人与动植物、建筑物的比例最为常见。几何法，即把不规则的形状全部归纳成规整的几何图案。通常情况下，"固补"、袖口、对襟、裙边的花都是几根平行长线并列构成的小型几何型图案。具体来说，有在两根平行长线之间加横线而成若干方格的，有作"U"形的，有作单、双线菱形的，有大小方格相套而成"回"字形的，还有多根直线相交而成的网状。

在图案配色上，花瑶挑花遵循着以五色为正色及阴阳互补的原则，大量采用红绿、橙蓝、黄紫、黑白两色对比，色彩对比力度大，形成特有的民间色彩体系。"固补"、裙边、袖口、衣襟等处的花多采用红黄蓝绿等色毛线或丝线在白、黄、红布上挑绣，色彩明艳。后面两片用白纱线在藏青或黑色布上挑花，黑白分明，

---

[1] 回楚佳.花瑶挑花[C].隆回县非物质文化遗产保护中心，2015：19.

素雅清淡。在颜色上，筒裙集明艳与素雅于一体，互为映衬，相得益彰。

　　花瑶挑花的基本针法有"十字针法"和"一字针法"，以"十字针法"为主，"一字针法"为辅。"十字针法""一字针法"，即以布的经纬纱交叉呈"十"字形为"坐标"，对角插针成"十"字形，或作"一"字形。值得注意的是，"十字针法"并不仅限于"十"，更多的是"×"，因为二者相似，故统称为"十字针法"。"一字针法"也不仅限于"一"字的横挑，还有"/"和"\""｜"等针法。

　　传统的挑花步骤是：从一处开始，不分主次，一个图案接一个图案地铺开，然后曲折返回加挑一层。现代流行的新的挑花步骤是：先挑出主图案的轮廓（类似线描），接着从一处开始将主图案填满一层，再挑次图案、辅助图案、上花边，然后填空，最后加挑一层。值得注意的是，筒裙主体都是由两片对称图案组合而成的。所以，在挑好第一片图案后，另外一片必须严格对照前一片的图案，进行反方向的构图，针数要与第一片相同，一旦过多或偏少，图案就会走样，无法对称。

三、花瑶挑花的价值

　　在长期的生产生活中，花瑶人练就了精湛的挑花技艺。这一传统技艺是花瑶人历史上生产生活经验的结晶，即便是在社会主义现代化建设的今天，也有它独特文化价值与经济价值。花瑶挑花是花瑶民族文化的重要载体，不仅反映了花瑶同胞对美好生活的热爱和向往，同时也记录了本民族厚重的历史与文化，具有很高的历史价值、人文价值、艺术价值。

（一）保存着花瑶关于族群迁徙、开荒辟草的历史记忆

　　花瑶挑花的形成与发展与整个族群的发展历程息息相关。花瑶挑花是花瑶人发展的历史产物，同时，也保存着花瑶人迁徙、开荒辟草的历史记忆。

　　花瑶挑花图案有一类是关于历史故事与历史人物的，如"乘龙过海""先王升殿""朗丘御敌"等，均是关于花瑶祖先英雄事迹、族群迁徙的历史记忆。

　　瑶族祖先源于黄帝时代的"九黎"部落、尧舜禹时期的"三苗"集团、夏朝的"荆蛮"群体。《战国策·魏策一》有载："三苗之居，左有彭蠡之波，右有洞庭之水，文山在其南，而衡山在其北。"可见，当时瑶族先民居住在高山大川之中。挑花图案"乘龙过海"正是关于这一历史时期的记忆。"乘龙过海"中的瑶族先民领袖，头带三尖神冠，冠发飘逸，英姿飒爽。盘王骑在龙背上，骄

龙昂首，腾云驾雾，呼呼生风，底下碧波千里，一望无际。

"先王升殿"描绘了瑶族先民领袖身穿王服，端坐殿中，理政为民的场景。唐代，统治者提倡对四夷少数民族"不必猜异类，益德泽洽，四夷可使如一家"[1]，瑶族始得"莫役"（免征徭役）瑶之称，得以休养生息，偏安于一隅。"先王升殿"即是这一历史时期的写照。

"朗丘御敌"描绘了朗丘（瑶族领袖）骑在马上，头带神冠，身着铠甲，手执羽箭，马下有来犯者的首级的壮丽场景，记录了历史战争中瑶族先祖奋勇杀敌的历史。宋代以后，政府加大了对瑶族地区的开发和利用。北宋熙宁五年（1072），章惇开梅山，在湘中梅山地区设治、籍户、征税、驻兵，大量汉民涌入，"梅山蛮"的主体瑶族受到强烈挤压，被迫从湖南北部、江淮地区和江西向西南地区迁徙。元代，瑶族被划入"南人"之列，受到严酷统治，被迫进行了强烈反抗。花瑶挑花"朗丘御敌"以写实手法，直接呈现了这段悲壮的历史，表达了花瑶对英雄的讴歌和对先祖的崇敬。

（二）以艺术的形式生动地展示了花瑶独特的宗教信仰和民风民俗

花瑶长期生活在"化外之地"，与外界少有往来，逐渐形成了独特的宗教信仰和民风民俗，且较为完整地保留了下来，体现在花瑶挑花图案之中。在某种程度上，可以说，花瑶挑花是花瑶宗教信仰和民风民俗的艺术表达方式之一。

花瑶长期生活在高山深箐之中，对蛇的习性十分熟悉，且蛇又具有游水、上树、耐饿的能力和长寿的特征，久而久之，花瑶同胞形成了关于蛇的自然崇拜。这一点很明显地体现在花瑶挑花之中。花瑶挑花的蛇图案众多，盘蛇图案、交体蛇图案、昂头翘尾蛇图案、无尾双头蛇图案、蛇缠图腾柱图案，不可胜数。不同图案中蛇的形态各异，充满奇思妙想，如训子蛇、比势蛇、吐信蛇、群蛇聚首、双蛇戏珠等等。

一些挑花作品是以花瑶民俗为题材，生动地呈现了花瑶独特的民风民俗。诸如《山歌传情》生动地描绘了花瑶青年男女以歌为媒，私订终身，补请媒人做媒的"对歌定情"习俗。分布在大山之中的花瑶村寨之间往往看似近在眼前，实则相隔甚远，花瑶青年男女面对面地交流的机会很少，只有在劳作之余，以歌为媒，传达情愫。《山歌传情》正是以这一习俗为创作素材，生动地呈现了这一习俗，真实地反映了花瑶同胞爽朗、豁达的民族性格。《打蹈成婚》记录了花瑶婚礼

---

[1] ［宋］司马光.资治通鉴［M］.北京：北京出版社，2016.

中庆朋好友互相坐到对方大腿上猛顿屁股嬉闹,即"打蹓"(花瑶语,顿屁股的意思)的习俗。花瑶挑花作品《打蹓成婚》艺术性地再现了这一场景。针脚繁密处,针针相套,简练处,寥寥几针,一个个鲜活的人物跃然布上,一个个生动的故事依次展开。挑花画面黑白分明,疏密有致,动静相济,色彩对比鲜明,具有极强的视觉冲击力。

"讨念拜""讨僚皈"是花瑶最重要的传统民俗节日。"讨念拜"于每年农历五月十五至十七日在水洞坪举行;"讨僚皈"每年举行两次,第一次于农历七月初二至初四在茅坳举行,第二次于农历七月初七至初八在小沙江举行。"讨念拜""讨僚皈"是花瑶全民参与的节日,节日期间,在远在外地的游子必须回来,亲戚朋友之间要互相走动。以"讨念拜""讨僚皈"为题材的挑花作品,以表现场景宏阔、人物纷繁见长,在花瑶挑花中极为罕见。现今,这类挑花技艺由于难度太大,早已失传,仅部分花瑶老人还依稀记得其大致的样子。

(三)蕴含着花瑶质朴的审美观念,彰显了花瑶同胞对生活的热爱

花瑶同胞长期生活在深山密林之中,过着与世隔绝、自给自足的质朴生活,形成了质朴的思维方式和审美观念,并体现在众多的挑花作品之中。比如,在挑绣老虎时,花瑶女子常常在老虎的腹部绣一只活泼可爱的小老虎和一些花草。当你问她原因,她会不假思索地告诉你:"老虎是要吃东西的,也要怀崽的。"

这种质朴的思维方式深刻地影响着花瑶同胞的审美观念,直观体现在花瑶挑花之中。花瑶挑花讲究变化统一美、对称平衡美、节奏韵律美、黑白对比美、质朴自然美。花瑶挑花在同一幅画面中讲究变化,以题材多、造型多、变化手法多见长,如此一来,难免令人眼花缭乱,故画面主体以几何图案统一,使整个画面呈现出完整统一美。对称平衡构图是花瑶挑花的固定格式,对称的构图产生一种上下、左右图案重量相等的感觉,更有整齐和稳定的美感。同时,花瑶挑花灵活运用线条的长短、曲直、粗细等对比因素进行有序排列,使纹样具有明显的节奏感和韵律感,产生节奏韵律美。

花瑶挑花中最基本的图案"杯干约"花纹,是模仿一种生长在岩石上的生物菌体图案而来。相传,每到年成好的时候,这种花路岩上的图案就特别明显,花瑶同胞把它看作美丽、吉祥的象征。花瑶同胞对美好生活的向往和热爱也通过一朵朵"杯干约"花纹展现出来。花瑶女子以针线为笔,以布为纸,勾画出一幅幅绚丽多姿的图画,把花瑶同胞独特的宗教观念、思维方式和民风民俗融入挑花作品之中,是花瑶女子最情真意切、最质朴的表白。

论瑶族口传歌谣
在社会主义核心价值观中的重要意义

◎ 潘明荣　潘清妹

　　瑶族是一个人口众多的少数民族，具有"大分散，小聚居"的居住特点，据全国第六次人口普查数据统计，瑶族人口约279万余人。瑶族遍布于五湖四海以及多个国家，是世界上跨境民族之一。在跨境迁徙的历史过程中，瑶族人民凭借他们勤劳的双手和聪明的才智，在世界民族之林中独树一帜。他们在生产生活中形成了独特的民族文化，尤其是瑶族口传歌谣在瑶族人民的生产生活中扮演了重要的角色、发挥了不可估量的作用。瑶族同胞能歌善舞，常常可以借歌抒情，以歌咏志，在多个领域展现了其独特的民族魅力。但是由于诸多因素的影响，瑶族口传歌谣的流传受到严重的冲击，并且正在走向逐渐衰退甚至失传的边缘。自社会主义核心价值观提出以来，习近平总书记于2014年5月4日在北京大学师生座谈会上发表重要讲话提出："要倡导富强、民主、文明、和谐；倡导自由、平等、公正、法治；倡导爱国、敬业、诚信、友善，积极培育和践行社会主义核心价值观。富强、民主、文明、和谐是国家层面的价值要求，自由、平等、公正、法治是社会层面的价值要求，爱国、敬业、诚信、友善是公民层面的价值要求。"[①] 于是笔者从社会主义核心价值观的核心内容："国家、社会、公民"三个层面出发，寻找瑶族口传歌谣与社会主义核心价值观的契机，来看瑶族口传歌谣如何在社会主义核心价值观三个层面中得到体现的。

---

① 于子茹，金佳绪."平语"近人——习近平谈社会主义核心价值[OL].观新华网，2016-12-8.

一、瑶族口传歌谣

(一) 瑶族口传歌谣的特点

瑶族口传歌谣历史久远，可以追溯到远古时期。瑶族人民善于借歌抒情，以歌咏志，无论祭拜先祖、记事载史，还是婚丧嫁娶、迎宾送客，甚至是乡村民约法矩法规等，上自天文地理，下至人间琐事，远自盘古开天，近到眼下当前，都以歌谣的形式传达出人们心中的意愿，口传歌谣文化成为瑶族承载历史的重要方式之一。由于口传歌谣旋律优美，曲调多样，贴近生活的方方面面，带有淳厚的民族色彩和独特的艺术魅力，故而深受人们的青睐。

(二) 瑶族口传歌谣的现状

由于瑶族人民生活在比较落后的偏远山区，他们所能够接触到的音乐形式只有歌谣，在这种先天的自然环境条件下，瑶族歌谣在较长的一段时间保持着纯真的韵味和拥有相对独立的传承空间。随着全球化一体化的发展进程，民族文化交融的步伐加快了，使得瑶族地区传统的音乐文化，尤其是原生态瑶族口传歌谣受到了巨大的冲击。深受异国文化和现代文化的双重影响，人们渐渐地疏忽了那些口耳相传或世代相传的传统歌谣，民族青年对现代流行音乐青睐有加，却对自己本民族传统的文化置若罔闻，只有一些孤独的长者，依然留守在深山老林唱着那些孤独的歌谣，况且人数已不多。面对这样尴尬的场景，一些文人志士、音乐爱好者唯恐瑶族口传歌谣会随时代变迁逐渐衰落或荡然无存。笔者认为瑶族口传歌谣所面临的瓶颈有四点：一、大部分瑶族人民对自身拥有的传统的口传歌谣缺乏兴趣。二、口传歌谣主要是流于口头传唱，没有比较完整的书籍和唱片来授教，学者求学难度较大。三、缺乏资金投入，不能使歌谣产业化、规模化。四、歌谣自身缺少创新，不能与时俱进或缺乏理论政策作依托，得不到国家层面应有的重视。

二、瑶族口传歌谣在社会主义核心价值观中的重要意义

瑶族口传歌谣种类丰富，形式多样，但细心探究，不难发现它们与社会主义核心价值观的基本内容之间有紧密的联系，可谓一脉相承。下面笔者将以社会主义核心价值观的三个层面：国家、社会、公民为载体，阐述瑶族口传歌谣在以上三个层面的现实体现，并深入剖析瑶族口传歌谣的社会主义核心价值观中的重要意义。

（一）瑶族口传歌谣在"富强、民主、文明、和谐"国家层面上的价值体现

富强、民主、文明、和谐作为核心价值观，凝结了一百多年来中国人的理想与价值愿望，是14亿多中国各族人民在中国共产党的领导下对于现代化国家理想形态的价值表达，因此，它也可以说是国家层面的核心价值观。富强、民主、文明、和谐，有着强大的现实感召力，是当代中国人的核心价值诉求。社会主义国家层面的核心价值观，起着凝聚我国各族人民人心的伟大价值作用，形成维系社会团结、民族和社会和谐的精神支柱。

首先，近代史上，瑶族人民为了家庭富足，民族富强，前仆后继，出现了许多可歌可泣的革命事迹和英雄人物，谱写了不少光辉的历史，留下了许多优秀的赞歌。

改贫为富靠团结 ①

丢开山坡种水田，不要茅寮住瓦屋；
改贫为富靠团结，丰衣足食日可握。

此歌谣沉痛地揭露了瑶族人民穷苦之根源，不断寻求脱贫致富的方法和思路，也说明了一个真理：瑶族人民脱贫致富首先要学会改变思想，大胆尝试新事物，敢于变山坡为水田，变茅寮成瓦屋。单打独斗穷一辈子，只有团结奋斗才能改贫为富。只要大家团结一致，靠集体的力量，丰衣足食指日可待，充分体现了他们对富强的迫切期望。

其次，民主是人类社会的美好诉求。我们追求的民主是人民民主，其实质和核心是人民当家作主。它是社会主义的生命，也是创造美好幸福生活的政治保障。

爹娘逼我要丢郎

风吹树叶哗哗响，爹娘逼我我丢郎；
心如乱麻哪得散，眼泪湿透半边床。

---

① 黄书光，等.瑶族文学史 [M].南宁：广西人民出版社，1988：231.引自同一本书的作品不一一注明。

歌谣叙述一对青年男女已经建立了深厚的感情，由于封建婚姻制度的束缚，古代婚姻均是由父母包办，青年男女没有自由婚姻的权利。一句"爹娘逼我我丢郎"充分流露出女子的百般无奈和依依不舍之情。在那个完全没有民主可言的年代，为了追随自己的幸福婚姻，女子不甘屈服，只能眼泪湿透半边床，这充分体现出女子对民主与自由的向往。

再次，文明是社会进步的重要标志，也是社会主义现代化国家的重要特征。瑶族自古居于深山老林，没有田，只有地。玉米、小麦、马铃薯、高粱等旱种农作物便成了他们的种植首选。每年收成后，选出较为饱满的作为种子，为来年丰收打下良好的基础，于是就有了选种一说。选种一般都是由女的选，选的时候，母教女，姐教妹，长辈教小辈，一辈接一辈。《选种歌》很多句子和片段都充分呈现了瑶族人民的智慧和农耕文明的传承性。

选种歌 [①]

母：月亮已落了山头，
　　日头已露出了脸，
　　……
　　趁着好天气，
　　把种子来选！
　　……
母：选种就要细细心，
　　选种就要细细看。
　　要像蚕虫啃桑叶，
　　要像姑娘绣花边。
　　棒棒要光亮，
　　粒粒要光闪。
　　不封顶不要，
　　不饱满不选！
　　虫咬的不要，
　　霉烂的不选！
　　……

[①] 韦爱春.大化各族歌谣选 [M]．南宁：广西民族出版社，2003：14.

歌谣里母亲所唱的第一部分中,"趁着好天气,把种子来选"表明选种必须在较好的气候下进行,预防种子变腐变烂,影响来年的收成,体现了瑶族人民的气节文明;第二部分里"棒棒要光亮,粒粒要光闪;不封顶不要,不饱满不选!虫咬的不要,霉烂的不选!"体现出种瓜得瓜种豆得豆的生物遗传学原理,其实也是一种科技文明的体现。

最后,和谐是中国传统文化的基本理念,集中体现了学有所教、劳有所得、病有所医、老有所养、住有所居的生动局面。它是社会主义现代化国家在社会建设领域的价值诉求,是经济社会持续健康发展的重要保证。

如今世界大变样

> 如今世界大变样,人民政府救灾荒;
> 大船装米来救济,黎民百姓喜洋洋。
> 如今世界不同前,人民政府爱瑶山,
> 送得盐来又送布,家家户户喜连连。

新中国成立后,党和人民政府大力组织和领导生产,使瑶族地区的经济得到迅速恢复和发展,人民的生活发生了翻天覆地的变化,瑶族人民第一次过上了像样的生活。政府救济、送盐、送布,家家户户喜连连,体现了"大家"与"小家"你中有我,我中有你的和谐氛围。

男女老少齐扫盲

> 男女老少齐扫盲,工地田间当课堂;
> 折条树枝来当笔,泥地拿来当纸张。
> 亲教亲来邻教邻,年轻丈夫教爱人;
> 区区建立中学校,到处听见读书声。

这是广西金秀反映扫盲、识字运动的歌谣。瑶族人民随着政治上的翻身,经济上的发展,生活水平普遍提高,迫切要改变没有知识和文化的落后状况,因而出现了五十年代的扫盲识字、学文化的热潮。上面这首歌谣正是瑶山扫盲运动的写照,既有"男女老少齐扫盲,工地田间当课堂;折条树枝来当笔,泥地拿来当纸张"的劳动场景,更有那"亲教亲来邻教邻,年轻丈夫教爱人"的动人画面。这是一幅社会主义瑶山的和谐春景图,也是一曲瑶山春天的赞歌!

(二) 瑶族口传歌谣在"自由、平等、公正、法治"社会层面上的价值体现

自由是指人的意志自由、存在和发展的自由,是人类社会的美好向往,也是马克思主义追求的社会价值目标。反映妇女翻身、婚姻自由的瑶族歌谣有:

翻身歌

青山木叶嫩油油,解放妇女有自由;
解放妇女有平等,男女平等走九州。

如今妇女翻了身

旧时妇女真可怜,受人压迫受人奸;
如今妇女翻了身,夜间走路当白天。
过去出嫁真可怜,爷娘逼卖为了钱;
如今翻身讲平等,婚姻妇女自有权。

"旧时妇女真可怜,受人压迫受人奸"唱出了旧社会妇女所处的恶劣环境和任人欺凌的不公平遭遇,唱出了古代瑶族妇女渴望自由的心声。"如今翻身讲平等,婚姻妇女自有权"描写了瑶族妇女从受人压迫、受人凌辱、受人摆布的囚笼中解放出来,获得了男女平等、恋爱婚姻自由的权利,反映了瑶族人民对自由生活的憧憬。

平等指的是公民的人格、自由等一律平等,人人依法享有平等参与、平等发展的权利。

三十六瑶石牌律

若有人胆敢作恶,
为非作歹,

拦路抢劫，
戳马杀人，
谋财害命，
犯法律十二条，
犯法规十三款，
犯三十三天，
犯九十九地，
天不容，
地不许。
……
法律法规呃，
自古就有，
法律面前人人一样，
对天地也不例外。

以"三十六瑶石牌律"解释了瑶族古时的"法律法规"条文，使人们在处理日常事务的时候，有法可依，有文可循，合法平等。"天不容，地不许……法律面前人人一样，对天地也不例外"等条文，体现了瑶族法律法规的权威性和适用性，不论高官达人，还是黎民百姓，在法律面前一律平等。只有人人遵守"约法"，人人维护"约法"，法律面前人人平等，社会才能安宁，人们才能安居乐业。

公正即社会公平和正义，它以人的解放、人的自由平等权利的获得为前提，是国家、社会应有的根本价值理念。

瑶族同胞有一块田与当地姓陈的相邻，陈姓为了把自己田坎弄直，私自把瑶族同胞的一些田地占为己有，从而引起了民事纠纷。有一个名叫莫吉二的讼棍乘机兴风作浪，挑拨离间，诬告造反。因此，争端纠纷从此起，里八峒的灾难也从莫吉二诬告里八峒瑶族同胞时起，县官和州官都很相信他：

里八峒①

州告州，县告县，
告到三江街，高良圩，
告到连州街，新州府，
告州州准，告县县信。

从歌谣最后一句"告州州准，告县县信"可以看出，在面对民事纠纷问题的时候，当地州官县官有法不依，采取姑息态度，甚至任人唯亲。然而，瑶族同胞去告状时，却得到相反的结果：

里八峒瑶仔，告州州不准，告县县不信。

揭露了"告州州不准，告县县不信"，这里充分反映了当时瑶族同胞有苦没处诉，有话没处讲的悲惨情景，揭露了当时社会缺乏公平正义，任人唯亲的社会现实，也反映了穷苦人们对现实社会的无奈和对追求正义的向往。

法治是治国理政的基本方式，依法治国是社会主义民主政治的基本要求。它通过法制建设来维护和保障公民的根本利益，是实现自由平等、公平正义的制度保证。

"盘古开天辟地，伏羲兄妹造人，先有瑶，后有朝。""先有瑶，后有朝"是瑶族人民的一种民族观念。瑶族认为盘古是他们的始祖，盘古开天辟地后，才有了人类有了朝廷。瑶族始祖是盘古，当然瑶先于"朝"，而朝纲律法便是一个民族得以发展的根本。《三十六瑶石牌律》叙述了瑶山为什么要立石牌、制法规，以及石牌律的威严性。

三十六瑶石牌律②

我们二十四花山，

---

① 中国民间文学集成全国编辑委员会，中国歌谣集成广东卷编辑委员会.中国歌谣集成（广东卷）[M]. 中国ISBN中心，2007：639.
② 苏胜兴编.瑶族民歌选[M].上海：上海文艺出版社，1982：207—209.

我们三十六瑶，
我们是偏僻小地方，
三家为一村，
五户为一寨，
小村靠大村，
大村靠石牌。
……

这样，才砍树置牌，
这样，才杀牛立碑，
才制十二条"三多"，
才定十三条"俄料"，
鼠饭有了石牌律，
瑶山固如铁。
石牌大过天，
对天也不容。
……

"三家为一村，五户为一寨，小村靠大村，大村靠石牌"，这一句歌词表明古时瑶族人民的村寨治安管理条例做得非常细致，体现民族法律法规已初步完善，为后来的民主法制健全奠定了基础。"石牌大过天，对天也不容。"

前一句说明石牌律具有神圣不可侵犯的权威，谁犯了石牌，就要受到应有的惩罚；后一句是说，如果"天"犯了石牌律，那么对"天"也不宽容，可知石牌律的严肃性和权威性。

（三）瑶族口传歌谣在"爱国、敬业、诚信、友善"层面上的价值体现

首先，爱国是基于个人对自己祖国依赖关系的深厚情感，要求人们以振兴中华为己任，促进民族团结、维护祖国统一、自觉报效祖国。

湖南江华有一首歌谣叫《蜜蜂和花难离开》，表达了瑶族人民爱党爱国的民族情意。

蜜蜂和花难离开

蜜蜂和花难离开，党的恩情心里栽；
大家一心跟党走，海水下刀分不开。

广西大瑶山歌谣《天上太阳照流水》把党比作天上永恒的太阳，把瑶家比作地上不息的流水，党的光辉永照瑶家，瑶家永记党的恩情，比喻贴切，情意真挚，唱出了瑶家人的心声，也体现了瑶族人民听党话，跟党走，密不可分的爱国情怀。

天上太阳照流水

天上太阳照流水，地上流水映太阳；
共产党来爱瑶家，瑶家爱党像爹娘。

其次，敬业是对公民职业行为准则的价值评价，要求公民忠于职守，克己奉公，服务人民，服务社会，充分体现了社会主义职业精神。

瑶族经营农业历史悠久。隋唐时期，瑶族处于"刀耕种""待雨而耕"的阶段。到了宋代，水田耕作已占了一定的比重。在长期的劳动生产中，瑶族人民逐渐掌握了一些农业生产技术，并在生产过程中积累经验，加以总结，进而指导全年的农业生产活动。《十二月生产歌》就是一首记述一年十二个月生产情况、总结生产经验的歌。

十二月生产歌

正月立春雨水劲，种竹植树好时机；
二月惊蛰春风高，苞谷落土嫩叶齐。
三月清明谷雨节，采茶姑娘满山岗；
四月立夏到小满，农家户户播田忙。
五月芒种到夏至，担粪施肥禾苗绿；
六月小暑到大暑，早谷熟了粟也熟。
七月立秋接处暑，多种番薯补不足；
八月白露又秋分，茶籽油桐收回屋。
九月寒露霜降到，稻谷满仓心不忧；

十月立冬接小雪，百样庄稼都已收。
十一月大雪到冬至，采来香菇采灵芝；
十二月小寒接大寒，大米熬酒过新年。

这首歌瑶是瑶族劳动人民的智慧结晶。因为爱岗敬业、担心错失耕种良机，瑶族人民不但掌握了自然规律，而且学会利用自然规律来指导生产，提升了农业生产的水平，也大大提高了农业产量。《十二月生产歌》实际上是他们一年四季从事农业生产的生活经验总结和爱岗敬业的体现。

再次，诚信即诚实守信，是人类社会千百年传承下来的道德传统，也是社会主义道德建设的重点内容，它强调诚实劳动、信守承诺、诚恳待人。

发誓歌

我们活着共屋住，
我们死了共堆泥。
……
就到天上龙桥等，
用头巾把桥头绑稳，
到时一起去，
和大婆的妹仔共个村。

这是一首盟誓之词。"我们活着共屋住，我们死了共堆泥"这两句呈现了夫妻双方相濡以沫，相互信赖的深厚情谊。"天上龙桥等""一起去""共个村"这几个约会场景是夫妻之间的海誓山盟，也体现出夫妻之间以诚相待、生死相依的诚信品质。

最后，友善强调公民之间应互相尊重、互相关心、互相帮助、和睦友好，努力形成社会主义的新型人际关系。

嘱亲词

今天是花开的日子，
今天是结果的日子，

……
你们的媳妇,
你们要爱护,
同嫁到你们家,
你们要管;
嫁到你们家,
你们要教;
天明她不会起床,
你们催她早起;
天亮她不会起身,
你们可别让她睡懒觉。
下地,要指给她田块,
耕耘,要告诉她地界;
挑水,要指给她水井,
砍柴,要告诉她柴山。
这样她才知,
往你们的水缸加水,
往你们的柴房堆柴。

嘱亲词的内容除了给新婚夫妇献祝福外,还强调男方如何爱护自己的妻子,希望丈夫及其家人耐心教会她劳动,学会操劳家业。娶妻生子、成家立业是人生大事。"你们要管;你们要教;你们催她早起;要指给她;要告诉她"这几句话告诉我们,一旦女子嫁入男子家中后,男方父母及家人有责任把女子教好,女子有义务接受家庭教育,学会为人处世之道。家和方能万事兴,家庭和睦、和谐友善是一个家庭能否兴旺发达的重要因素。家庭成员互帮互学,互谦互让,友好相处是立家之本。嘱亲词虽语言质朴细腻,但具有浓厚的地方色彩和民族特色。它真实地反映了瑶族的婚姻习俗和生活方式,对了解瑶族过去的生产、生活、意识形态等都有一定的帮助。立足当下,它也能够折射出社会主义核心价值观的基本内容之"友善"。

三、结语

本文主要以瑶族历史、地理与人文环境、瑶族口传歌谣的存在形式和现状分析为出发点，借助诸多书籍上的瑶族歌谣，凭借自己所处的生活环境、生活常识，通过大量的史实资料和细心调研，充分结合社会主义核心价值观基本内容"国家、社会、公民"三个层面之 24 字精神，寻找瑶族不同口传歌谣的内在含义与社会主义核心价值观基本内容之契合点。然后，以两者承前启后、相辅相成的关系作为突破口，尽可能呈现出瑶族口传歌谣的历史性、地域性、民族性、时代性，以及传承与保护的必然性、必要性，希望能够帮助瑶族歌谣走出发展的困境，让瑶族先辈们遗留下来的宝贵的物质文化遗产得以保护传承，源远流长。瑶族口传歌谣不仅仅是民族民间传唱的生产歌谣，更被赋予了新时代的历史意义，因而需要引起人民的重视，号召全国各族人民，尤其是瑶族人民更好地保护和传承瑶族口传歌谣文化。

瑶族迁徙史诗的学术价值探讨

◎ 张严艳

瑶族是一个拥有着悠久历史的少数民族，在长期的历史发展过程中创造了丰富而璀璨又具有民族特色的传统文化。瑶族的起源最早可追溯到蚩尤时期，瑶族名称最早可见于唐初史学家所修撰的文献。唐人姚思廉在《梁书·张缵传》说："零陵、衡阳等郡有莫徭蛮者，依山险而居，历政不宾服。"而"莫徭"则是当时人们对瑶族的普遍称呼，这是迄今为止，我们所见到的最早的瑶族名称。[1] 前朝历代一直把瑶族称为"徭""蛮徭""徭人"等，直至中华人民共和国成立后，政府根据瑶族人民的意愿，改"徭"为"瑶"，并统称为瑶族。

瑶族还是一个迁徙性的山地民族，散居在中国南方的高山密林中。贵州有民谚说："布衣住水边，水苗在中间，瑶族住山头。"同时，瑶族分布区域较为广阔，东起广东南雄，西至云南勐腊，北自湖南辰溪，南迄广西防城，境内五岭、雪峰山、十万大山等山脉纵横交错，山峦奔腾起伏，形成大小不等的山麓陡坡，而瑶族人民就在这些山麓陡坡上建立了自己的家园。因此人们也常能听到"深山无处不有瑶""入山唯恐不深，入林唯恐不密"等谚语。此外，居住在中国以外的各个国家的瑶族不少也是从中国迁徙过去的。早在明清时期，瑶族就开始从中国的西南地区向东南亚一带迁徙，二十世纪八十年代初，居住在东南亚一带的部分瑶族又向欧美迁徙。也正因此，瑶族成了一个世界性的跨境民族。

如果说变迁是一个常数，是生活中不可避免的恒久不变的规律，文化变迁是

---

[1] 罗炳高，罗江主编.中华布努瑶迁徙歌 [M].北京：中国当代艺术出版社，2015.

一切文化发展的永恒现象，那么迁徙则是瑶族人民经久不衰的永恒主题。在浩瀚的历史长河中，瑶族人民用自己的勤奋与血泪书写了一篇篇动人的史诗。

一、历史学价值

瑶族是一个国际性的民族。据了解，居住在国外的瑶族有六十多万人，广泛分布在亚洲、美洲以及欧洲等地区。据有关调查资料表明，这些分布在世界各地的瑶族都是明、清以后陆续从中国迁徙移居出去的。因此，世界各个地方的瑶族在血缘、文化和思想上都有着千丝万缕的联系。

历史上，瑶族一直随着历史的发展和时代的变迁而不停地更新着自己的需要以及调整自己的步伐。在魏晋南北朝时期，瑶族的先民主要分布在湖南境内，那时的瑶族还被称为"莫徭蛮"。其中零陵、衡阳等郡是瑶族先民聚居的中心。到了隋唐时期，瑶族先民主要分布在今天的湖南大部分地区和广西东北部、广东北部山区。五代十国时期，大部分瑶族先民聚居在湖南资江中、下游和湘黔之间的五溪地区。宋代，瑶族虽然仍主要分布在湖南境内，但具有一定数量已经开始向两广迁徙。元代，由于战争不断，瑶族被迫大量向南迁徙，深入两广腹地。明代，两广成为瑶族的主要聚居地。明末清初，部分瑶族从广东广西向云南、贵州迁徙。至此，中国南方六省皆有瑶族活动，其分布状况基本与今天瑶族的分布情况相同，并形成了"大分散，小聚居"的分布特点。

历史上，瑶族是一个以刀耕火种为主的游耕山地民族。在发展史中，瑶族人民长期处于迁徙流动的游耕生活之中。因此，瑶族的迁徙历史不仅漫长，同时长期的迁徙生活更是给其带来了许多影响，其中对瑶族文化的影响尤为明显。

据罗炳高先生收集整理的《中华布努瑶迁徙歌》记述，瑶族的迁徙方式繁多，其迁徙过程十分的蜿蜒曲折。在这部资料丰富的书稿中，作者首先讲述了布努瑶从"洛立·洛邑"向南方迁徙的历史原因及过程，其次讲述布努瑶迁徙有单独迁徙和集体迁徙两种方式且着重讲述了蒙、罗、韦、蓝四姓瑶家集体迁徙的艰险历程及路线，最后也讲述了瑶姓四家分开迁徙后的各历程及路线。

在《迁徙歌》中，瑶族先民开始从中原向南方迁徙的历史原因为战争。据说当时的瑶族先民战败后便向南方边陲地带迁徙，由此瑶族人民的迁徙历史便正式开始，其迁徙的路线也是环环相扣。当时四姓瑶家在遭遇追杀时，为了保护自己的生命安全，男扮女装逃出了洛立城邑逃到了洛河边。但因追杀避难于内蒙古的沙漠地带，又迁徙到荒无人烟的黄土高原居住，后因环境恶劣迁至甘肃兰州。因举行"大还愿"祭祖活动被官府围剿而逃至四川巴蜀居住，因官府残酷的压迫和剥削而逃到贵州的毕节与苗族一起杂居，但又因为被官府追杀而逃到了今东兰长江乡上岸，再因受到东兰土知州的毒手而逃往今广西都安瑶族自治县的下坳乡板旺村。至此，因环境恶劣、人口多，四姓瑶家在耶党·耶叠杀了一头老母猪祭祖后分开迁徙，结束了集体迁徙的历程并开始了以亲缘关系为媒介的各姓单独迁徙。而从瑶族人民的历史迁徙过程中可发现，其长期不停迁徙的原因主要有两个：一是自然环境的变化以及社会环境的变化而引起的；二是由民族内部的变化而产生不同需求引起的。

最后，在浩瀚的历史长河中，瑶族经历了迁徙中的道路险恶："从鸟雀口中夺粮，从野兽手中夺食，今年开垦这一山，明年开垦那一岭；一年迁一处，一处住一年。一年要搬一次家，一度要建一处宅。山不高不进，林不密不入……"现今瑶族主要聚居在我国南方的广西、湖南、广东、云南、贵州、江西省以及分布在亚洲、欧洲和美洲的八个国家和地区。

通过回望瑶族的迁徙历程可知，瑶族的居住呈分散格局，形成这样局面的原因比较多。而以历史学视野来看，这与瑶族在漫长的历史发展过程中所处的地位息息相关。根据相关资料记载，从先秦时期开始，瑶族先民就遭受历代反动统治阶级的残酷压迫和歧视，因而被迫走上了不断迁徙的坎坷道路，受尽了苦难，被迫进入高山密林，一部分瑶人吃尽一山又过一山，过着刀耕火种的游耕生活，直到新中国成立以后才定居下来。而正是在这样艰苦的环境中，瑶族历练成一个具有坚韧不拔生命力的民族，同时在不断迁徙的过程中，瑶族人民战天斗地，不仅顽强地生存了下来，而且还创造了自己本民族独特而丰富的文化。这不仅有利于加强民族内部间的凝聚力，同时也为学界研究瑶族发展过程提供了丰富的历史资料借鉴。

二、民俗学价值

瑶族人口众多，分布面广，形成"大分散，小聚居"的分布特点。同时，瑶族的民俗活动繁多。瑶族将自然界的一切看作有生命的灵魂，因此瑶族的传统节日最初的形成往往直接来源于生产活动中的祭祀活动或生产劳动。这些生产劳动的祭祀活动，有的在长期的发展历史过程中逐步演变成了传统节日。而这些传统节日按内容和形式又大致可分为祝著节、农事节、纪念节和民俗娱乐节等，其中以祝著节尤为隆重。

每年农历五月二十五日至二十九日是瑶族隆重的传统节日——祝著节。该节日是为了纪念布努瑶圣母密洛索。据传唱千年的布努瑶古歌《密洛陀（索）》和《布努瑶迁徙歌》记载，圣母密洛索（陀）去世于农历五月二十五日，其子孙为她开了五天五夜的道场，而五月二十九日是她出殡的日子，所以把这天定为节日。在罗炳高先生收集整理的《中华布努瑶迁徙歌》中记载，有过祝著节习俗的布努瑶老人介绍说，在祝著节最后一天，几个山寨的瑶民都集中到一座高山上，敲锣打鼓，唱祭祀歌，送密洛索和祖先的神灵返回天庭。[1]同时，在这一天，瑶族人民不仅要身着民族盛装出席，还要起早贪黑赶到祭祀点一起欢度节日，来者络绎不绝，直到傍晚送走密洛索和祖先神灵后，人群方才渐渐散去。

此外，瑶族还有很多与生产活动相关的民间节日。因瑶族世代居住在山区，坡陡壑深、林密草高、山路崎岖、交通不便，瑶族人民为了生产生活的方便，每年的春天都要修桥补路，后来修路节便成了瑶族民间的传统节日。

瑶族的牛节也和瑶族日常生活生产有关。在瑶族地区，瑶族人民犁地耙田都用牛力，牛在瑶族的生产劳动中起着重要作用。正因此，瑶族人民对牛产生了爱惜之情，从而形成了敬牛习俗并形成了牛节。又传说每年夏历四月初八是牛的生日，所以在这一天瑶族禁用牛也不能对牛高声吆喝，更不能鞭打它，后来经过慢慢发展，这天就成为牛节。

瑶族民俗节日很多，所以常举行祭祖活动。其原因在布努瑶《迁徙歌》的《序歌》部分就有解释："人类怎么生存？忘记了圣母密洛索，就是对祖先的背叛；神灵将惩罚你，你将一事无成。密本洛索大恩不能忘，密样洛西大德不能丢。年年要祭祖先，岁岁要奠神灵，祖先才会保福你，神灵才会保佑你。年年风调雨顺，岁岁人寿粮丰……"所以，瑶族的民俗节日让人们了解到瑶族祖先的发祥地在何处，瑶族先民的发端地在何方，瑶族的祖先是哪些神灵……这让瑶族人民对自己的民族历史有根可索的同时，又清晰地反映出了瑶族口头文学内容的浩瀚以及它严谨的口头"文学"结构。

瑶族民间传统节日是在长期的历史发展过程中逐渐形成的，它融汇了瑶族历史上各个时期的文化精华，具有丰富的文化内涵及其功能。瑶族民间传统节日文化是瑶族传统文化在历史长河中慢慢积淀下来的外在表达方式，其凝聚着瑶族全

---

[1] 玉时阶.瑶族文化变迁[M].北京：民族出版社，2005.盘桂青.瑶族传统音乐与瑶族节庆文化传承的思考[A].广东省民俗文化研究会.2014年08月民俗非遗研讨会论文集[C].广东省民俗文化研究会：2014：3.

体人民的感情、意趣和追求，并经过世代相传而得以传承发展。如今瑶族的民间传统节日仍在不停地发展，因为一个民族的传统文化并不是一成不变的，正如谚语所说"落后就得挨打""不进就是后退"，一个民族要发展，就得跟上时代的步伐而不断地更新。

三、民族学价值

正如摩尔根在《古代社会》一书中所说，地球上有人类始于丁太古时期，人类的发展由蒙昧社会直到今天的文明社会。摩尔根认为人类的进步是从发展阶梯的底层开始的，各种发现、发明和制度说明了这一点：两种政治方式其一为氏族性和社会性的，它产生了社会；另一为政治性的，它产生了国家。氏族性和社会性以人身和氏族制度为基础，政治性以地域和财产为基础。摩尔根赞同达尔文的生物进化论，认为人类由简单向复杂进化的同时，更详细地描述了人类的发展阶梯过程，他把人类社会发展分为了三个阶段，即蒙昧社会、野蛮社会和文明社会。无独有偶，瑶族起源发展便是如此。

据《圣母密洛索出世》记载，"阴阳之气孕育了一个圆球，圆球中沉睡着一个女人，她就是布努圣母密洛索。"而歌中的"圆球"寓意的是"一个女人的子宫"。同样在《迁徙歌》中，"阴阳之气孕育了圣母密洛索"中的"阴气"寓意着女人，而"阳气"寓意着男人，这足以表明圣母密洛索不是由神仙孕育出来的。而布努瑶先民又认为人类的出现是由于"圣母密洛索"与风神在山坳口交媾，原因是在母系氏族社会，人们只知道自己的母亲是谁而不知道自己的生父是谁，但他们认为自己是神种所生，而不是凡人所生。在《造人类》一书中，一开始是"密洛陀"用石头、泥土、糯米、蜂蜡来造人类，但是失败了。意外的，密洛陀造出了米酒、陶器、蜡烛和石灰以及金银铜铁等金属。在经历一次次实物造人失败后，密洛陀最后才与来无影去无踪的"风神"在山坳上交媾，这样才出现了人类。这也寓意了密洛陀所处的是母系氏族社会，人们只知其母而不知其父，同时也印证了人类是通过"性"来繁殖的。《造天地万物》一章中写道：密洛索因得到了"九位大神"的护佑才造出了天下万物。在瑶族中至今还流传着这样的歌谣："是九位大神护佑圣母'密洛索'，造了天，造了地，造了人间万物，造了人类……"传说太阳和月亮偷偷婚配，生出了十一个太阳和十一个月亮，使人间遭受煎熬，于是密洛索就派大力神"昌罗越"把十一个月亮和十一个太阳都杀掉，使人间免遭煎熬。这种丰富的联想在寓意瑶族始母具有爱憎分明的坚定立场的同时,还寓意着在远古传说时代的母系氏族社会,男人是以女人为中心的。但是随着人类演化以及环境的变化,人类生活中开始出现分工,父系氏族社会开始出现。像"昌罗越"这样的大神所从事的各种工作就是一种社会的分工,而非有什么神仙的保护。

正如斯图尔德就文化适应中所倡导的,人类的进化与发展是多线进化而不仅仅是单线进化。瑶族先民的出现与后来的不断发展就是一种文化适应过程。在《发大水兄妹魂》传说中,"兄妹"被迫成婚后生出了一个无头无手无脚的怪胎。这充分展现出了近亲结婚的恶果。但是在远古人类杂居群婚时代,并没有有这样的传说,这说明了瑶族先民于远古时期就反对乱伦和近亲结婚。在《扎筏渡河》一书中,蒙托怀氏族因嫌弃自己的母亲"猴母"长得丑而设计把她丢在迁徙途中。这寓意着从猿到人的进化过程,同时也流传下来了"儿不嫌母丑"的说法。该书中还记有:瑶族同姓通婚要十二代,兄弟的遗孀要隔代七代才能娶为妻,姐妹的子女不能通婚……这些都寓意着瑶族于远古时代就已经掌握了优生优育的科学道理。这不得不说,瑶族不仅早早地创造了自己的民族历史文化,还创造了自己独特的历史文明和"性"文化。

瑶族历史悠久,瑶族始母历尽千辛万苦才造出了人类,为了让人类能安居乐业,密洛索又带子女们建造了房子、制作了农具,同时她又教给子女们纺纱织布并制成了衣服等等,这使瑶族人民向文明又进了一大步。有文化人类学学者认为:"在所有社会与文化系统中,变迁是个常数。"而瑶族社会就是在一次又一次不停地变迁中发展演变着,直到今天,瑶族依然在不停地快速向前发展。

四、结语

瑶族是一个历史悠久的民族,同时也是一个具有优秀传统文化的民族。长期以来,瑶族先民在泥泞的迁徙道路上不断地辗转,历尽了千辛万苦才度过了艰难而漫长的岁月。瑶族是一个流动性很大的民族,它是一个迁徙性游耕山地民族。瑶族的形成过程就是一个不停迁徙的历史过程。随着民族的迁徙,瑶族在迁徙的过程中与地域生态,与其他民族文化的交融、碰撞等组成了瑶族文化表述的一个方面:即用动态的叙述传递动态的母题。[①]

---

① 彭兆荣.迁徙性民族叙事范式——瑶族文化研究札记 [A] .广西师范大学中文系、广西师范大学中国语言文学研究所.东方丛刊(1993年第1辑 总第五辑) [C] .广西外国文学学会,1993:14.

在长期的发展过程中，瑶族形成了自己特有的民族特点和地域风格。随着瑶族社会的变迁和瑶族文化与异文化交流的不断加强，瑶族迁徙历史在纵向发展的同时也在横向发展。而瑶族的传统节庆文化更是瑶族文化的重要组成部分，同时也是其传统文化延绵不断的重要载体。此外，由于瑶族在我国历史上还是迁徙最为频繁的少数民族之一，瑶族人民特别喜欢以歌唱的方式来解决自己内心的愁闷。正如斯宾塞所说："歌唱乃是表达感情兴奋声音性质，是情绪激动的一种语言。"唱歌谣可以使他们释放内心积郁已久的烦恼，可以帮助他们宣泄痛苦等等。于是，歌咏式叙述成为瑶族人处世、生活乃至生存的基本手段。

如今，全世界都正处于改革大浪潮之中。现代经济飞速发展，科技日新月异等，瑶族在这样的环境中将再一次面临巨大的、历史性的挑战。正因此，本文试图通过对瑶族的迁徙史进行回顾梳理并探讨，从而希望为瑶族以后的发展尽一点微薄之力。

田野编

瑶族与其他民族交往交流交融关系研究

——以贵州省荔波县瑶族为例

◎ 黄 潮 覃 桐

我国是一个多民族的国家,随着现代社会的发展,各民族不断加强联谊,杂居相处,友好交流。通过自然融合的方式,各民族相互接近,相互影响,分分合合,聚聚散散,错综杂居,融合的范围逐渐变广,程度逐渐变深,形成了"你中有我、我中有你"的多元一体格局。这种自然融合的方式在少数民族地区最为突出。为此,我们对贵州省荔波县瑶族与其他民族交往交流交融的现象进行探讨,毕竟该县聚集着瑶、水、苗、侗、壮、汉等民族,这些民族在现当代经济文化的冲击以及民族区域自治的影响下自然融合,促进了民族美美与共与人类命运共同体意识的增强。

一、瑶族与其他民族融合的历史根源

荔波地处贵州省南部,东北与黔东南苗族侗族自治州的从江县、榕江县接壤,东南同广西壮族自治区的环江毛南族自治县、南丹县毗邻,西面与独山县交界,北面同三都水族自治县相连,总面积为2431.8平方公里,①是一个多民族聚居县,主要由布依、毛南、瑶、水、苗、侗、壮、汉等22个民族组成。全县总人口184580人,少数民族人口171856人,占总人口数的93.10%,其中布依族、水族、苗族、瑶族四种民族为荔波主要世居民族。②这四种民族的历史文化悠

---

① 贵州省荔波县地方志编纂委员会编.荔波县志[M].北京:方志出版社,1997:1.
② 人口数据来自2019年10月31日荔波县公安统计数据.

久，民族交往、交流、交融错综复杂，既存在着一定的异性，也存在相互借鉴的共同性，并带动和影响着其他民族的融合发展。

(一) 瑶族

据考证，在洪武元年（1368）以前荔波就有了瑶族定居，距今已有600多年。① 从服饰上区分，荔波瑶族可分为青瑶、白裤瑶和长衫瑶三大支系，聚居或分散在荔波下辖的瑶山、瑶麓、佳荣、黎明、茂兰等七个乡镇的深山峡谷里，以支系、姓氏聚合，以大分散、小集中、聚族而居，其中瑶山、瑶麓、茂兰等乡镇是瑶族聚居人口较多的地方。② 荔波瑶族源于"九黎"和"三苗"，后从黄河流域迁徙往长江流域，史称"五溪蛮"，明朝前就进入荔波生息繁衍。荔波瑶族语系属汉藏语系苗瑶语族苗语支布努语，具体分为两大方言三个土语，即努茂方言、包瑙方言和瑶麓土语、瑶山土语、瑶埃土语。每种土语不能互通，交流时借助布依语或汉语为工具。

(二) 水族

根据历史发展的某些迹象和语言以及文化特征，水族自称"睢"，汉字音译为"水"。民间相传，水族由三大支系组成，即"睢闽""睢干""睢柳"。"睢闽"主要指居住在都匀王司镇的水族；"睢柳"主要是指居住在三都、荔波、独山、榕江等县聚居区和散居地区的水族；"睢干"主要是指居住在三都水族自治县阳安、阳乐一带的水族。水族先祖从厦汕起源，经广东、广西长途而漫长的迁徙，在与骆越互动后，又进入贵州，以及黔桂滇交界处逐渐定居下来。水族支系是百越族群集团中闽越的一支，秦汉时到广西后又被视为骆越的一部分，唐代被视为东谢蛮的一部分，宋代被视为峒蛮的一部分，直至明代才被称为"伙"，即水族。

(三) 布依族

源系古代"百越"中的"骆越"支系，与该民族历史相呼应的荔波布依族自称为"卜越"（音译百越），他称为"水仲家"。布依族迁入荔波的年代据荔波地方史志史料记载，始于唐宋时期。从其迁徙历史脉络路线可知，其是从广西邕江、龙江迁徙至荔波定居，因此荔波布依族自称"本地"，称迁徙进来的汉人为

---

① 彭兆荣，年小磊，刘朝晖.文化特例黔——南瑶麓社区的人类学研究 [M] .贵阳：贵州人民出版社，1997：28.
② 尹德俊，叶霖.大瑶山与世界对话——2020年民族地区脱贫攻坚经验交流峰会论文集 [M] .香港：岭南书画杂志社，2020：189.

"客家",表示自己是世居民族①。

(四) 苗族

与远古时代的"九黎""三苗""南蛮"有着密切的渊源,而荔波苗族经历了一段长期的迁徙历史过程。居住在荔波的苗族主要有两大支系,一支是佳荣镇大土村、水维村的苗族,他们的祖先来自黔东南的雷山、从江两地;另一支即荔波分散的苗族,据先辈代代相传,是先由黔东南迁到广西南丹等地,然后再迁到荔波境内。② 由于荔波苗族从不同的地方迁入荔波,而苗族族群结构又十分复杂,故荔波苗族语言各异,居住水维地区的红苗和黑苗的语言;不属同一方言,红苗语言属湘西方言,黑苗语言属黔东方言。

联合国的世遗专家评审桑塞尔言:"荔波是族群之间和谐共处和人与自然和谐共处的范例。"荔波有包括汉族在内的 22 个民族居住,经过千年演化,世居在荔波的布依、水、苗、瑶等民族的文化模式、生活方式在不断融合,尤其是在长期的交往中相互影响、交流、交融,民族间的互动拉近了彼此之间的关系,形成"你中有我,我中有你"的状态,使得荔波人民像石榴籽一紧紧地抱在一起,各民族大团结,共同繁荣。

二、瑶族与其他民族融合的表现形式

古今中外民族共同体的形成、变化、发展,是民族融合的表现形式。迁移杂居,互相通婚,互相学习,共同发展,尤其在语言文化、节日习俗、建筑风格、宗教信仰等方面互相交流融合,是民族之间长期和谐相处的共性,是多民族国家的普遍现象,也是社会发展的必然趋势。荔波瑶族与其他民族融合的形式多样,主要体现为语言文化融合、族际婚姻融合、节日习俗融合、建筑风格融合和宗教信仰融合。

(一) 语言文化融合

随着多元一体化的发展,不同民族在同一地区长期密切接触以至渐渐趋向融合,为了维持日常交往交流,就会出现语言融合的现象。具体指一个民族不仅会使用本民族语言,还会使用其他民族的语言,或者会按照自己本民族所处的人文环境

---

① 何羡坤.荔波布依族[M].北京:中国文化出版社,2011:4.
② 何羡坤.荔波苗族[M].北京:中央文献出版社,2010:2-3.

而新增语言词汇，形成一种新的语言，这种语言又趋于融合的各族人民共同交际的工具。在荔波县，这种语言融合的情况比比皆是。如在板寨村，以瑶族为主，但因长期与布依族的寨子毗邻而居，因此板寨村的瑶族会使用布依语，尤其是该村支书惯用布依语和当地瑶族人民交流；在拉片村，主要居住着白裤瑶，但现在的拉片白裤瑶所使用的语言，并非瑶语，而是布依语，瑶语称拉片为"瓜别"，意思是"平坦开阔的地方"。据说拉片的布依族是在清光绪年间，以吴氏家族和覃氏家族为代表陆续从广西迁到拉片，看到地势平坦开阔，就在此地定居下来。而当时的拉片是瑶族与布依族的多姓杂居，因此当地的瑶族和布依族在长期的交往中潜移默化，互相影响。生活在拉片的瑶族，除了会瑶语，还会布依语、苗语、汉语等，语言的融合拉近了瑶族与其他民族间的距离。又如荔波县朝阳镇，除了以布依族为主体，还有瑶、苗、汉等其他民族，该镇的瑶族与其他民族交往频繁，彼此了解，相互尊重，彼此间认同的情感不断升华，在交往和杂居中，瑶族与其他民族的语言文化相互吸收、调和、融合，瑶族使用的瑶语掺杂有其他民族的语言借词，同时水、苗、布依等其他少数民族在语言交流过程中也大量吸收瑶语，形成多民族语言共存。

（二）族际婚姻融合

民族间的族际通婚即婚姻融合是民族交流交往、和谐相处的重要标志之一。著名美国社会学家戈登（Milton Gordon）的《美国人生活中的同化》（1964）一书中提出了衡量民族关系的7个变量，其中把族际通婚作为一个重要指标。在荔波县内，过去的瑶山白裤瑶一直秉着"族内婚"的传统，即瑶族人只能嫁给瑶族人，如果想要外嫁，必定会遭到全家人甚至全族人的反对；水族不嫁于其他民族，但就算嫁于自己本民族，如果在不了解对方的情况，也杜绝谈婚。在结婚时，瑶族甚至其他民族大多与邻寨通婚，因为女方父母认为"嫁得近，可以随喊随到"。然而随着时代的发展，瑶族与其他民族的思想观念在不断发生变化，婚姻自由，跨族通婚比比皆是。如在荔波朝阳镇中，瑶族与其他民族相互通婚极为普遍，一个家庭就有几种不同身份的民族，瑶族融进其他民族的婚姻家庭，促进语言文化交流交融、相互影响，使民族间不断同化，差异性越来越小，和谐发展。又如在荔波朝阳镇田洞村，族际通婚普遍存在，该村的瑶族乃至其他民族乐于接受外族并与之通婚，缘于该村从外地迁徙而来，容易接受"外人"，也缘于族内没有大姓，而是有着众多的小姓和民族杂居，日积月累，族际通婚频繁，使该村成为一个多民族的大家庭。田洞村瑶族以及其他民族的家庭拥有民族通婚的事实，展现了朝阳镇乃至荔波县瑶族与其他民族的婚姻融合、和谐相处的局面，彰显了瑶族与其他民族同饮一江水，同耕一片田，深度交融，以宽广的胸怀互相接纳，民族间亲密无间。

（三）节日习俗融合

每个民族都有自己的传统节日，尽管时代在不断变化，但每个民族传统节日的内涵并没有改变，通过传统节日活动，可以感受其语言、心理和习俗的奥妙，增进对民族的认同，增强民族间的凝聚力和向心力。如荔波甲良镇居住有瑶、水、苗、汉、侗、壮、黎等民族，是一个民族风情浓郁和民族文化多姿多彩的乡镇，该镇民族过六月六、四月八、七月半、小年节等传统节日。在每年的农历四月八，不论是什么民族，从哪里来，只要到贵地，来者皆是客，属于席上贵宾，都会受到热情款待，酒足饭饱之余，亮一亮自己的歌喉，放纵热情唱酒歌、情歌。六月六的赛歌节，男女青年以歌传情，吸引众多水、苗、汉等民族前来观摩交流，共同欢乐。在荔波茂兰镇尧朝村，有一固定地点作为民族歌曲爱好者的聚集之地，专用民族山歌唱颂党恩和民情，吸引附近村寨山歌爱好者前来交流。无论是"你唱罢来，我来唱"的对歌，还是"你来唱来，我来和"的多声部合唱，瑶族与其他民族在荔波这片土地上和谐共处，交流互动。通过节日融合助推瑶族与其他民族交往交流交融，也为民族间的来往提供了学习与借鉴的平台，形成"你中有我、我中有你"的多元一体格局，推动民族共同体意识发展。

（四）建筑风格融合

家是避风的港湾，有人居住的地方就会有家，但瑶族与其他民族的建筑从外观或形态上总会有些差异。然而随着现代民族大融合，瑶族与其他民族风俗文化融合，各民族对家的建筑风格渐渐偏向于相似、相融、相依。如荔波黎明关水族乡、尧古布依古寨等地居住有瑶、水、汉、壮等民族，该地区传统"干栏"式楼房村寨被列入中国传统村落保护名录。不论是瑶族还是其他民族，其房屋建筑均属于"干栏"式楼房。瑶族与其他民族建筑风格相似或相融，是各民族建筑文化趋于一体的表现。

（五）宗教信仰融合

信仰是一种特殊的社会意识形态和文化现象，由崇拜认同而产生的坚定不移的信念及全身心的皈依，并表现和贯穿于特定的宗教仪式和宗教活动中，用于指导和规范自己或他人在世俗社会中的行为。荔波瑶族与其他民族大多依山傍水而居，从事着山地农耕活动，衍生了许多崇拜自然、崇拜鬼神和崇拜祖先的原始信仰。首先许多寨子附近有保寨林，寨子中有保寨树，不但不允许砍伐，还精心保护，有的人拜大树为"保爷"，有的人时常供奉香火，挂红布，以求平安；其次均以农耕为主，种地收成成为主要的生活来源，故建有土地庙，祈求土地老爷保佑风调雨顺、五谷丰登；再次福马是孝敬和祝寿老人的一种方式，其基本意义在于为老人添福补寿，可由晚辈发起，也可由老人自己请求，当老人觉得自己年龄大、身体不舒服时，可以请"先生"做仪式，这时候整村的人不论是布依、毛南、汉、苗等民族，每家每户都会准备一碗米前来祝寿。最后在丧事中，有的以佛教为基，有的以道教为基，但不论信何种教派，各民族间都会前去参加，形成宗教文化既区分又融合的局面。综上可知，瑶族也好，其他民族也罢，他们在历史长河中有着相似或相同的宗教信仰并慢慢相互容纳和接受。

三、瑶族与其他民族融合的意义

适应是人类生存的重要策略，人可以适应环境，也可以改变环境，更可以用自己的文化来创建新的环境。[1]瑶族作为我国56个民族之一，生活于民族多元一体的今天，瑶族人民与自然环境、社会环境、人文环境的和谐相处，可归根于人与人之间的相处。在这56个民族组成的大家庭中，瑶族与其他民族共同缔造了统一的、多民族融合的国家，使其与其他民族在生产生活中相互扶持、帮助、学习和交融，民族文化从而得以长足发展。当今社会经济不断发展，科学技术长足进步，瑶族与其他民族交往交流交融会不断进行，有利于民族经济文化的交流、人民的团结、生产技术的传播及社会生产力的提高。

四、结语

民族之间通过生活往来，在语言、婚姻、节日、建筑还是宗教信仰等方面互补与融合，形成多元一体的格局。贵州省荔波县瑶族与其他民族在交往交流中互相学习，互相影响，从而推动民族共同体意识的增强，推进民族间交往交流交融的长足发展，使瑶族与其他民族更加团结，共同为中华民族一家亲，同心共筑中华梦助力。

---

[1] 李亦园.环境、族群与文化——依山依水族群文化与社会发展研讨会主题讲演[J].广西民族学院学报：哲学社会科学版，2003（2）：2-6.

论费孝通先生大瑶山调查
与瑶族研究的贡献

◎ 潘宏特

瑶族是我国古老的民族之一，主要居住与分布在我国南方的广西、广东、湖南、贵州、云南五省等地区，其中人口分布最多的便是广西壮族自治区，而广西金秀瑶族自治县，享有"世界瑶都"的美称，是我国瑶族同胞著名的聚居之地。要对瑶族进行探讨、分析与研究，以及瑶族在今天的发展与走向，在这一层面上，我们是无法避开费孝通先生在瑶族领域所做出的巨大贡献而不谈的。当我们要涉论费孝通先生对瑶族研究的贡献，就不得不从金秀大瑶山的情缘历史故事娓娓论述。金秀大瑶山瑶族研究，可以说是费孝通先生学术研究的开启，是其真正意义上的第一次田野调查，同时亦是终其一生留下的牵挂。

一、费老首次真正意义上的人类学田野调查

谈及费孝通先生，我想对于中国人文社会科学界的学者而言无不知晓。其在学术上的研究成果，做出的贡献，在中国以及世界都有一席之地。而这一切的成就、影响与贡献，我们都需要回到大瑶山中去寻找……

这个故事发生在20世纪30年代的一个偏远少数民族山区。一场学术之行与蜜月之旅，竟成为悲剧性的故事。1935年夏，费孝通先生以优异的成绩于清华研究院毕业，此时25岁风华正茂的他与有着"才俊"之称的动人女子王同惠举行了浪漫的婚礼。本是毕业后可享受公费出国留学的费孝通先生，在吴文藻、史禄国两位导师的建议之下，决定在国内做一次少数民族实地田野调查之后，再启

程出国留学深造。[1] 正因为此般想法，他与新婚妻子在婚后的第四天，便离开北京启程前往广西。他们跋山涉水，最终于1935年10月18日走进了金秀大瑶山，在此展开了民族研究。然而不幸却在他们调查进程50多天的那天夜里发生了。那一天，他们与唐兆民等人失联后，误入了一片竹林中，天色渐黑，看不清猎户为捕捉野兽设下的陷阱装置，费孝通先生触碰到了机关，随之便被压在木石之下。妻子王同惠奋不顾身地将木石逐一搬开，但费孝通先生的腰部与腿部皆已重伤，王同惠见状便奔出竹林，呼人救援。然而，天不遂人愿，王同惠在寻人救援路上，不幸落水身亡，这份情与爱便长存在了大瑶山深处。

难以置信的灾难切断了此次调查研究，虽然是短暂的一次田野调查，对费老却产生了一生的影响。可以说大瑶山民族研究是费孝通先生第一次真正意义上的人类学田野调查，"此次大瑶山调查，是费孝通最早接触民族问题和实地考察少数民族。"在他的人生书本里，她永远成为他青春年华里难以掩盖的一页。就像先生在他的《江村经济》一书致谢处所言："我们考察瑶山时，她为人类学献出了生命。她的庄严牺牲使我别无选择地永远跟随着她。"[2] 这场灾难，并未阻止先生对少数民族地区研究的热情。他多次重访大瑶山，进行了更多的深入思考与探索，这也许是对其妻子王同惠最好的回馈与惦念。

1935年的大瑶山的民族调查研究，是费孝通先生从学生阶段的理论知识学习到从实践调查中切身地认识与体会民族问题的跨越。下文我们就此对费孝通先生大瑶山调查研究的贡献与意义进行简要讲述。

二、费老与瑶山的不解之缘和对瑶族的研究贡献

金秀大瑶山是我国第一个成立的瑶族自治县。这里与费孝通先生长存不解情缘，不仅仅因为先生的妻子王同惠为学术研究献出了年轻的生命，还因为先生终生惦记着大瑶山，始终关怀着大瑶山民族与社会的发展。先生于1978—1988年间，先后四次重访了大瑶山。

1935年费孝通先生偕妻子跋山涉水，历尽千辛与万苦而来到了大瑶山，他们"怀着'认识中国，改造中国'的宏大志向"[3] 走进了大瑶山深处，以此展开

---

[1] 奂平清.大瑶山调查与费孝通民族研究的理论自觉[J].西北师大学报（社会科学版），2016，53（03）.
[2] 费孝通.《江村经济》[M].上海：上海人民出版社.2006.
[3] 包路芳.费孝通与大瑶山情缘续记[J].群言，2016（08）.

学术救国的道路。这一次大瑶山瑶族调查，是先生人类学田野调查的起点，是他在民族研究道路上的初步尝试。正如先生自白的那样："这次实习可以说是我民族研究的初次尝试。"①为其一生的学术研究奠定了坚实基础。先生很多后来提出的概念与观点，都能在瑶山找到依据。正如先生在"简述我一生的写作"中坦言："文集中第一篇比较重要的文章《花篮瑶社会组织》，是我和我的第一任夫人王同惠到广西大瑶山做社会调查后写出的。……现在回过头来看，我后来的很多思想，都可以从这篇文章里找到根源，可以说，我一生的学术活动是从这里开始的。"②我们从中可以看出大瑶山调查对先生一生研究有着重要意义。

不幸意外的出现，阻碍了这一次田野调查的持续实施，但费老始终挂念着大瑶山的民族发展。1978年12月，先生第一次重访金秀大瑶山，与第一次初访瑶山进行人类学民族调查已阔别43年之久。瑶族在旧社会里是被压迫、被歧视的少数民族，在他们集团里也存在不平等。但此次重访瑶山，费老看到瑶山的农业、工业、文化教育、医疗等方面与43年前的记忆完全不同，今昔对照，费老用了四个字表达了他的深切感受："换了人间！"③他说："我常常不敢相信我的眼睛，我所见的是实情还是梦境。"

1981年，费孝通先生第二次重访大瑶山，并参加了广西龙胜民族自治县成立30周年庆典活动。在宴会上品尝了当地民族制作的特色猕猴桃酒后，费老为此撰写了《龙胜猕猴桃》一文，既作为该县30周年的贺礼，又是为当地民族经济的发展寻找出路而撰文，文中费老言："怎样改善高寒山地少数民族的生活一直是我关心的问题。"④时隔一年，1982年，费老应邀参加金秀瑶族自治县成立30周年。第三次重访大瑶山，他看到瑶族兴起了致富的热潮，以科学方法种植八角、灵香草植物，推动了经济的发展，为此感慨道："偏僻山区的瑶族，没有辜负党的关怀，不愧是中华民族大家庭的一员，像过去这一年的速度发展下去，本世纪内翻两番看来是大有把握的。"1988年年底，费老再次走访瑶山地区，对瑶山的民族发展路径再次提出看法。此次"他先后到南宁、贵港、梧州、玉林、桂林等地慰问""离开广西之后，费孝通先生踏上湖南江永、江华及广东连南三个南岭山脉地带瑶族比较集中的县域……提出了'南岭经济协作区'

---

① 费孝通.简述我的民族研究经历和思考[J].北京大学学报（哲学社会科学版），1997（02）.
② 费孝通.费孝通全集（第十六卷：1997—1999）[M].呼和浩特：内蒙古人民出版社，2009.
③ 费孝通.费孝通全集（第八卷：1957—1980）[M].呼和浩特：内蒙古人民出版社，2009.
④ 费孝通.费孝通全集（第九卷：1981—1982）[M].呼和浩特：内蒙古人民出版社，2009.

的战略构想。"① 为了更好发挥瑶族社区经济文化的发展，费老对瑶族研究的视野转向了更为宽广的瑶区。

费老对瑶族的研究，一定程度上使我们看到了瑶族历史演化的概况。大瑶山里有着五种不同的瑶族：茶山瑶、坳瑶、花篮瑶、盘瑶、山子瑶。② 人们习惯将之称为"五个支系"。由于在语言学的相关方面缺乏训练，先生初到此地做民族社会调查研究时，也是将大瑶山瑶族简单地称作不同的五个支系。1981年，先生第三次上大瑶山考察时，通过在语言学方面有过训练的同志对这五种不同自称的瑶族在语言上的分析，认识到大瑶山里的瑶族在语言上并非统一，而是可分为三种：勉语、布努语、拉加语，虽说同属汉藏语系，却并非一种语言的不同方言。对此费老认为将其称为"支系"有所不当，因为"他们不是出于一个根本的枝条，而是不同支流汇合而成的一条河。"因此，为了避开"支系"这种不恰当的称法，费老便用"集团"替换了"支系"一词。这自然不是文字简单的变动，"而是对这五个族群更深入、更准确、更符合逻辑认识结果。"③ "支系"一词的改动可以让我们避免"同源异流"与在历史"不同支流汇合而成的一条河"之间的歧义问题。先生指出，瑶山出现的五种不一致自称的人，来源可能不同，进入瑶山之后才逐渐形成如今我们看到的瑶族。"他们为了生存不得不团结起来，建立起共同遵守的秩序，即维持至解放时的石牌组织。对内和平合作，对外同仇敌忾，形成了一体。"这是先生根据瑶族内部不同的语言来认识其历史演化的过程，让我们对瑶族的变迁史有了更进一步的认识。先生曾说，"我总是想从史料中去追寻瑶族的来源，多少是认为有一条线贯穿始终，不论这条线的某一段中这种人曾被人称过什么名称。……但是我从大瑶山的瑶族形成的具体过程中却看出了上述观点未免过于简单些，因而也会妨碍我们对民族历史的研究深入下去。"至此，我们不难有所启发，当我们探讨认识民族的来源与历史变迁问题时，应从多方面考虑，避免单一的视角阻碍对民族历史的认识。除了从语言上做出分析外，先生还通过对瑶山瑶族姓氏之间的关系分析民族形成的过程。这些研究与思考，为我们认识瑶族历史演化、民族形成过程方面极具启发。

对瑶族社会经济文化发展的贡献。费孝通先生对瑶族研究的贡献是不言而喻

---

① 谷家荣.哲思、继承与践理——费孝通先生的瑶山心愿和后生晚辈的信步追访 [J].中央民族大学学报（哲学社会科学版），2010, 37 (06).
② 费孝通.《盘村瑶族》序 [J].读书，1983 (11).
③ 莫金山.为瑶族社会经济文化的发展贡献力量——评费孝通教授五上瑶山 [J].思想战线，2005 (05).

的，如果说 30 年代先生初访瑶山是为纯粹学术上的研究，那么从 1978 年改革开放后，先生对瑶族地区研究的重点已经到了为其社会经济文化发展的贡献上。先生多次对瑶山重访调查，看到了瑶山的经济发展存在重大的问题，发展模式不适应当地具体生态条件，导致瑶山人民无法摆脱贫困。据此"提出金秀瑶山的经济发展应走'木材+电力'和发展土特产之路"。先生指出了"以粮为纲"的口号在大瑶山地区是不符合实际的，瑶族地区山高、坡陡、谷深的地势在"左"的干扰下要求粮食自给，这便造成了"在贫瘠的山坡上长粮食，几年就连种子都收不回，不得不丢荒另辟，把郁郁葱葱的山岭，刮成一片片的秃顶，山内的人劳动终日不得一饱。"因此导致人民不仅无法摆脱贫困，生态体系也被破坏了。金秀大瑶山植被广袤、水资源丰富且落差大，针对瑶山的具体状况，费老指出应以林业、水电为发展方向，并结合本地土特产发展为战略目标。八角、香灵草这些植物是瑶山所在的独特生态环境能生长的特产，且销路也好，种植这些植物，既不毁林，还能发展经济。

在新中国成立初期，为了实现政治上的平等问题，与落实民族区域自治政策，成立了大瑶山瑶族自治区。但由于缺乏经验，"没有认识平原对大瑶山今后发展的重大意义……县境统统以大瑶山脚为界，山上属于大瑶山自治区，山脚下平原属其他县域"，对金秀大瑶山的社会经济文化形成严重的"缠足"现象，发展受到严重束缚。1981 年 8 月，费孝通先生三上瑶山时，当地县委与县人民政府对该地域存在的问题向其进行了汇报，在回京后，"身为全国政协副主席的费孝通先生及时向有关领导和部门反映了广西金秀瑶族自治县区划不合理的情况"，为 1984 年 7 月，国务院将桐木、头排划归金秀县域管辖奠定了重要基础，为该地域的发展创造了更多的条件。费老对瑶山的多次重访，对当地社会经济文化的改善发展的作用不言而喻，对瑶族脱贫致富做出了非常重要的贡献。

三、费老瑶族调查研究的跨时空意义

费孝通先生于 1935 年清华大学研究院毕业后，在导师史禄国教授的建议下决定在出国留学之前，先在国内少数民族地区进行一次人类学田野调查。因此，费老偕妻子王同惠走进广西大瑶山深处，"我们的分工是：我主要测量瑶山居民的体质，她做社会调查。"[①] 他五次走进瑶山，每一次的考察都做出了新的贡

---

① 费孝通.费孝通全集（第十二卷：1986-1987）[M].呼和浩特：内蒙古人民出版社，2009.

献。费老的瑶族调查研究使我们加深了对瑶族历史的认识，并在很大程度上促进了该地区的发展，同时激励了很多学者为认识民族认识中国不断地进行相关的研究。

薪火相承的精神。费孝通先生一生致力于民族研究与乡村建设研究，与少数民族建立了深厚的情感。先生虽已离世，但是其对瑶族研究的感情与为民脱贫致富的学术研究精神依旧存在。先生年迈不能亲身调查之时依旧心系着瑶族人民，在他的倡议下，胡起望、范宏贵两位同志完成了《盘村瑶族》一书，主要以"从游耕到定居""从封闭到开放"两个主题为线条，"以盘村为个案，翔实追叙了瑶族支系社会文化的变迁历程"，为我们对瑶族的进一步研究提供了帮助。对于费孝通先生瑶族研究的心愿，后来人一直都在实践，比如莫金山、李远龙、徐平等学者也多次到大瑶山调查，为瑶族的研究与发展继续做贡献。莫金山撰写的《瑶族石牌制》、李远龙汇编的《传统与变迁：大瑶山瑶族历史人类学考察》、徐平著的《大瑶山七十年变迁》等等书籍，是先生一生对瑶族之情的再现，体现出一脉相承的精神。这些著作对我们了解大瑶山瑶族的变迁历史、五个瑶族集团的关系与瑶族的社会制度、社会生活状况等方面，有着重要借鉴价值。

民族学方法论的贡献。费孝通先生对瑶族研究的贡献，超越了对瑶族自身的研究。他先后五上瑶山，不仅对当地社会经济文化发展做出了贡献，也为我们发展了民族学人类学的研究方法。在二上大瑶山后，费老对民族研究做了更深入的思考与探索，"与第一次大瑶山调查相比较，他在研究视角和方法等方面有了重大的改变，包括在民族研究中更注重历史因素、更注重微型研究与宏观研究相结合，探索民族的形成、发展与凝集规律等问题，其研究视角也更具理论关怀和全局意识。"从多次对瑶山的重访调查研究，我们可以看出先生对民族社区研究在历史分析层面的重视；同时费老对微型研究与宏观研究的结合亦非常重视。重访在一定程度可以使我们发现田野点变化之处，对搜集信息查缺补漏，可以一定程度弥补时间意义上缺陷。"微型"研究，即在研究中以"解剖麻雀"的方式进行调查，通过深入解剖一个社区，找出其个性，并在类型比较中寻找规律，探索具有一般性、普遍性的意义。因为"我们的许多民族一方面具有他们的共性，另一方面也各有其个性，所以我们认为必须从'解剖麻雀'入手，树立类型，进行比较，明确特点，发现共性。"这样的研究方法，可以使得我们在民族研究、社区研究中更好把握其整体性、全面性与综合性。

"瑶山的调查贯穿了他的一生的学术生涯，影响了他不同时期的学术思想，其所有人类学思想的出发点就是瑶山。"[1] 从后来费老的撰文中，以及如《生育制度》《乡土中国》《江村经济》等著作中，其讨论的家庭、婚姻、亲属、土地以及中国社会基本结构的种种看法与"中华民族多元一体格局"的论断，都能看到瑶山田野调查的影子。"费孝通从大瑶山开始的从实求知的学术精神和志在富民的学术取向，成为我们终生受用的精神财富。"费孝通先生的瑶山田野调查对其一生的学术影响是重要的，对瑶族研究的贡献是重要的，对我们民族社区、乡村社区的研究以及民族学学科发展的贡献是重要的。

四、结语："美美与共"的情怀

今天我们对费老先生事迹的回忆，绝非仅仅是缅怀，更重要的是要从其宝贵的学术经验、求知治学的态度中学习与感悟。费老一生致力于少数民族地区的研究，他一生在少数民族山区和中国大地上"行行重行行"，这种为学术研究，为民族、国家，更为繁荣富民的精神毅力是我们后辈应继承的。"各美其美，美人之美，美美与共，天下大同"是费孝通先生80寿辰在东京研讨会瞻望人类学发展提出的思想。如果说用一句话来表述费老一生所做研究对社会的贡献，这十六个字恰如其分。先生曾在爱妻尸首面前，对自己问道："为什么我们要到瑶山去呢？"[2]——答案早已在我们每个人的心里了。

---

[1] 赵旭东，罗士泂.大瑶山与费孝通人类学思想的展开 [J].西北师范大学学报（社会科学版），2016，53（03）.

[2] 费孝通.费孝通全集（第一卷：1924—1936）[M].呼和浩特：内蒙古人民出版社，2009.

江永瑶族音乐调查报告
——以千家峒为例

◎ 林春菲

江永位于永州市南部，都庞岭南麓，东邻江华瑶族自治县，南毗广西富川瑶族自治县，西交广西恭城瑶族自治县，北与广西灌阳县相邻，全县辖5镇4乡，以瑶族为主的少数民族人口15.86万人，占全县总人口的63.2%，少数民族聚居区占全县总面积的87%。江永瑶族由五大支系组成，即"四岗""九源""四个民瑶""七都瑶"和"八都瑶"。瑶族音乐是瑶族传统文化的重要组成部分，笔者曾对江永瑶族音乐进行田野考察活动，本文即当时的部分考察过程和描写分析结果。

一、江永瑶族音乐的田野考察

江永瑶族人民主要生活在千家峒瑶族乡、源口瑶族乡、松柏瑶族乡、兰溪瑶族乡。笔者主要走访了千家峒瑶族乡、兰溪瑶族乡。① 在调查过程中发现，瑶族人民在某些特定的节日，如千家峒瑶族乡跳庙节，他们会邀请师公来主持仪式活动。师公在仪式中的吟唱，寄托了瑶族人民对未来生活的期盼和向往。在仪式开

---

① 调查地点：江永县千家峒瑶族乡刘家庄；调查时间：2018.6.13、8.11-8.14；调查对象：欧阳仁玉、何建新、赵兰妹、赵土花、邹奇新、周韵珠、潘进凤、熊连珠、唐连珠等。调查地点：江华县兰溪勾蓝瑶寨黄家村；调查时间：2018.6.12下午14：30；调查对象：欧阳绪珍、欧阳美嫦、欧阳明魁、欧阳普新等；调查人员：刘新征、林春菲、姚贵芝、严志鹏、李玉玺。本文由笔者独立撰写，文中所涉及的有关江永县千家峒瑶族乡刘家庄村、兰溪勾蓝瑶寨黄家村材料均来自调查组的调查，调查成果归调查组全体成员所有。特此说明，后文中不一一标出。

展前，师公遵循师传下来的技艺，对祭坛的方位、时辰进行测量，挑选最佳方位与时辰开展仪式。师公用吟唱的方式，向神灵传递人民的诉求，可见瑶族人民对民间信仰始终保持虔诚之心。兰溪瑶族乡有"洗泥节"、传承已久的勾蓝瑶女"勾郎配"等风俗。据勾蓝瑶文化传承人欧阳绪珍介绍，现在主要过的传统节日是农历5月13日的洗泥节，其他节日没有那么隆重，不成规模，而不成规模的节日则在家里自己过。除洗泥节外，以前也过盘王节，通过跳盘王、跳长鼓舞的形式来过节。后因为经济原因，经济上不来就不怎么过。新中国成立后，因为要破除封建迷信，就不允许过了。会长鼓舞的老艺人去世了，现在的人想学学不成或者学得不完整了。现在村寨也有长鼓舞的表演，但是不完整一套。这里以前是村寨的瑶长、瑶母、族长之类的，还有懂文化的人也算是传承人。他的妻子欧阳美娥也是传承人，教唱瑶歌，现主持当地的民俗表演队。

二、江永瑶族音乐的分类

民间音乐通常分为民歌和歌舞音乐两类。本文主要对江永瑶族民歌进行分析。江永瑶族民歌可分为劳动歌、生活习俗歌、祭祀歌等。劳动歌包括农事歌等。生活习俗歌包括山歌、情歌、祝酒歌、盘王歌、出嫁歌、哭嫁歌等。祭祀歌包括盘王歌、还盘古愿、盘古杰作等。此外，江永瑶族民歌中还存在一种特殊的音乐形式——瑶汉音乐相融合的女歌。

（一）劳动歌

劳动歌是在瑶族人民劳动生产时所演唱的歌曲。如在勾蓝瑶寨，欧阳美嫦（73岁）给我们唱了12月农事歌：

正月锣鼓叮叮当，二月锄田种子姜。三月去时人下谷，四月归家人插田。

五月去时人扯秧，六月归家稗草完。七月去时禾飘箭，八月归家满洞黄。

九月去时人收摘，十月归家收摘完。十一月去时人酿酒，十二月归家人吃年。

——欧阳绪珍（74岁）翻译

演唱者：欧阳美嫦，林春菲拍摄。

(二) 生活习俗歌

1. 山歌

笔者在千家峒瑶族乡大溪源村找到瑶族歌者赵兰妹（82岁），她告诉笔者，山歌起头唱三十六句开头，传统上，前面都一样，后面换一句。她先后给我们唱了《打花带》《对面山里朦仙雾》《风俗子》《感谢歌》《高山高岭好望天》《客人问》《老人对歌》《起歌身》《山歌》《迎客》《源头苦》等瑶歌。当她唱《源头苦》时，她的女儿赵土花（56岁）说："你没唱出苦来？"赵兰妹说："我不想唱，唱起就想起以前的苦日子，心里很难受，现在是为了你们开心就配合你们娱乐开心一下，唱一下。说多了唱多了，我也很想哭，想到以前的苦日子。源头苦（受苦歌、苦山歌）讲的是以前受苦，现在好过啦。我六岁没有爸妈，一个字都不认识。小的时候到长沙、衡阳唱瑶歌，在一九五九年的时候还发了奖。"

2. 情歌

瑶族歌者赵兰妹告诉笔者，情歌根据不同的环境，有不同的音乐表现形式，既可以是小姑娘演唱的情歌，也可以是男女对歌的情歌。对歌跟山歌不一样，可以随口而出。开始说礼节性的话，后面就说七七八八的话，你怎么问他就怎么答，他们会邀你求你唱歌。客人有些不愿意对歌，怕输，要么就一句都不开口，请你对歌，你不对，主家就把你比下去。你一句都不吭，说你看不起这里的人。对得上你一句我一句，主家对不赢就会没脸。如：

(1) 情歌（小妹子）

对面山里蒙仙雾，仙雾层层蒙下桥。蒙下桥头无礼性，齐齐开心把歌唱。

(2) 男女对歌

女：高山建房两边低，堂屋臂膀画金鸡。两边画起龙和凤，金鸡和凤配夫妻。
男：高山建房两边低，房土冲墙草来盖。堂屋架起木皮板，哪个合缝配夫妻。
女：高山修房四四方，砖子下脚瓦盖墙。堂屋臂膀画狮子，狮子和凤称配成双。
男：高山修房四四方，沙子脚下草盖墙。堂屋架起木皮板，哪能和凤配成双。
太阳难找空心树，灯笼照远远方亲。相思又想远亲到，夜夜做梦到天明。

——赵兰妹演唱，赵土花翻译

3. 祝酒歌

瑶族祝酒歌多用在迎接客人时演唱，欢迎客人的到来，祝福远方客人等。如：

远方贵客到瑶寨,我瑶寨蓬荜生辉亮满堂。瑶家兄弟忙准备,准备宴席待客人。我瑶寨山穷无好招待,让我瑶寨姐妹敬杯水酒尽地宜。一杯水酒不成敬意,二杯水酒敬上来。第三杯是敬命酒,初次相逢礼不周。可惜桌上少滋味,皆因我瑶寨靠山吃山是祖传。祖传家训长传下,有客到来要热情。不管家中贫与富,不可吝秘待客人。再敬一杯平安酒,祝君平安步步高升。我姐妹有事少陪伴,兄弟陪伴慢饮慢交谈。

——欧阳美嫦演唱,欧阳绪珍翻译

4. 盘王歌

瑶族歌者赵兰妹告诉笔者,在日常生活中,她们也可以唱盘王歌,如《盘古开光》《盘古开天到如今》《盘王出世》《盘王出世治天地》《五湖四海龙王殿》等。

盘古开天治天地,先治黄河后治田。刘三姐妹制歌本,自下凡间改忧心。
盘古开天到如今,夫妻姐妹到人间。先治瑶人十二姓,后治天堂百姓人。
盘王出世治天地,先治黄河后治地。高山尽头是水口,江河流水海中间。
五湖四海龙王殿,推下五湖到四海,推下五湖无人渡,无人渡我过新塘。
五湖四海龙王殿,推下五湖到新堂,推下五湖龙船渡,龙船渡贵过新塘。

——赵兰妹演唱,赵土花翻译

5. 出嫁歌

据勾蓝瑶文化传承人欧阳绪珍介绍,瑶族姑娘出嫁时,自己慢慢从闺房走向男方的轿子,在此期间她会唱瑶歌,分楼上和下楼两个部分,表达出嫁女子的十个不舍,带一种悲情。如:

日头出山媛出岭,女媛已楼不下厅。一媛面前好照影,二媛背底好梳妆。三媛床头花小垫,四媛凳头花皂香。五媛五州我母好,六媛六州日子长。七媛七周七色线,八媛凳头同伴娘。九媛楼头常伴月,十媛花楼今日收。(楼上)
竹叶青,木叶青,女在楼中听歌声,听歌声声句句嘱,嘱女下楼过他家。嘱女过他女不去,嘱女爽行女得行。撑伞靠门花脚起,女在楼中就起身。(下楼)

——欧阳美嫦演唱,欧阳绪珍翻译

6. 哭嫁歌

笔者在江永县千家峒瑶族乡刘家庄村调查时,周韵珠告诉笔者瑶族哭嫁可以哭姊妹、舅爷、姑嫂、爹妈(爷娘)。她当场唱了一段哭嫁歌(哭爸爸),在哭嫁演唱前，周韵珠先拿了一块毛巾，她说唱哭嫁有点不好意思。在开始演唱时，她手拿毛巾贴在脸上，然后开始哭唱父亲。她边唱边哭，大家都情不自禁地跟着周大姐的哭唱流下眼泪。她在哭唱的时候回想起以前的生活：我十二岁的时候就被妈妈许给别人，我没跟那个人，妈妈就对我有意见了（搞拗了）。妈妈的意思是你许给谁就得跟谁了。然后我跟老公闹气的时候，就想到自己的父亲。我们出嫁时老人家不在了，自己要做一双鞋子放在家先门口跪着边烧边哭。哭自己没有爸爸教，别人做鞋给爸爸妈妈穿，我给爸爸做鞋烧给爸爸穿，烧完才起来。

演唱者：周韵珠，林春菲拍摄。

要别人扶起来说自己很可怜、苦命。她还告诉笔者，唱这个哭嫁歌，越唱越想哭。爷爷奶奶爸爸妈妈叔叔哥哥嫂子姐姐随便哭六句七八句，哭得久的话大概四五分钟，不会哭就哭两句。

（三）祭祀歌

笔者在江永千家峒瑶族乡大溪源村参加黄巢庙翻修仪式。当时请广西贺州富春县师公冯万民（54岁）来主持仪式。师公冯万民在仪式过程中会唱祭祀歌。

传说黄巢曾率领义军骑马途经大溪源村安塘坪，见此处山高林密水清，于是就地歇息，为爱马刷洗尘土，并在此安顿一宿，次日凌晨离去。当地瑶民为纪念农民起义领袖黄巢，逢年过节在此祭拜，祈求庇佑五谷丰登，烧香化纸颇为灵验，故取名"黄巢庙"，旁边的塘也被命名为"洗马塘"，沿袭至今。

师公冯万民告诉笔者：

我十五岁跟着师公赵有山学（70多岁）。赵有山家里是祖传下来的，他哥哥赵友贵（师公）1988年来江永吹唢呐，我是吹鼓手。江永县首届盘王节，当时还来了很多外国人。英、美、日、越南、菲律宾都会说瑶话，来了十二个国家。出师有师印，学好以后师傅要挂牌超度。在"文化大革命"时期，不准搞迷信，我就没有跟着师傅去。摆了几个样子，三碗米、三个米包。以前没有碗的时候就用竹筒装米，装三桶。跳庙必须在道场上、在一定的场合上。不能随便跳。能唱的是下界，不能唱的是上界、凉愿歌。

"黄巢庙"祭拜（9月8日上午7：40—9：00）由12名大溪源瑶民作为举旗手列队站立，大溪源村支书宣布仪式开始，师公唱道词，吹响牛角、土长号，舞龙耍狮，长鼓舞祭拜，鸣炮、上香。

（四）瑶汉融合的女歌

江永上江圩一带及其毗邻地区流传着女书歌，女书歌随着婚嫁等传播方式融入瑶族人民的生活中，形成瑶族与汉族音乐在历史交流中相互渗透的复合型音乐——女歌。

女书歌与女歌既有渊源，又有区别。在上江圩一带的女书歌是有唱本的，而流传到瑶族地区的女歌则是开口即唱的音乐表现形式。瑶族歌者赵兰妹告诉笔者，女歌很多重话，女歌是两句正词，其他都是重的，唱完在尾声重一句。一个词唱两遍，一句话都可以唱完一首。她唱了三首女歌——《嫁女调》《数莽草》《数鸟歌》。兰溪瑶族乡勾蓝瑶寨欧阳美嫱在坐歌堂时也会唱女歌《数数歌》，如：一只青蛙一个头，两只眼睛四条脚……千家峒瑶族乡村民周韵珠（62岁）、潘进凤（64岁）、熊连珠（70岁）、唐连珠（82岁）给笔者唱了以下女歌：《砍柴不砍葡萄藤》《火烧田埂》《哭满妹》《螃蟹歌》《调子歌》《正月麻慈》《火烧田埂绿荫荫》《嫁女歌》《今月采花》《哭嫁歌》《妈妈接女过新年》《孟姜女》《闹嫁妆》《上山数莽》《十送郎》《石榴开花》《新娘下楼了》《一杯酒》《在家做女好》《正月好像苦竹娘》《正月花来正月红》《做衣服》等。

三、江永瑶族音乐曲调及演唱方式———以千家峒为例

关于瑶族音乐，以往已有较多相关研究成果，下面仅选择笔者考察过的个别例子予以分析。

（一）瑶族山歌

江永瑶族山歌的演唱速度较慢，在每一乐句结束部分喜欢自由延长或加上下滑的装饰音。山歌节奏缓慢，主要采用四分音符。节奏型以四四、后附点为主。旋律主要围绕 do、la、sol 三音进行。音域跨度较小，主要以小三度、大二度、纯四度进行。如谱例1：

谱例 1 山歌

千家峒瑶族乡大溪源村
演唱：赵兰妹
翻译：赵土花
记谱：林春菲

歌词大意：（过山瑶、看得远）高山高岭好望天，望见云南和四川。云南大路好跑马，四川河里好撑船。上山砍柴进洞土，下水撑船进洞龙。读书惊动孔夫子，唱歌惊动远来亲。

(二) 瑶族女歌

瑶族女歌的演唱速度相比山歌来说速度要稍快一些，乐句之间不会加装饰音。节奏比较紧凑，主要采用八分音符、十六分音符。节奏型主要以二八、八十六、十六八为主。旋律主要围绕 la、do、re、mi、sol 五音进行，且每乐句结束均落在 la 音上，可初步判断为民族五声羽调式。其音乐主要采用纯五度、大二度、小三度进行。如谱例 2：

谱例 2 嫁女歌

千家峒瑶族乡大溪源村
演唱、翻译：赵兰妹
记谱：林春菲

歌词：正月里来正月花，正月龙灯到我家，到了我家好款待，十盘果子九盘花。二月你来二月花，二月杨柳叫喳喳。一来叫起杨春早，二来叫起青草花。三月里来三月花，三月亲朋挂扫来。有儿有女来挂扫，无儿无女摆扫台。四月里来四月花，四月婆婆过树长麻，长的短的都给了，尤其douba（树根）发二麻。五月你来五月花，五月龙船下水爬。二十四个划船手，中间打鼓两边爬。六月里来六月花，六月一头像火jia（烧），上街买把清凉伞。上接日头下接花。七月里来七月花，七月婆婆鬼回来，年年有个七月半，家家打起纸钱花。八月里来八月花，八月婆婆捡棉花。上田捡到下田去。捡到田头早回家。九月里头九月花，九月婆婆纺细纱。中间打起泥鳅肚，两边纺起好细纱。十月里来十月花，十月婆婆洗细纱。双脚踩起清洗板，好比观音坐莲花。十月里来十月花，十月婆婆请织匠。中间织起好龙凤，两边织起好莲花。十二月里来十二月花，十二月婆婆请裁缝，中间织起莲花朵。

（三）瑶族祭祀歌

瑶族祭祀歌的演唱是分场合的，有些歌是平时可以唱的，而有些歌则需在特定场合演唱。其演唱以中速为主，节奏相对紧凑，节奏型主要采用后附点的形式。如谱例3：

谱例3 头上戴帽插

中速

千家峒瑶族乡大溪源村
演唱、翻译：冯万民
记谱：林春菲

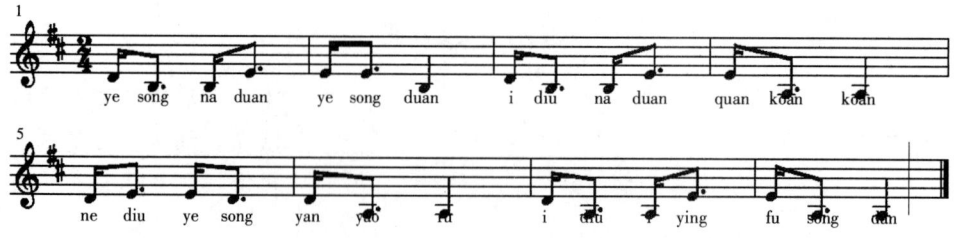

歌词大意：头上戴的帽插，帽子下面掉的两根飘带，为什么要用飘带？飘带用来请神。

笔者根据师公冯万民在仪式过程中的吟唱，发现其演唱音乐多以三度音上下环绕进行。其核心音以 la、do、re、sol 四音进行。

还盘王愿的演唱音乐由四音组成：sol、do、re、mi。音乐进行以二度级进为主。如例4：

例 4

师公冯万民在仪式中的吟唱部分均以三度、二度音上下环绕进行，与人们平时说话的音调类似，节奏以八分音符、四分音符进行为主。

综上可见，山歌、祭祀歌的音乐均有共同点，体现在节奏上，均采用后附点的节奏型，且演唱的旋律均包含 do、la、sol，起音部分均由 do、la 下行的小三度开始。

四、江永瑶族音乐的文化内涵

江永瑶族长期与汉族杂居。20世纪80年代在各地成立瑶族自治县、自治乡之际，为了使各县（乡）的瑶族人口达到国家规定的相应比例，在政府颁布的许多优惠政策之下，许多汉族人进行了族称变更。正如笔者在调查时，村文书何建新告诉笔者："村里大多是道县那边过来，从大溪源瑶族那边翻过山来。本身有六组，从道县要迁过来。这里有狗头瑶岩洞，里面有日常用具米餐具。根据日常用品，所以划分为瑶族。我的爷爷奶奶是汉族。女歌会唱也是从道县迁过来的，当时是为了哪里好住就住哪里，迁过来有五代，有一百多年的历史。八几年的时候来登记民族，我们村都改成瑶族了。"正如关凯认为："任何形式的认同存在久了，就会发生某种形式的变异。"[①] 江永瑶族音乐也不例外，而这种变异也孕育出了一种新的音乐表现形式——女歌。笔者拿着瑶族歌者赵兰妹所演唱的女歌给江永女书园的胡艳玉听，胡艳玉告诉笔者："唱的调子基本差不多，但还是跟

---

① 张林.宗教认同重构与信仰体系转换——新宾满族自治县清皇故里祭祖大典仪式音乐文化［J］.中央音乐学院学报，2018.4：55-65.

我们唱的有点不一样。"由上可推测：尽管女书歌与瑶族地区的女歌在歌词、曲调方面大体保持一致，但在演唱方式上还是存在差异性。

此外，村民卢共艳告诉笔者："我们的女歌和舞蹈是周育华（远山）教的，60多岁。她2013年来我们这里开饭店，教我们跳舞和女歌，教了2首女歌。她现在很少过来了。女歌可以一个人唱，也可以两个人一起唱，两个人唱的声音要高一些，好听一点。舞蹈队有十二人，最年轻的二十一岁卢胜兰。农历7月29日举行跳庙节，由政府来安排整个千家峒都参加。部分村安排文化馆人员负责编排，我们村是文芳玉。"文芳玉（江永文化馆）说："这次的跳庙节全部由我来统筹和安排。刘家庄村请了我来帮他们编排舞蹈。"

由上可知，瑶族传统的民俗节日仪式现由地方政府主办。这种表演空间与表演文本结构的变化，体现在民间表演中的"民间在场""国家在场"的话语实践的彰显。从"民间在场"语境中的"跳庙节"到"国家在场"语境中的"跳庙节"活动，不仅是节日民俗音乐的一种身份变迁，同时也是音乐表演文本与表演场域的一种重建。瑶族传统民俗音乐在音乐结构、表演文本、表演语境、民俗与文化功能的变迁，同时也显现出文化认同的多层建构与表演空间。[①]

[①] 赵书峰.传统的延续与身份的再造——瑶族"盘王节"音乐文化身份研究[J].中国音乐（双月刊），2020.1：25-32.

保护编

非物质文化遗产生产性保护中的"人、物、域"
——以贺州过山瑶服饰的田野调查为例

◎ 严浩月　朱雄全

非物质文化遗产的生产性保护被提出以来，学界就未曾停止讨论，从概念探讨到田野个案研究再到理论研究，成果颇丰。各地文化主管单位基于生产性保护开展工作，对非物质文化遗产的生产与创新予以支持。在市场化的过程中，非物质文化遗产与文创企业、文旅市场密切联系，成立了诸多由非物质文化遗产传承人为实际经营者的文创企业，将传承人所持有的传统技艺与机械生产、文创产品设计、现代经营模式、新媒体传播等内容结合起来，对非物质文化遗产进行综合开发，其中不乏非物质文化遗产生产性保护的经典案例。在此基础上，反思如何通过生产性保护进一步保护好、传承好、发展好非物质文化遗产，需要以理论结合实际，在理清生产性保护的基本概念的基础上，通过调查田野个案，在传承人的实际传承过程中总结生产性保护的经验。

一、何为非物质文化遗产生产性保护

2012年2月文化部制定印发了《关于加强非物质文化遗产生产性保护的指导意见》[1]，指出"非物质文化遗产的生产性保护是指在具有生产性质的实践过程中，以保持非物质文化遗产的真实性、整体性和传承性为核心，以有效传承非物质文化遗产技艺为前提，借助生产、流通、销售等手段，将非物质文化遗产及其资源转化为文化产品的保护方式"，这一举措规定了非物质文化遗产生产性

---

[1] 文化部关于加强非物质文化遗产生产性保护的指导意见 [N].中国文化报，2012-02-27 (001).

保护的内涵与外延，进一步加强了对非物质文化遗产保护工作的规范与指导。

何为非物质文化遗产的生产性保护问题也受到了学界的广泛关注，既有理论探讨也有个案分析。宋俊华的《文化生产与非物质文化遗产生产性保护》[1]认为："非物质文化遗产生产性保护是建立在非物质文化遗产生产基础之上的，非物质文化遗产生产本质上是一种文化生产。所以，应该从文化生产的角度来认识非物质文化遗产生产性保护的内涵与理论依据。"刘晓春、冷剑波的《"非遗"生产性保护的实践与思考》[2]通过田野调查获取具有代表性的国家级非物质文化遗产在生产性保护中的现状，从而探讨生产性保护与产业化、本真性、整体性之间的矛盾关系。张西昌的《当"非遗"作为一种被消费的新资源》[3]认为"生产性保护理念主要与手工技艺类的非物质文化遗产相对应，它是文化创意产业的重要基础"。

生产性保护已经成为非物质文化遗产保护的重要途径之一，各地方政府、文创企业、传承人针对非物质文化遗产的特征，因地制宜地进行文创开发。但是在生产性保护的实践中，非物质文化遗产往往会被抽离其原生环境，作为一种具有高附加值的文化财产而受到不同的主体滥用。如何进一步促进非物质文化遗产生产性保护发展，处理好生产性保护与产业化、市场化、文旅市场的关系成为关键问题。这里不得不提及物质文化遗产保护中另一个重要指导思想，即非物质文化遗产保护需要"见人见物见生活"。吴学安的《在"非遗+旅游"中实现"见人见物见生活"》[4]指出："只有充分挖掘旅游资源，再加入各自的非遗元素，才能让产品更具特色与魅力，也能让'见人见物见生活'的非遗传承保护更具活力。"非物质文化遗产既包括无形的仪式、节庆、技艺等等，同时也包括其赖以存在的物质载体，任何非物质文化遗产都有其生存、发展以及传承的空间，非物质文化遗产在其所存在的空间中，往往处于一种稳定的、固有的、习以为常的状态，因此即使是对于传统技艺类的非物质文化遗产的生产性保护，也不应该脱离赖以生存的文化土壤。在对生产性保护概念梳理的基础上，本文基于国家级非物质文化遗产项目瑶族服饰自治区级传承人李素芳的传承、生产、经营等实践，进一步探讨生产性保护与"见人见物见生活"重要理念之间的关系。

---

[1] 宋俊华.文化生产与非物质文化遗产生产性保护[J].文化遗产，2012（01）：1-157.
[2] 刘晓春，冷剑波."非遗"生产性保护的实践与思考[J].广西民族大学学报（哲学社会科学版），2016，38（04）：64-71.
[3] 张西昌.当"非遗"作为一种被消费的新资源[J].上海艺术评论，2021（02）：65-67.
[4] 吴学安.在"非遗+旅游"中实现"见人见物见生活"[N].中国旅游报，2019-08-26（005）.

二、非物质文化遗产生产性保护与"人、物、域"的多元结构

（一）贺州过山瑶服饰生产性保护现状

1. "见人"：瑶族服饰传承人与传承群体。传承人无疑是非物质文化遗产保护的核心，传承人的传承活动直接影响着非物质文化遗产的存续。李素芳成长的贺州市八步区步头镇黄石村是一个典型的过山瑶聚居的村落，具有浓厚的瑶族文化氛围。李素芳的母亲李小莲也是瑶族服饰的制作者，自李素芳幼时，就一直受到其母亲的影响，对瑶族服饰产生了浓厚的兴趣。据李素芳回忆，由于母亲对于瑶族服饰热爱以及其制作技艺的娴熟，一直有亲戚与本村村民请她制作服饰。而在 2000 年之后，随着村民以及贺州市镇居民的生活水平提高，开始对民族文化方面有所关注，李素芳谈到，"从那时候开始，突然有外村的村民来请我母亲做衣服"。于是在 2004 年，李小莲与家人在贺州市步头镇开设了第一家瑶族服饰店。此时非物质文化遗产的生产性保护概念尚未引发广泛关注，李小莲对瑶族服饰的生产完全是基于本地社区居民需求而诞生的，并非国家政策驱动的结果，反之社区生活中的其他群体也自然形成了瑶服文化的传承群体，自发地传承瑶服文化，正是由于集体的需要，才构成了非物质文化遗产存续的动力。因此李素芳在尚未成为非物质文化遗产传承人时，就已受到家庭尤其是母亲的文化熏陶，并且其传承行为也受到了社区成员的支持。

有了数年的经验积累后，从 2008 年开始，李素芳在贺州市八步区贺街镇经营瑶族服饰店，将机械化生产工具与手工制作结合起来，帮助城市中的瑶族居民制作传统瑶族服饰，成为八步区第一家具有特色的民族服饰专卖店。随着经营的深入，受到了越来越多市镇居民的认可与接受，也获得了当地领导及有关部门的重视，并且收到了诸如酒店、景区、社会团体、企事业单位的订单，从加工与私人订制变为了大批量、规模化生产。在经营瑶族服饰的基础上，扩宽服务的门类，扩大店铺面积，加入瑶族服饰及其相关产品的展示，并且在展示厅之上开设服饰生产车间，通过雇佣培训的方式生产瑶族服饰。她们于 2011 年在贺州市八步区开设"瑶族文化体验馆"，在原有的瑶族服饰基础上，加入了瑶浴、瑶药以及与康养产业相关的内容，体验馆整体分为一楼的瑶族文化展示空间，二楼的瑶药瑶浴的体验空间，三楼的研讨区与办公区，四楼的生产车间，形成"购产销"一体化模式。在创业期间，李素芳吸引数百名绣娘加入，支持绣娘在家灵活就业，将绣娘的所绣制的初级手工品再加工，从而形成以瑶族服

饰元素为核心的瑶族文创产品。

随着经营地逐步扩大,2015年挂牌"国家级非物质文化遗产代表性项目瑶族服饰的生产性保护示范基地",2016年成立广西过山瑶家文化创意发展有限公司,进一步推动了瑶族服饰及相关衍生产品的设计生产。同年由城返乡,在农村旅游、乡村振兴、脱贫攻坚等主题的指引下,将瑶族文化中的歌舞、服饰、民居、康养等诸多文化元素提取出来,整合成可供观赏、体验的旅游项目,打造名为"过山瑶家"的农家乐,吸引了众多游客赴黄石村旅游。2020年"过山瑶家"农家乐被评为广西五星级农家乐,实际上形成了瑶族文化传播与传承空间。至2021年,"过山瑶家"农家乐已被塑造成以瑶族文化为核心的服饰、餐饮、休闲、文化中心,"过山瑶家"农家乐还设有瑶族服饰及其文创产品的展示空间与生产车间,以及依托黄石村自然地理环境而建造的露营基地,整体上已经形成相当规模。

李素芳的传承活动自始至终都未脱离瑶族服饰所赖以生存的环境,始终将瑶族服饰文化作为其传承活动的核心,并且可以认为,在李素芳的生产经营活动逐步发展时,同一文化圈内的成员也不断支撑着她的传承活动。基于家庭所传承给李素芳的瑶族文化知识,以及社区整体的文化环境,李素芳得以让过山瑶服饰文化走出黄石村走入贺州市,基于更广泛的社会群体对非物质文化遗产以及民族文化的关注与多元包容的社会氛围,李素芳作为传承人得以在良好的社会氛围中将瑶族服饰文化进行广泛的传播。

2."见物":瑶族服饰制作技艺与物质载体。穿衣作为人的基本需求,与人的整个生命历程息息相关,瑶族服饰既是历史累积的结果,也是由每个家庭创造。李素芳的技艺源于她的家庭以及她所成长的村落环境,通过耳濡目染的方式传承瑶族服饰制作技艺,这种经历成为她传承活动的基础。贺州诸多瑶族村落对传统服饰实物与制作技艺有着较好的保留,但真正将瑶族服饰传统"复原"也经历了一番波折,李素芳谈到,"在之前,很多的瑶族衣服被烧毁了,但是大家都舍不得烧毁,就把衣服藏起来,有的藏一个围裙,有的藏一个肚兜,大胆的藏一套简单的瑶服,但不会都有完整的一套,绑腿留着,帽子留着,一套不敢留。所以,在2004年以前,我们在镇上开第一家瑶族服饰店以来,不管你去哪个村都找不出一套完整的新娘盛装,后来我们是一个村几户人家凑在一起。甚至有些40岁、50多岁的人都不会穿,不知道怎么把衣服拼成一套,我们就会找70多岁的老人家来帮我们搭配,我们就通过拍照,或者愿意借给我们,我们就借出来复制一套。"因此,李素芳对于瑶族服饰传承本身也在不断学习与探索，基于对瑶族服饰传统的发掘，才有了如今所能看到的她对于瑶族服饰重新诠释的成果。

以过山瑶服饰为例。过山瑶服饰分为盛装与简装，盛装一般在重大节日、盛大场合以及婚礼时穿着，简装为日常穿着。最具特色的瑶族服饰盛装为新娘盛装，由尖头帽、上衣、裤子、围腰、肚兜、披肩、后腰围组成，用挑花刺绣的方式装点全身。过山瑶服饰的制作技艺包括剪裁、拼布、反面挑花等，其中挑花刺绣堪称瑶族女性的绝活，被称为"反面挑花正面看"，在刺绣时不需要看正面的图案，当所有的图案绣完后，将绣片翻转最终形成完整图案。一套瑶族服装往往需要超过40片绣片，如果是盛装的话往往需要更多。瑶族服饰所使用的色彩一般为五种颜色，即用红、黄、绿、白四色的绒线在黑色绣布上，依据布的经纬，绣出不同图案，图案既取材于瑶族人民所赖以生存的自然环境，也与瑶族的历史文化、民俗信仰息息相关，如盘王印是瑶族先祖盘王的象征。

但作为非物质文化遗产的瑶族服饰不再仅局限于某一个村落或城市，而是作为全人类共同享有的文化遗产，这意味着瑶族服饰的传承方式自家庭传承转向集体传承。李素芳在发掘本土本乡的过山瑶文化的同时，也深入发掘全国各地的瑶族文化，从2007年开始至今，足迹遍布全国各地的瑶县、瑶乡、瑶村，对瑶族文化进行采风，与各地的瑶族同胞建立联系，学习瑶族各支系的服饰文化，收集各地方的瑶族服饰。依据瑶族聚居的主要地域，将瑶族服饰分为广西、广东、湖南、贵州及云南的瑶族服饰，并将瑶族服饰的特征总结为三个方面，包括奇特的头冠造型、强烈的色彩对比与抽象的图案纹饰。

在对瑶族文化广泛取材的基础上，如何推动瑶族文化与广泛的社会需求相结合成为李素芳的关注的重点。她所设计研发的文创产品可被视为传统瑶服转向现代的"平稳"过渡，在"瑶族文化体验馆"中陈列有贺州市世居的各瑶族支系的传统服饰，也展示有数百款各具特色的瑶族文创产品，这些文创产品既包含了传统瑶族文化的元素，又贴合当代审美。以她所设计的盘王锤为例，盘王锤状如锤，在前端装入山苍子并在布面手工刺绣上盘王印，后端通过缠绕将布收紧形成锤柄，整体造型古朴雅致。盘王锤的造型设计与手工制作，让其既可被当作日常生活用品使用，又具有工艺美术品的观赏价值，如今已是"瑶族文化体验馆"中的畅销品。瑶族服饰也同样在李素芳的设计中焕发新的活力。2015年，她与天津艺术学院的曹敬钢副教授联手打造了瑶族服饰品牌"剪方瑶"，其中《剪方瑶——根》获得第五届广西工艺美术作品"八桂天工将"银奖；《剪方瑶——瑶悦》系列棉麻手包获得广西工艺美术作品暨大师精品工程展"八桂天工将——旅游工艺品系列"银奖；《剪方瑶——瑶绣新释》获得第53届全国工艺品交易会"金凤凰"创新产品设计大奖赛银奖、广西工艺美术作品"八桂天工将"银奖。李素芳所设计的瑶族服饰创新创意产品不断获得社会各界人士的认可，与此同时也不断推动着社会对于瑶族服饰文化的认识与认可。

3. 以"体验"为核心塑造瑶族文化展示空间。非物质文化遗产多样的保护措施，归根结底在于文化的传承，在于对世界文化多样性的保护。在贺州市八步区的"瑶族文化体验馆"与黄石村的"过山瑶家"农家乐，一城一乡、一内一外、一静一动，将传统与现代、乡村与城市、手工艺与现代技术压缩在了一个空间之中，实际上在贺州市建构了两处具有密切关联性的瑶族文化展示与传承中心。

在贺州市八步区的"瑶族文化体验馆"具有若干功能分区，将瑶族服饰及其文创产品的生产、展示、销售、传习囊括在共同的空间中，丰富的瑶族服饰文化往往使人目不暇接。以体验馆一层的展销中心为例，该展销中心被分为三个功能分区。其一为对贺州各支系瑶族服饰展示空间，陈列有贺州的过山瑶、平头瑶、包帕瑶、土瑶以及平地瑶的代表性服饰，以最为直观的方式展示贺州多彩的瑶族服饰文化。其二为瑶族文创产品的展示空间，包括工艺美术品、服饰产品、生活用品、康养产品等多种类型，均是基于瑶族传统元素的创新设计，其中蕴含民族美、自然美、时尚美，符合当前多样化的审美需求。其三为体验空间，展销中心的核心区域预留出大量空间，这种空间的设置可作为观赏与休息的空间，亦可作为交流与对话的空间，同时也是瑶族服饰文化的体验空间。这样的设计无疑能够将瑶族服饰文化多层次、全方位地展示出来。

而在黄石村打造的"过山瑶家"农家乐可被视为对原生态的文化空间再塑造。该地在2020年被评为五星级农家乐，"过山瑶家"农家乐设有瑶族乡愁馆、锦绣瑶居、瑶鲜阁、瑶药阁、非遗研究所、耍歌台、瑶族风雨桥等休闲旅游设施及景点，开展瑶绣手工体验、瑶俗迎宾表演、瑶浴养生体验馆、瑶族美食体验、瑶绣展卖、瑶药生态科普、瑶家农事体验等特色农家乐活动。"过山瑶家"农家乐既是对瑶族文化展示体验空间的再次延伸，又可被视为向村落的回归。农家乐是农村旅游经营的模式之一，以农村所具有的自然资源与人文资源为基础，进行系统性综合式的开发，通过与城市生活相区别的乡村生活吸引游客前往。当游客前往"过山瑶家"农家乐时，身着瑶族服饰的工作人员会在山下的风雨桥附近拉起红绳、摆上拦门酒、唱起瑶歌迎接游客到来，当游客通过风雨桥起，便进入了一个精心打造的以瑶族文化为核心的农家乐。在农家乐的游览过程可分为三个部分：当游客进入之后首先看到的瑶族服饰及文创产品的产销基地，在此处游客能够看到产品生产的全过程，能欣赏与购买旅游工艺品。根据过山瑶家的游览动线设计，在观赏旅游工艺品后便通过上山步道前往瑶族乡愁馆，观赏瑶族服饰展示。展厅分为四个区域，第一个区域展示贺州本地的瑶族服饰，第二个区域展示贺州以外的瑶族服饰，第三个区域展示瑶族服饰的新设计，第四个区域展示瑶族服饰的生产工具与具有特色的传统瑶族手工艺品。展示厅的整体设计类似小型民俗博物馆，在于对瑶族服饰文化进行整体展示。游客可以在这里了解丰富多彩的瑶族服饰文化，还可以身着工作人员提供的各色瑶族服饰体验瑶族文化并拍照留念。在游览结束后，农家乐为游客提供特色瑶族美食，包括瑶家土鸡肉、土猪肉炒鲜笋、瑶家豆腐酿、菜椒酿、瑶家烟熏肉、瑶家杂粮、瑶山芭蕉菜等。在用餐途中，还设有瑶族歌舞表演，包括长鼓舞、回家过节、瑶族婚嫁舞、竹竿舞等，其中瑶族婚嫁舞、竹竿舞在于与游客之间的互动。在瑶族婚嫁舞的表演中，工作人员会邀请男女嘉宾换上瑶族新娘、新郎的服装，扮演十分钟的"新婚夫妻"，现场整体氛围活跃，随后工作人员便邀请全场游客共同载歌载舞，共度美好时光。舞蹈结束后，还有跳竹竿舞、丢花包等丰富的娱乐项目，让游客能够获得沉浸式体验。

在"过山瑶家"农家乐中还设有瑶宿、瑶浴等体验项目，至 2021 年，李素芳还计划在园内增设瑶浴基地，扩大经营范围。综上，过山瑶家是对于瑶族文化的集中展示也是新的塑造，在过山瑶家中，瑶族服饰、瑶族歌舞、瑶族特色饮食乃至瑶族传统仪式都有所展示，为以不同社会身份进入园内的游客提供了多样的文化选择，将瑶族人民的生活置于舞台之上，推动了瑶族文化的传播。

（二）瑶族传统技艺类非物质文化遗产生产性保护经验

1. 深入发掘瑶族文化，培育民族文创企业。非物质文化遗产在传承人或传承企业的生产性保护过程中往往被视为一种可供利用的文化资源，这种文化资源的利用必须要结合当地实际，不能完全脱离其原生环境而肆意地"创造"。传承人基于传承实际需要通过不同途径进行传习活动，将传统手工技艺进行文创开发，而能够达到为更多的社会群体所广泛接受的效果。但在传统手工技艺作为文创产品开发时必须要注意的是，要尊重其文化本身，依据民间原生状态而进行进一步的开发，而非肆意地脱离文化本身。李素芳作为瑶族服饰的传承人，成长于过山瑶村落，对瑶族文化有着深刻的文化自觉，依托对过山瑶文化的理解，通过十数年在全国各地瑶族地区的深度发掘，做到了"人无我有，人有我精",将瑶族服饰文化真正做出精彩,最终设计出受到消费者欢迎的瑶族文创产品。因此扎根民间,将民间所收集的文化知识与市场经济规律相结合,在此基础上设计文创产品、开办文创企业,才不会失去民族文化的根脉,才能被本民族成员认可,才能使其"创新"被接受。与此同时,还应注意民族文创企业与一般的文创企业不同,既要满足不与市场规律相违背、相冲突,做到有成品、有效率、有质量、有规模,又要合理利用民族文化资源,不能用"求快、求新、求变"的方式来对民族文化进行开发,这样反而欲速则不达,最终会使得民族文创产品变成一种大众化的旅游商品,失去其作为民族文化应有的特征,甚至还会被视为是对于非物质文化遗产的一种滥用而受到社会的批判。

2. 重视瑶族服饰审美,避免民族文化失真。在对瑶族服饰文化生产与开发的过程中,还应当重视瑶族服饰及其文创产品的审美属性,避免瑶族服饰文化在传播过程中失真。瑶族服饰在开发的过程中,被设计为景区展品、游客纪念品、工作人员制服,往往对于功能性过分强调,使得其审美属性退至次要地位,甚至不再被关注,以至于脱离瑶族特征,成为拙劣的仿制品。这种仿制品不会受到欢迎,影响却是深远的。首先是对于瑶族文化,服饰往往能给予人深刻的第一印象,良好的第一印象能增进彼此的距离,相反则让人难以继续接触,拼凑仿制品是无法代替真正符合瑶族文化元素的设计产品的。其次对于地区文化环境,仿制品无法对地区的文化环境起到塑造的作用,反而会起到相反作用。如果说一个文化景区宣称是传统的,但其所有的内容都是现代商业文化的堆砌,则难以让游客感到满意。在眼球经济效益下,如果缺乏快速吸引游客眼球的产品设计或文化景观,这种开发很快就会被游客所抛弃,景区的开发宣告失败。最后对于瑶族服饰自身,服饰可以单独作为审美的对象,也能帮助穿着者塑造角色,美的感受是最能够引发共鸣的。一旦以拼凑的产品代替包含瑶族文化的产品,就很难引发观者的共鸣。观者作为客体而言,难免先入为主地认为其是虚假的、再造的,从而对瑶族服饰的真正所能带给人的审美体验失去信心。

3. 重视瑶族文化宣传,多渠道运用新媒体。依托非物质文化遗产发展文创产业,既需要有传承人对本民族文化深入地了解,同时也需要传承人讲好文化故事,做好文化宣传。"瑶族文化体验馆"与"过山瑶家"农家乐形成了贺州市的两处瑶族文化展示窗口,通过产品与活动,为参观者、消费者、游客等多样化的群体提供不同的服务。尤其是"过山瑶家"农家乐通过对瑶族人民的生活地集中展示,让游客能够直观、便捷且较为全面地了解瑶族文化,促进其对瑶族文化的认知与认同,也有助于瑶族服饰文化的传播。当游客在旅游过程中收获了良好的体验,很难做到不与他人分享,从而能通过口耳相传的方式扩大知名度。同时李素芳还通过微信公众号与抖音账号发布瑶族服饰与企业活动的相关信息,并且不定期在抖音开设直播,通过新媒体推广瑶族文化。如果说微信公众号提供了了解瑶族文化的文本信息,那么在抖音平台上使用拍摄短视频的方式则意味着视觉上的冲击,两种途径相辅相成、相互促进。瑶族服饰作为国家级非物质文化遗产代表性项目,发展的关键在于如何将传统手工艺传承下去,青年学生群体则是传承的重点,因此"瑶族文化体验馆"还设有相关的研学旅行课程,面向中小学生与部分院校的大学生,促进了青年学生群体对于瑶族文化的认识。李素芳所成立的文创企业也经常前往各地参展,其产品受到了较好的市场回馈,在扩大企业知名度的同时,也扩大了瑶族服饰文化的影响范围。

4. 培育良好文旅市场,铸牢中华民族共同体意识。学界对于非物质文化遗产保护研究,着重于探究非物质文化遗产与传承人、文旅企业以及行政主管单位之间的关系,但就非物质文化遗产作为文化资源用于开发的过程中的经验来看,培育良好的文旅市场也应该作为非物质文化遗产资源生产性保护的关键。首先文旅企业对于瑶族服饰文化的传承、改良、重构与创新对于培育良好文旅市场具有重要意义。对于非瑶族的成员而言,进入"瑶族文化体验馆",很有可能是其首次接触瑶族文化,传统与现代结合的所衍生出的文创产品,既包含了瑶族传统服饰文化,同时也符合现代人的审美。而对于瑶族同胞而言,通过这样的文创产品设计,让更多的人发现瑶族服饰之美,增强瑶族文化的影响力,增进各民族成员对于瑶族文化的认同感、亲和感,从而能够增强瑶族同胞的民族文化的自信。实际上,文旅企业通过产品设计以供方推动需方的审美,往往能够达到培育良好的文旅市场的结果。其次,文旅企业着重打造瑶族文化的体验与展示空间,也有利于培育良好文旅市场。"过山瑶家"农家乐给予瑶族文化以足够的展示空间,让人能够"回归瑶乡、找寻乡愁",身临其境地体验到民族文化的精彩。在"过山瑶家"农家乐,不同地域、民族、职业、年龄的成员聚集在一处,共同欣赏瑶族服饰,参与瑶族文化活动,与瑶族同胞深入接触,体验瑶族人民的生活,形成了一种民族文化认同的空间,也形成一个民族成员之间可以相互交往、交流、交融的非物质文化遗产展示空间,这对于铸牢中华民族共同体意识是具有重要意义的。

三、非物质文化遗产生产性保护的相关理论问题探讨

(一) 生产性保护与民族文化创意产业

生产性保护与民族文化创意产业之间既有关联也有冲突。民族文化创意产业是"以民族文化为资源,用现代理念、技术和商业运营方法,开发民族文化资源宝库,制造富有特色的适合现代人需求的民族文化产品,从而形成产业和市场,把少数民族文化资源转化成经济资源,使少数民族文化与经济有效互补,共同繁荣。"[①] 可以明确的是,民族文化创意产业是以"民族文化"作为核心内容而进行文化资源的转换、开发与创造。而生产性保护是则主要是基于文化生产的逻辑,是面向非物质文化遗产的原生社区中社会成员的一种生产,这种生产被地方社区所需要。基于此生产性保护与民族文化创意产业在概念、出发点与落脚点、生产方式、与日常生活的关系等多个方面有所区别。生产性保护基于非物质文化遗产的可生产性,如瑶族服饰自古以来便作为瑶族传统手工技艺,生产性是瑶族服饰的基本特性,但瑶族服饰在历史上基本是基于家庭生产,很少用于市场交换。而民族文化创意产业则在于对瑶族服饰传统元素的再生产,是一个对瑶族服饰传统元素的解构与重构的过程。其次,生产性保护的出发点与落脚点均是对非物质文化遗产的传承与保护,而民族文化创意产业则更加重视非物质文化遗产作为文化资源所带来的经济价值,目的是在对其开发的基础上获得经济回报。

因此有的学者提出"非物质文化遗产产业化开发的三原则",即"异人""异地""异品",认为"只要坚守非物质文化遗产产业化开发三原则,非物质文化遗产的传承与开发就会像两条平行轨道上奔跑的列车,看起来近在咫尺,但实际上永远不会撞到一起,不会给对方带来伤害"[②]。因此生产性保护与民族文化创意产业从生产主体、生产导向、生产方式、生产产品上来看也有很大差别。最后从生产性保护的产物与民族文化创意产品在同传承群体日常生活的关系来看,两者也具有很大差异性。如瑶族服饰可被视为瑶族人民在日常生活中的穿衣打扮的累积,是瑶族人民日常生活的一部分,但作为民族文化创意产品则是对瑶族服饰传统元素的抽离,并非一定与日常生活相关,也并不一定在被

---

① 朱雄全主编.文化田东.创意壮乡 [M].北京:中央民族大学出版社.2014.
② 苑利,顾军著.非物质文化遗产保护理论与方法丛书.非物质文化遗产保护前沿话题 [M].北京:文化艺术出版社,2017.

瑶族人民所使用。基于李素芳对瑶族服饰的传承实践，虽然她既是瑶族服饰的传承人，又是广西过山瑶文化创意有限公司的实际经营者，但在她的传承活动无疑是基于瑶族服饰传统。如她谈到对盘王印的使用时认为，盘王印是瑶族传统的图案，是不能改变的，一旦改变瑶族人民就会不认可，不认为那再是盘王印了。因此即使传承人有能力作为民族文化创意企业的实际经营者，也应该将两者区分开来，这样既能够促进非物质文化遗产保护与传承，同时也能够实现以民族文化创意产业带动民族经济发展的意义。

（二）生产性保护与文旅市场塑造

非物质文化遗产具有民族性与地域性的基本特征，民族性是指"为某一民族独有，深深地打上了该民族的烙印，体现了特定民族的独特的思维方式、智慧、世界观、价值观、审美意识、情感表达等因素"；地域性又与民族性相关，非物质文化遗产"既典型地代表了该地域的特色，是该地域的产物，也与该地域息息相关；离开了该地域，便失去了其赖以存在的土壤和条件，也就谈不上保护、传承和发展。地域性既体现又进一步强化了非物质文化遗产的民族性"[①]。因此非物质文化遗产生产性保护应该首先关注如何激活地方传统文化、带动集体传承、巩固基础市场，在此基础上才能进一步开拓更为广阔的文旅市场。这也与非物质文化遗产的发展历史相一致。非物质文化遗产曾在一个地方的历史上发挥了较大作用，拥有广泛的传承基础，但随着工业文明、后工业文明的冲击，而失去其原有的传承土壤与生活价值，处于濒危。瑶族服饰制作技艺曾经存在于每一个瑶族家庭，但随着现代服饰产业的兴起，时尚、舒适且价格低廉的时装迅速挤占了瑶族服饰的生存空间，变为需要受到保护的状态。因此瑶族服饰的复兴也需要从瑶族人民的日常生活着手。

作为瑶族服饰的传承人，李素芳始终坚持穿着瑶族服饰，在日常生活中穿着自己设计的瑶族服饰改良简装，在盛大节日、重大场合中穿着民族盛装。由于各种活动需要，她穿着贺州过山瑶服饰在全国各地留下印记。同时她也带动瑶族同胞一起穿民族服饰，她谈到自从开始经营瑶族服饰店后，经常有新婚的瑶族夫妻来她这里定制瑶族服装，她也去参加他们的婚礼，帮他们拍照，然后再将照片给他们作为对美好回忆的留念。她还谈到，有些瑶族老人，因为年轻时候家里生活困难，根本没有办法为自己做上一套瑶族盛装，现在富裕了，有

[①] 王文章主编.非物质文化遗产概论[M].北京：文化艺术出版社，2006.

机会了一定要订制一套属于自己的盛装。李素芳"自己为自己代言"的形象宣传与重新激发瑶族同胞身着瑶族服饰的热情的各种实践，为进一步推动瑶族服饰走向文旅市场打下了良好基础。在推动瑶族服饰走向文旅市场的过程中，李素芳坚持走集体传承路线，依靠农村绣娘具有独特性的手工产品打造民族文化创意产品，而非追求大规模、工业化的生产，从而能够在很大程度上保留瑶族服饰传统元素。我们从中可以发现一条"自下而上""扎根民间"的文旅市场开拓方式，即通过培育地方民众的主体性，引导他们关注非物质文化遗产，激发他们对于传统文化的热情，使得他们成为对地方文化负责任主体，认识到非物质文化遗产保护不仅在于某一个传承人，而更加需要集体的传承，即先让非物质文化遗产回归生活，激活地方文化传统，再推动其走向文旅市场。

（三）生产性保护与铸牢中华民族共同体意识

民族地区的非物质文化遗产保护也与铸牢中华民族共同体意识的实践有着密切的关联性。非物质文化遗产保护就是要尊重各民族文化，尊重各民族成员的文化选择，使各民族成员能够平等展示本民族的文化风采的同时，也能够欣赏其他兄弟民族的文化，促进文化之间的交流与互补。民族文化的交往交流交融，既体现在非物质文化遗产的形成过程中，也体现在文创产业发展与文创产品设计中。"在民族的生存和发展过程中，民族服饰往往以直观的方式参与民族间的联系和交往，在多种因素的综合作用下，正是以这种联系和交往为渠道，促成了民族之间的文化认同、政治认同和民族文化的发展、民族服饰的流变"[1]，历史上瑶族人民不断迁徙，其服饰的产生与流变，既与瑶族共同的文化根脉有关，又与各地区瑶族人民所赖以生存的自然环境与社会环境息息相关，因此瑶族服饰的发展与各民族服饰的发展同步进行，在保留瑶族服饰特征的基础上，也吸纳了各民族服饰艺术特征与制作工艺。李素芳作为瑶族服饰的传承人，在与北京服装学院、天津美术学院、贺州学院等高校的交流与合作中，吸收时装的设计技巧，并将其用于瑶族服饰的改良，在保留瑶族服饰传统元素的基础上，将瑶族服装与时装设计相结合。在 2016 年，她与天津艺术学院副教授曹敬钢联手打造了"剪方瑶"瑶族现代服饰品牌，她谈到："瑶族服饰如果地域性标志太明显，反而不容易得到外界人士喜爱。我们在瑶绣、实用、欣赏三体结合方面做了大胆创新和尝试。"[2] 因此瑶

---

[1] 余梓东.文化认同与民族服饰的流变[J].中央民族大学学报，2006（06）：82-87.
[2] 张天韵，陈溯.针尖上的传承[N].广西日报，2016.08.24.

族服饰传承与创新既要尊重瑶族服饰宝贵的个性，也要看到民族服饰审美的共同性，才能更好地塑造现代瑶族服饰品牌，让更多人能够有机会欣赏瑶族服饰文化之美。

将瑶族服饰的生产性保护与市场行为相结合也是一条推动瑶族服饰传承与传播的重要路径。有学者提出："中国有为数不少的民俗学者不大明白现代社会本质上就是商业消费社会，一直以来极力反对传统和民俗的商业化。其实，现代社会的民俗文化未必就一定是和商业文明及消费主义水火不容，恰恰相反，民俗文化要在现代社会的日常生活中生根存活，反倒是需要借助商业消费的路径才较有生机与活力。"[①] 李素芳成立的文创企业为瑶族同胞与各民族同胞订制瑶族服饰、购买文创产品、了解瑶族文化提供了平台，通过文创企业与文旅市场来促使更多人关注与欣赏瑶族文化，从而进一步促进民族文化认同，以达到"美美与共"的效果。

四、结语

李素芳的传承活动证明了非物质文化遗产的生产性保护需要遵循"见人见物见生活"的指导思想，也证明了非物质文化遗产生产性保护与市场行为并不冲突，市场行为可以作为非物质文化生产性保护的重要助力。李素芳所成立的广西过山瑶家文化创意有限公司带动农村妇女居家就业，为600余名绣娘提供就业岗位，为贺州地区脱贫攻坚事业做出重要贡献，也为黄石村增产创收做出重要贡献。瑶族服饰的市场化也获得了更多社会关注，游客从"过山瑶家"农家乐中体验到瑶族人民丰富多彩的日常生活，购买到独一无二的瑶族特色文创产品；服装设计师能从瑶族服饰展示厅中收获瑶族服饰元素，激发创作灵感；学生群体能通过研学课程学习瑶族服饰的传统制作技艺，学习瑶族文化知识，不同的社会成员依据不同目的均能在此有所收获。实际上这种文化空间的塑造已经形成了一个小型的、民间的、"在野"的文化生态保护区，践行了非物质文化遗产保护中"见人见物见生活"的工作理念。但在瑶族服饰市场化的过程中也并非不存在问题。其一是文创产品的知识产权保护问题，民族文化是没有

---

① 周星，王霄冰主编.现代民俗学的视野与方向.民俗主义·本真性·公共民俗学·日常生活 [M].北京：商务印书馆.2018.

产权的，是一个民族历史积累的结果，是民族成员的文化宝库，也是为全人类所共同享有的，但民族文创产品的知识产权保护问题却在其市场化的过程中逐步浮现。其二是文化界限的问题，尤其是民族文化的开发与创新，必须是要有界限的，必须理清"有可为，有可不为""应当为，应当不为"的问题，在对非物质文化遗产资源进行开发时，尤其需要对传承人对于非物质文化遗产概念的深度把握。总之，瑶族服饰文化作为国家级非物质文化遗产，是中华民族优秀传统文化的构成部分，如何在新时代传承好、发展好瑶族服饰文化仍旧是一个重要课题，需要持续不断地深入研究，而李素芳作为非物质文化遗产传承人的一系列传承活动可被视为非物质文化遗产生产性保护的经典案例。

潇贺古道驿站文化的挖掘保护与开发利用

◎ 黄忠美

"驿站"一词，最早出现在元朝。古道驿站是古代传递军事情报，妥善解决官员途中食宿、换乘马匹的重要场所。古时就有军事驿站、盐道驿站、丝路驿站、茶马驿站等分类，并且在世界各地都发现有古道驿站，如波斯御道、日本宿场、美国驿马快信等等。古代驿递系统的建立，主要依托中央城市向四方延伸官道系统，是中央政府对周边地区的管理权属的具体体现。

1990年，位于河西走廊重镇的敦煌悬泉经过考古专家抢救性发掘，找到了古驿站办公、住宿、马厩、瞭望台等完善的配套设施，还发掘出了包括书简在内的文物达万件之多，从而证实敦煌悬泉驿确是中国古代的一个邮驿。

古代的文人墨客对于古道驿站"鞍马赶路，疲于奔命"的境况多在字里行间有所记载。如王维的"十里一走马，五里一扬鞭"；岑参的"一驿过一驿，驿骑如星流"。

一、古道驿站历史源远流长

古时候，在周朝就设有了烽火台及邮驿，主要功用就是为朝廷传递军事情报，这是古驿站的雏形。驿传制度到东周时初步确立，驿传主线上驿舍置立，专职人员领着国家的工薪，按部就班。秦制三十里一传，十里一亭。可见，古凉亭是中国古代独特的道路设施，负责给驿传信使，提供馆舍、给养等。对于古道驿站的设立在汉朝更是得到加强，每三十里就建立一处驿站，并由太尉执掌。各地均建有传舍、亭、传、驿、邮多种形式的驿递系统。到了魏、蜀、吴鼎立时，秦汉时期的驿传分设模式就结束了，实行隋唐馆驿合一的新模式。

唐代，也是驿传合二为一。全国驿站纵横交错，共有一千六百三十九个驿站。在驿站工作的员工达两万多人。朝廷派遣兵部的驾部郎中负责管辖，节度使下馆驿巡官编制为四人。各县由县令兼理驿事。

到了宋代，设立了邮铺和递铺，驿卒由兵卒担任。沈括在《梦溪笔谈》中记载："驿传旧有步递、马递、急脚递"三等，"急脚递最遽，日行四百里，唯军兴用之。熙宁中又有金字牌，急脚递如古羽檄也，以朱漆木牌镶金字，日行五百里。"《说岳全传》中，岳飞怒发冲冠，准备直捣黄龙，不料一日之内就接到了十二道金牌，只好班师回朝。

元代时，全国广泛设置驿站，交通网四通八达，站点设置更为合理，传递工具呈多样化。马可·波罗在《马可·波罗行记》一书中对古道驿站进行了详细的叙述："所有通至各省之要道上，每隔二十五迈耳，或三十迈耳，必有一驿。无人居之地，全无道路可通，此类驿站，亦必设立……"明朝另外还增设了递运所，加强了物流信息的管理。

到了大清王朝，驿传制度更趋完善。全国共设驿站一千七百余处，驿传交通网遍布全国。京师设有皇华驿，军机处公文上注有"马上飞递"字样，规定日行三、四、五、六百里不等。加急时速达到日行八百里。到了清朝晚期，裁驿归邮的实行，近代邮政应运而生。1912年，全国驿站全部裁撤，迎来了邮政时代的春天。

二、潇贺古道上驿站踪迹

潇贺古道始于潇水，止于贺江，全长一百八十七公里，在封开境内有一百一十五公里长的贺江流域。功用日益凸显的陆路上还设有若干驿站、驿铺。

古时，商队走完陆路又换行水路，肩挑背扛，驼队成行，马蹄声声，五里一亭，十里一铺，留下了一系列宝贵的线性文化遗产。古代驿站有统一的形制，又有独特的区域文化特质，一个地方的驿站，是多元文化的融合，往往会建成行政区域、乡村边界的标志性建筑。古驿站作为潇贺古道线性空间的一部分，选址往往依山傍水。凉亭、会馆是潇贺古道古代驿站和交通要道的重要配套设施。潇贺古道古凉亭、驿馆主要是供行人休息歇脚、提供茶水、遮阳避雨的重要场所。江永县桃川镇大地坪村的朝天桥与杭州市淳安芹村的驿站用桥廊结合，形成组合式驿站空间相似。古凉亭与武义县江下村的观景类驿站相同。潇贺古道古凉亭，集休憩、停留、观景等功能为一体，充分利用山、水、植物等自然要素，实现自然要素与人文要素有机结合。

广西富川瑶族自治县的高桥村的歇马庙是一个始建于明嘉靖四十五年的古驿站。歇马庙与九月庙和戏台并列，呈一字形排列，面积约五亩。整体建筑坐南朝北。歇马庙为三开间，单檐硬山式二进，有道舍、香堂、马棚、食堂等配套设施，专供喂马用的几个雕刻精美图案的大石槽立在庙对面的坪地上。当时曾有两人在此驿站养马。庙遗址有一残碑，是重修歇马庙记：峒中建庙，以敬神马……

双屋凉亭现存种福亭里有一块大清光绪十一年刻的《新建凉亭并置茶田碑记》。碑文中明确了潇贺古道的起点与终点："上通西粤，下通南湖。"碑文也记载了驿站凉亭的功用："小住为佳，是息肩之得地。聊舒客路之艰，共饮仁浆之渥。"还说这样的古驿站"每十里一长亭，五里置一短亭"。凉亭旁边的义田产出的东西，一部分给过路的人做草鞋，一部分给担水烧茶的乡亲作粮食补贴家用。

始建于明代的贺州市八步区桂岭镇田尾寨的华宝亭，有完整的馆舍、马厩、商摊配套设施。馆舍多为官家开办的气派鼎雅之所，马厩是给换乘的马匹供水供草料之所，至于商摊，就是糕点、农家杂货、擀面铺、包子铺、字画铺等物的代销平台。我们从亭联中可见那段历史：绿树盖亭亭坐客，清风拂座座留宾。楚寨秦关行不尽，清风明月赏无完。湖南大路铺镇花地湾村的乐仙亭一联，一语道出了官道的秘密：云环景岫旅客无心道沛公；疏雨幽亭骚人有曲惊司马。

道县新车乡午田村的午田风雨桥，是宋代淳祐年间由村民朱明远倡导，牵头建成的。桥门右侧有一口光绪丁未三十三年置的青石水缸。它就是给行人供水供茶的地方，当地人亲切地把它叫作"桥上铺"，铺意指商店或旧时的驿站。

（一）潇贺古道永州段古驿站

1. 双屋亭（位于道县营江乡和万家庄乡）
2. 明月亭（位于江永县冷水铺镇东富村）
3. 莲祠亭（位于道县祥霖铺镇银山村）
4. 同善亭（位于江华瑶族自治县桥头铺镇下蒋村）
5. 乐仙亭（位于江华瑶族自治县大路铺镇花地湾村，1930年迁建于此）
6. 朝天桥（位于江永县桃川镇大地坪村）
7. 双屋凉亭（位于道县营江乡和万家庄乡交界处）

8. 惠风亭（位于江华瑶族自治县大路铺镇牛角湾村，始建于清光绪十九年）

9. 乐善亭（位于江华瑶族自治县河路口镇街道中部，始建于清雍正年间）

10. 过客亭（位于江华瑶族自治县东田乡山寨村，始建于清咸丰元年）

11. 惠泉亭（位于江华瑶族自治县东田乡泥井村）

12. 玉泉亭（位于江华瑶族自治县大路铺，始建于清乾隆五十八年）

13. 济泉亭（位于江华瑶族自治县桥市乡崩塘村，始建于清光绪三十一年）

14. 玉兔亭（位于江永县潇浦镇大河江村）

15. 新茶凉亭（位于道县万家庄乡新茶村）

16. 旌表凉亭（位于江永县夏层铺镇）

17. 中兴亭（位于湖南江华县城腊树脚村）

18. 便宜亭（位于江华大路铺花地湾村）

19. 同乐亭（位于江华何家村）

20. 喜泉亭（位于江华涛圩镇接力干村）

（二）潇贺古道贺州段古驿站

1. 清风亭（位于富川瑶族自治县新华与湖南白芒营交界处的石栎坳上）

2. 香花亭（位于富川麦岭镇北约六里地香花山，中国人民解放军6901、0457部队曾驻扎于此）

3. 雪鸿亭（位于富阳镇三板桥村）

4. 公悦亭（位于富川瑶族自治县城北镇羊岩村南和张家寨西北面连接处）

5. 凤胜亭（位于富川城北镇到朝东镇之间的路上）

6. 承恩亭（位于富川古明城北门外）

7. 四宝亭（位于富川葛坡镇青山口国道旁）

8. 儒子亭（位于富川朝东镇儒子塘村）

9. 礼义亭（位于富川瑶族自治县福利浮田村）

10. 永济亭（位于富川与湖南的正交界处，是楚粤分界的界亭标志性建筑）

11. 濂溪亭（位于富川朝东镇福溪村）

12. 龙亭（位于富川麦岭镇月塘村山坳上）

13. 黑山亭（位于富川白沙镇黑山村）

14. 菩提驿站（位于富川县石家乡石枧村，因民国十三年，富川政府金库主任林家彬从福建带回菩提树种植在财富门楼前的虎泉河畔驿站旁而得名。站由瓦房数间组成，经营茶水酒肆，供游人休闲憩息。该村是潇贺古道东线、越

〔粤〕〔零〕陵古道入桂第一村）

15. 爽然亭（位于钟山县羊头镇腊木脚村，始建于清道光年间）
16. 华宝亭（位于贺州市八步区桂岭镇田尾寨，始建于明代）
17. 七里亭（位于贺州市八步区桂岭镇平安村，始建于三国吴黄武年间）
18. 相思亭（位于贺州市八步区桂岭镇梅江村，始建于清咸丰年间）
19. 分水亭（位于桂岭圩南十五公里处，始建于清末民初）
20. 福江亭（位于桂岭镇双凤村，始建于清代）
21. 浪伞亭（位于桂岭镇金山村，始建民国年间）
22. 仁围亭（位于桂岭镇大庆村，始建于民国年间）
23. 分水亭（位于桂岭圩南十五公里处，始建于清末民初）
24. 关公亭（位于富川麦岭镇村头岗村）
25. 驿亭（位于富川城北镇杨家栎村）
26. 歇马庙（位于富川县麦岭镇高桥村）
27. 松风亭（位于富川县古城镇吴家寨）

（三）驿站会馆

1. 贺州市湖南会馆（位于平桂管理区黄田圩建设路42号，始建于清咸丰十一年）
2. 贺州市贺街粤东会馆（位于贺街镇河东街，清道光二年重建）
3. 贺州市珠瑞会馆（位于平桂管理区路花老街，始建于清初）
4. 钟山县英家粤东会馆（位于钟山县清塘镇英家街，始建于清乾隆四十二年）

三、潇贺古道古驿站的现状

（一）古凉亭的建筑艺术之美

潇贺古道古驿站多以古凉亭的形式呈现。那些高高的山坳上，弯弯曲曲的石径旁，古树掩映，茂密林中一座座典型的砖、木、石结构的古凉亭，布局合理，坚固美观，既有浓郁的中原、岭南建筑风格，又有湖湘、贺州当地的建筑特色。

以江华河路口的乐善亭为例。该亭为三层牌坊式凉亭，长9.3米，宽5.6米，高5.8米。凉亭基脚、墙体均为百余斤重的大青方石砌成，两头为马头墙，各有一拱形的石门，门楣上有哪吒闹海、关公耍刀、武松打虎、姜太公钓鱼、穆桂英挂帅等历史故事浮雕。麒麟吐宝、金凤呈祥、仙鹤延年等图案点缀其间。门额上正中竖刻"乐善亭"三字，并配有双狮夺珠图。两边镂空雕刻"天官赐福"图，蔚为大观。亭上及石柱上还刻有八副对联，文化气息浓厚。亭内石碑上写："负者载者乐此亭之善而息肩也，蹶者趋者乐此亭之善而驻足也，游览山水者乐此亭之善而纵目骋怀也。"让人读后受益匪浅。

这些镌刻历史沧桑的古凉亭大多为砖木结构，有的为石砌而成，曾经是清风明月般的童话，有的地方的古驿站地方没有引起有关部门高度重视，没有把古驿站纳入政府文物的保护范围，导致古驿站（古凉亭）风雨侵蚀、风化、自然摧毁、人工损毁严重，导致有的古驿站已经变成断垣残壁，有的业已坍塌。有的凉亭构建支离破碎，散失的、被盗的构件情况非常严重。有的已成一堆废墟，湮没于荒草萋萋之中，如四宝亭。有的古凉亭缺少标识和介绍，古道影像实况录像资源少得可怜。如双屋凉亭东亭已毁，现仅存西亭（种福亭）。而贺州麦岭镇的龙亭，房梁、屋檐已岌岌可危。

有的古凉亭的修复，没有修旧如旧，变成现代仿古建筑，令人啼笑皆非。有的古驿站没有得到及时抢修，导致濒临倒塌的厄运。有的凉亭没有标识牌，让人心寒。

（二）驿站会馆之美

以钟山县英家镇粤东会馆为例，该馆为两进四合院式布局，由前殿、后殿及两侧附属建筑组成。占地面积3442平方米，建筑面积为957平方米。会馆的廊、殿檐柱均为花岗岩质材制成的方柱，前殿前廊叠梁架上是美轮美奂浮雕的历史人物经典故事。花岗岩镶成的门框，前殿两侧阴刻隶书有一佳联："近俯涟潭涌宝燕，远环峻岭拥灵狮。"阳刻的"粤东会馆"四个大字熠熠生辉。后殿檐柱阴刻一楷书字体的对联："水德配天镇西粤无殊南海，母仪称后对螺岭如在羊城。"会馆内的叠梁、檐板、牛腿、斗拱、雀替、挂落等处木雕各式各样，栩栩如生。整座会馆壮丽秀美。

四、潇贺古道古驿站的历史文化价值

潇贺古道古驿站，在悠久的历史长河中，是南岭地域与中原地区的政治、经济、文化等交流融汇的浓墨重彩的一笔。它有力地促进了丝绸之路的畅通与发展。古凉亭（会馆）充分发挥着它迎来送往的作用。古驿站是潇贺古道的重要遗迹之一,在古代经济社会文化活动中发挥重要的作用,奠定了南岭各民族文化融合的基础,研究潇贺古道文化,可以从古驿站作为一个切入点。比如:潇贺古道驿站的史迹;驿站与传统村落的史迹;驿站与多元文化的史迹;驿站与文化名人的史迹等等。我们可以从这里寻踪诸多叱咤风云的历史人物,感受古人和经行的军士商旅的呼吸、体温。可以说,古凉亭为人们探寻古道文化提供了宝贵的源头活水。人们可以从历史人物的踪迹中,窥见当时的经济、社会、教育、宗教、文艺、政权设置、赋税征收、科举考试、医疗卫生等的发展,从而还原历史全貌。

(一)古驿站是研究潇贺古道文化、岭南文化的活态"博物馆"

潇贺古道上的古驿站,蕴含着宝贵的文化精髓。人们走进古凉亭,厚重的文化气息扑面而来。它是古道奉献给人们的"文化快餐"。这里是南岭地域的物流、人流、意识流的交汇点,铸就了多民族文化形成的历史轨迹。历史长河中,舜帝南巡,楚悼王派吴起南征,赵佗建南越国,陆贾两次出使南越,汉武帝五路大军征讨南越……都历历在目。比如楚通桂岭古官道路线是:道县→沱江→桥市→惠风亭。这条路又分两条支线,一条往左由勾挂岭→猫仔冲→大圩→桂岭。另一条往右走白芒营→涛圩→河路口→贺州,而古驿站惠风亭则是连接苍梧与内地最直接的古官道,也是道县经江华到达广东的唯一古道。我们可以通过惠风亭来了解汉代广信(苍梧郡治),陈钦京师任五经学博士。古时,唐朝道州刺史元结走古道,来惠风亭附近虾塘村调研民风民情。1884年,中法战争爆发,清廷兵部尚书左宗棠力荐江华人王德榜出征。王德榜回乡招募瑶家子弟,经惠风亭上潇贺古道,奔赴抗法前线。王德榜和他所在的"定边军"英勇善战,取得了镇南关大捷,从而成就了王德榜官至大清中兴将帅的行列。李启汉烈士由这里出发闹革命,成为中国共产党最早的党员之一,早期工人运动的著名领袖,中华全国总工会执行委员兼组织部部长。江华从惠风亭出发,参加了革命,而后当上了最高人民法院院长。

(二)古驿站促进了南方与中原文化的交流与融合

潇贺古道沿湘江过洞庭,再进入长江,而南下到贺州,进入珠江到广州入大海。

饱经沧桑的潇贺古道古驿站,是南方与中原文化的中转站,是当年南方、中原、欧亚大陆上的经济、文化信息交流的一条至关重要的血管。它见证通行车马，接待过不少历史人物，其作为商旅驿站的作用不可低估，这是人们了解潇贺古道文化的重要密码。古驿站启开历史尘封的记忆，赓续着古代执政者的雄才大略，也有一些世俗的、平凡的挑夫、马帮、商贾等在这里出入，短暂休息。他们的情怀、精神都在这古驿站里熠熠生辉。古驿站在时光中见证了南方与中原文化的大交流与大融合。

(三) 古驿站是民族融合，文化交流的对接点和见证点

潇贺古道作为交通大动脉，从一定程度上带动了人口的聚集，商贸的发展，进而成为贸易的中心。

往来的僧侣、文人墨客、朝贡使者与客商多如牛毛，他们在潇贺古道这条铁血大动脉上摸爬滚打，艰难跋涉，往来穿梭讨生活，形成了一道道别致的风景线。驿站不仅成了他们歇脚的理想场所，往来的宾客还在一起切磋交流文化，探索异域不同的风土人情，从而形成了一种繁盛、长久、深远的古驿站文化，使得各民族的习俗相互交流，互通互融，随着驿站的不断延伸，文化也在不停地传播。江华瑶族自治县河路口大干头村的乐善亭中有一组亭联，正是对这一现象的鲜明写照：天上日炎，旅客政商正好息肩坐坐；亭中风弱，文人学士聊堪驻足谈谈。这就是源自古驿站多民族交融后碰撞的和声，多民族生活方式、民族风情的水乳交融的真实写照，构成了南岭独特的文化气息。如南岭广泛分枝散叶的客家人，就是南北民族大融合的例证。外地古时的唐诗之路，浙江省古时的集体山水文学创作之路就是典范。

(四) 潇贺古道古驿站是研究古道文化，了解红色文化、英雄人物的重要钥匙之一

潇贺古道古驿站，在方寸天地，演绎着商队艰辛的故事和军旅传奇，是研究这条文明迁徙之路的史诗，是研究这条文明传播、民族融合之路的重要钥匙。汉代广信（苍梧郡治）陈钦，从古道出发，求取功名，后来在京师任五经学博士。广东封开的莫萱卿，于唐宣宗大中五年（851）考取了状元。毛自知从秀水经古道出发，奋发图强，于宋开禧元年（1205）五月中了状元，担任军事部门的政法官职，并力主抗金。中国理学创始人周敦颐从古道走向远方，终成理学开山鼻祖。

1931年1月11日晨，红七军3500多人浩浩荡荡，在军长张云逸、总指挥李明瑞、政委邓小平的率领下，从江华县城开拔，经鲤鱼井、桥市到达惠风亭，再由勾挂岭、桥铺、黄庭、大圩抵达广西桂岭镇整编。

1934年中央红军长征时，从午田风雨桥上经过。红三十四师师长陈树湘在湘江战役中被捕，最后断肠明志，长眠在道县古道边。

五、潇贺古道古驿站的保护与开发利用

乡村振兴，发展乡村旅游是潇贺古道古驿站复兴的有效途径。古凉亭、驿馆作为乡村旅游中的标志性节点，萌发了人们对古驿站文化、风土人情、时代功能了解的愿望。潇贺古道古驿站丰富的历史遗存，活态的原生态风貌，成为广大游客体验旅游的理想目的地。散落在潇贺古道边的古驿站如何保护、开发、利用，就成为摆在我们眼前必须解决的课题。

肇庆学院政治学院副教授王超杰说，潇贺古道可以借鉴长城、京杭大运河等线性文化遗产的保护工作的经验。如2018年7月6日，江永县的旌表凉亭，江华县的惠风亭、玉泉亭、乐仙亭成为永州段的一期修缮工程。

有关部门应组织专业专家，联合地方文化部门，深入田间地头对潇贺古道古驿站资源现状进行全面系统的调查摸底。掌握第一手资料，提出调查报告，及时公布《潇贺古道古驿站保护目录》，制定出《潇贺古道古驿站保护管理条例》《潇贺古道古驿站修复技术规范》，使得古驿站的保护有法可依，有章可循。各级文化部门要加大力度，重视繁华落尽的古驿站的保护和修复，增加财政投入，将古驿站的保护、修缮、管理纳入政府专职部门的日常工作，让古驿站在旅游开发中福泽后世。组织有关人员整理古驿站的历史文化信息，建立古驿站档案，深入调查研究驿站的原真性，加强个案研究，收集历史文化名人与古驿站的故事，把保护与开发、激活潇贺古道古驿站悠久的历史文化底蕴抓实抓细，促进潇贺古道古驿站在旅游开发中的作用。以古驿站的保护和开发为契机，由政府牵头引导，做好古驿站的修复工程立项批复工作。带动徒步重走潇贺古道游向乡村振兴游输入客源，从而带动餐饮业、民宿业、土特产销售业、养生保健业等产业。分层次分批次组织古道沿途的市、县、乡有关干部，进行有关古驿站保护的培训，对古驿站周边村民进行全员专题培训，提高基层干部和民众对古驿站的保护意识。组织工作人员对古驿站的保护标志牌匾、保护范围等上墙展示。组织摄影家、摄像师把潇贺古道古驿站拍摄下来，进行图像、视频入档案，建立数码博物馆，并利用广播、电视、报纸及新媒体对古道文化知识，保护措施进行大张旗鼓的宣传。组织画家到潇贺古道古驿站写生，出版画集，举办画

展，也可举办潇贺古道古驿凉亭楹联书法大赛，出版潇贺古道古驿站专题邮票等，提升潇贺古道古驿站的知名度。组织作家到潇贺古道古驿站采风，出版《潇贺古道古驿站》文集，为古驿站立传，万古流芳。构建古驿站经济文化长廊，把古凉亭的保护与旅游业的发展结合起来，促进民族和谐，推动周边区域产业结构调整，将古驿站周边区域建设成为自然、经济、社会、环境和谐共处、协调发展的文化生态区域。如在凉亭古道边开展古代驿官传递官府文书、军事情报，或者官员往来途中食宿、换乘马区的情景剧表演。加强广西贺州、湖南永州两省、市、县对古驿站（古凉亭）的保护、开发经验交流会，召开潇贺古道古驿站文化研究论坛。创造条件，建立潇贺古道古驿站文化博物馆。

旅游产品开发是关于稀缺资源的经济活动。如何将潇贺古道古驿站融入乡村旅游产品的开发设计中去呢？这就要为游客塑造难以忘怀的旅游体验景观。从这个意义上说，就是要赋予古驿站新的附加值，实现古驿站作为旅游产品和公共设施的可持续性发展。我们可以在古驿站旁建立一个休闲园，内设摄影展、书画展、奇石展、根雕展、盆景展、民族工艺品展、农耕文化展，还要建立游客中心，文化活动中心，餐饮、住宿、会务接待中心……将古驿站的历史景观与自然景观融入新兴的旅游空间体系中，把女书文化、舜帝文化、柳子文化、古道文化、楚粤文化、中原文化……融汇在一起，建立潇贺古道驿文化产业园。

总之，古驿站是潇贺古道留给南岭的一笔宝贵的精神财富和物质财富。贺州、永州古凉亭遗存丰富，有待进一步整合资源，有序开展保护工作，带动沿线乡村游。古驿站的开发和利用是沿线乡村振兴的重要抓手。当前，各地正摩拳擦掌进行乡村振兴，乡村休闲旅游方兴未艾，潇贺古道古驿站理应成为乡村旅游的一道亮丽风景线。这里人文资源丰富，自然生态环境幽雅，有关部门应将其打造成为乡村振兴的"致富驿站"。贺州、永州有关部门应开发好"因驿而兴"旅游文化产业，掀起一股"古道驿站"的旅游热潮。

让我们携手同行，共同把潇贺古道古驿站打造成为南岭一颗璀璨的明珠。

多维视野下的瑶族物质文化遗产研究

◎ 盘姿柏

瑶族文化遗产升华瑶族文化的认同和自豪感，抢注瑶族文化品牌有助于提高本区域的知名度，品牌效应将吸引更多力量参与到瑶族文化遗产保护与开发中。在文化经济迅猛发展的今天，瑶族文化遗产已成为文化经济发展核心的策略性资源，在旅游开发中民族文化遗产地的抢注，已成为一个紧迫而又现实的问题。所以应以多维视野研究瑶族文化遗产，为瑶族地区高质量发展，助推乡村振兴提供有益的文化借鉴和启示。

一、问题的提起：以瑶族千家峒文化遗产属地之争为例

瑶族文化遗产一定程度上有助于提供就业和发展经济，推动相关传统文化事项的复兴与建设；瑶族文化遗产的经济价值和社会价值的彰显，将促进瑶族文化遗产文化的进一步挖掘，以瑶族文化底蕴滋养乡村振兴，为瑶区乡村振兴提供有益的文化借鉴和启示。因此，瑶族千家峒文化遗产作为一种重要的人文资源，引起所在地区党委、政府的重视，锁住了旅游开发者的眼球。

在瑶族千家峒遗产地属上，进入 20 世纪 80 年代，历史学、人类学、民族学、民俗学、社会学、瑶学、文化学界讨论、争论，此起彼伏。如，1984 年湖南地图出版社编制的《湖南省地图》标有千家峒地名；1986 年召开全国"瑶族千家峒故地座谈会"以后，湖南江永县大远瑶族乡改名千家峒瑶族乡；1998 年 5 月 5 日"中国灌阳都庞岭千家峒瑶族发祥地研讨会"上，湖南江永县的代表与广西灌阳的代表都据"图像为无言之史，谱牒为无文之书"来说明千家峒在自己的地域内。江

永县的代表据《江永县志》第 31 篇第 2 章第 3 节中，《千家峒》《千家峒源流记》等古籍资料记载千家峒的树名、山名、水名、田名等 32 处，在江永县大远瑶族乡找到 30 处，佐证江永县大远是瑶族千家峒的结论；灌阳县的代表有武汉大学哲学学院宗教学系教授宫哲兵先生关于瑶族千家峒在都庞山韭菜岭的著文为最新权威和历代《灌阳县志》关于瑶族千家峒的内容，广西民族出版社的《瑶族千家峒高峰论坛文集》来肯定瑶族千家峒在灌阳县境内。湖南省临湘市、湖南江永县、桂林市灌阳县有关部门都在打瑶族千家峒文化遗产这张文化牌。

瑶学专家学者们考析、论证、撰文著书，围绕悬而未果的学术问题进行重点研究、考察、寻找千家峒遗址。其中，宫哲兵从 1982 年到 1998 年，年年不畏艰辛，考察、寻找千家峒遗址，17 年的艰苦调查研究得出结论：瑶族千家峒在都庞岭周边的灌阳县、道县、江永县。[①]宫先生这个结论，得到学术界和旅游界的重视与关注。湖南省民族古籍办主任李本高先生也在 20 世纪 80 年代中期，当宫哲兵先生确认江永县大远瑶族乡为瑶族千家峒时，提出江永县大远瑶族乡千家峒是后来人们模拟传说中的瑶族千家峒而名。李本高和黄钰先生合写的《瑶族"千家峒"故地辨析》提出瑶族千家峒可能在洞庭湖沿岸的观点。之后李本高先生几次对临湘市龙源乡龙窖山境内进行实地考察，写出《龙窖山瑶族"千家峒"考察报告》，又发表《瑶族漂洋过海》一文，论证瑶族千家峒就在洞庭湖东岸的幕阜山中。

2001 年 9 月 25 日至 27 日，在湖南省临湘市召开的瑶族专题学术研讨会上，来自京、湘、桂、粤、滇、黔、鄂省区市的 46 位专家学者，对临湘市龙窖山进行了实地考察，与会代表多数认为龙窖山可确认为瑶族先民居住过的遗址，也可以看成瑶族历史上较早期的千家峒，而都庞岭千家峒可以看成是较晚期的千家峒。

2010 年 3 月到 4 月，中国（广西）瑶学学会会长盘承新、瑶学学会专家组盘福东研究员先后 6 次到灌阳县境内，针对《瑶族千家峒在桂林灌阳》举证的相关问题，考察了灌阳县的寡婆渡、马山、罗平庙、拦江坝、平石岩、石童子、灌江杉木坝、古樟、石桥、南蛇田、"300 头牛犁半边"的大丘田，"进得 80 斤牛"的盘村古洞及古道、古墓、古庙、古渡、古桥等古文化遗址，发表了《以史释文以物释文——〈瑶族千家峒在桂林灌阳〉的论证》，[②]从考古学文化、古籍文献等角度作了考析，论证瑶族千家峒在桂林灌阳。

---

① 宫哲兵.盘瑶千家峒［J］.寻根，2002（3）.
② 包桂文.瑶族千家峒在桂林灌阳——瑶族千家峒在桂林灌阳文论辑选［M］.广西民族出版社，2010.12.

二、博物馆与瑶学：超越各种界限，提供文化启示

不少瑶族自治县有瑶族博物馆，瑶族博物馆务必排除干扰物质文化遗产的自然传承机制，避免文化传承机制的残缺乃至文化的地方性、瑶族性特征的消失，从而为加速瑶族地区高质量发展提供了有益的文化借鉴和启示。

在人们的瑶族物质文化遗产观念里，本真性和实体性的核心思想一直暗自延续着："因为自古至今我们一直把社会群体视为均质的'文化的社区'；因为我们的思想一致排斥模仿而追寻本真性和原生性和起源；因为即使是反思性的民族学也依旧将'本真性'作为'客观的'文化范畴，而不是将之视为把研究话题纳入目标蓝图和话语之中的'文化策略'！"①

所谓"'本真性'，是观察者站在局外，从一个远距离的视角归纳、建构起来的。当声称'这样东西、这首歌、这个传说是'古老的''有价值的''货真价实'时，这实际上是一种表现策略的传达。'本真性'的标签因此成为我们保护文化传统和实践的支撑。它能够被用作政客和商家联络的信号，传达保护文化而不是破坏文化的信号。"

在当今，人们所关注的是瑶族文化遗产为加速瑶族地区高质量发展，助推乡村振兴提供有益的文化借鉴和启示。瑶族物质文化遗产与非物质文化遗产，有特殊的文化空间，与不同瑶族支系文化资源有密切关系。目前瑶族物质文化遗产与非物质文化遗产旅游开发，对其赖以生存的文化土壤及相关文化事项缺乏多维视野的研究支撑，直接或间接地影响了瑶族物质文化遗产与非物质文化遗产的保护和开发利用。

瑶族物质文化遗产与非物质文化遗产的旅游开发，造成非物质文化遗产舞台化、商品化、庸俗化，致使其丧失文化含金量。旅游活动不同程度地削弱甚至破坏物质文化遗产存在的原生环境，无情地冲击瑶族文化遗产的独特性。一方面，不适合旅游开发的物质文化遗产适宜瑶族博物馆收藏、展示，瑶族博物馆的重要作用体现在排除干扰物质文化遗产的自然传承机制，避免文化传承机制的残缺乃至文化的地方性、瑶族性特征的消失。另一方面，瑶学聚焦瑶族物质文化遗产，为瑶族地区加速高质量发展助推乡村振兴，提供有益的文化借鉴和启示。

---

① [德]沃尔夫冈·卡舒巴.文化遗产在欧洲：本真的神话[J].杨利慧译.民俗研究，2010（4）：15.

三、应时之需：收藏保护展示瑶族文化遗产

在旅游业迅猛发展的今天，旅游开发给瑶族地区物质文化遗产保护带来一系列积极影响的同时，也产生了不少负面的影响，一些文化遗产的生存境况堪忧！应该应时之需，收藏保护展示瑶族文化遗产。

反映瑶族历史文化，这是瑶族博物馆发展的必然选择和定位。为加速瑶族地区高质量发展，要求瑶族博物馆担负起责任。

中国瑶族博物馆、金秀瑶族博物馆、神州瑶都博物馆、全州东山瑶族文化陈列馆等拥有大量珍贵瑶族文物，通过展览和其他活动，充当瑶族文化与公众之间的媒介，建立起两者之间的联系。瑶族博物馆向公众展示历史的和现实的瑶族文物，通过文字内容、图片表达出来。成人和未成年人，不同区域、不同国度、不同民族的群众都能看懂接受。

瑶族博物馆是一种极具影响力又颇具潜力的交流、传播、融合平台，在注重民族文化的社会里，人类学、民族学、民俗学、瑶学团体（个人）及政治家达成一个共识：民族的，才是世界的！所有的人类活动必须基于这样一个简单的事实——瑶族博物馆不偏不倚地承认并收藏保护展示瑶族文化遗产，为人类命运共同体提供文化资证。

四、美学经济：用内容和技术手段叙述文化遗产

中国瑶族博物馆、金秀瑶族博物馆、神州瑶都博物馆、全州东山瑶族文化陈列馆等有瑶族文物陈列，成为展示瑶族文化美的独特窗口，每个瑶族博物馆都有自己的独特之处。

瑶族博物馆的管理者、陈列展览的设计者，有责任将瑶族文化遗产用美学方式组织起来，图文并茂，使观众在参观过程中有美的享受，让观众参观后在心里形成一个真实的瑶族文化遗产美的形象，我们不但要告诉观众是什么，更要告诉观众瑶族文化遗产后面是什么和为什么。

从这个意义上说，美学工作促进了我们对瑶族博物馆的理解。美学经济给我们的启示是，我们应该用美学经济的眼光看待瑶族博物馆与瑶族文化遗产与观众交流的问题。严格意义上说，观众大多是"外人"，即便是瑶族博物馆工作者，也有不少对瑶族文化遗产个中内蕴美学一无所知者，需要瑶族博物馆工作者用观

众能懂的"语言"加以解说。因此，我们可以将瑶族博物馆陈列的概念放大，以多种形式来展示瑶族文化遗产的内涵。瑶族博物馆陈列不单要办成传统的，也可以采取高科技的艺术形式。

瑶族博物馆同样是一个娱乐、鉴赏和学习的场所。参观者走进瑶族博物馆，不仅期待能看到什么，更希望能亲自参与到瑶族文化遗产展示主题的内容中去，并获得身临其境的体验。我们要认识到这方面的需求，推出或引进带有互动性质的展览，或适当对展览作出调整，改变呆板的、没有生气的展览模式，为多元化、互动性形态，这对瑶族博物馆工作提出了更高的要求。

五、结语

多维视野的瑶族文化遗产之于瑶族经济发展、瑶族地区乡村振兴，或许太宽泛、不精确，大家可以讨论，这是一个前沿话题。瑶族文化学者和瑶族文化工作者需要在多维视野下分析研究瑶族文化遗产问题，这一定会对加速瑶族地区高质量发展，助推乡村振兴提供有益的文化借鉴和启示。

瑶族非物质文化遗产与旅游业深度融合的思考

◎ 罗金勇

旅游业是一项综合性产业，具有较强的产业关联性，而非物质文化遗产作为一项重要的文化旅游资源，两者之间有一定的兼容性。近年来，瑶族地区对发展非物质文化遗产与旅游业融合发展以促进区域经济发展，进行了许多有益的探索。当前，少数民族地区在实施乡村振兴的国家战略大背景下，如何将非物质文化遗产融入旅游活动中来融合发展，实现非物质文化遗产保护与旅游产业发展的共赢，这是一个值得深思的问题。本文以江华瑶族自治县为例，探讨如何结合当地瑶族的非物质文化遗产资源特征与社会经济发展实际，促进非物质文化遗产与旅游业融合发展，以利于实现乡村振兴战略中的支柱产业地位。

一、江华非物质文化遗产与旅游融合发展背景分析

（一）非物质文化遗产的概念及范围

根据联合国《保护非物质文化遗产公约》，非物质文化遗产是指"被各群体、团体、有时为个人所视为其文化遗产的各种实践、表演、表现形式、知识体系和技能及其有关的工具、实物、工艺品和文化场所"。其主要形式包括：口头传说与表述、表演艺术社会风俗、有关自然界和宇宙的知识和实践、传统的手工技能等。2005年，国务院《关于加强我国非物质文化遗产保护工作的意见》的颁发标志着"非物质文化遗产"这一词汇正式进入中国。根据附件《国家级非物质文化遗产代表作申报评定暂行办法》"非物质文化遗产"是指"各族人民世代相承、与群众生活密切相关的各种传统文化表现形式和文化空间"。它的范围包括：口头传

说；传统表演艺术；民俗活动、礼仪、节庆；有关自然界和宇宙的民间传统知识和实践；传统手工艺技能。与上述表现形式相关的文化空间"非物质文化遗产"概念及范围的明确，既为非物质文化遗产的保护工作指明了方向，也为非物质文化遗产的合理保护提供了有力依据。

（二）江华瑶族自治县非物质文化遗产资源概况

江华瑶族自治县位于湖南省正南端，其下辖16个乡镇、4个社区，有瑶、汉、壮等24个民族，全县总人口54万，其中瑶族人口占总人口的60%，既是我国最大的瑶族聚居区，又是全国瑶族人口最多的自治县。多民族共存的聚居环境孕育出丰富、多元的民族文化，使江华瑶族自治县成为非物质文化遗产的天然宝库，呈现出数量众多，分布地域广的特点。目前共有国家级非物质文化遗产名录2项，国家级非物质文化遗产项目传承人1名；省级非物质文化遗产名录4项，省级非物质文化遗产项目传承人4名；市级非物质文化遗产项目11项，传承人19名；县级非物质文化遗产名录64项。全县非物质文化遗产名录涉及民俗、民间文学、传统音乐、传统舞蹈、传统技艺、传统体育、传统医药等多种类别（附江华市级以上非物质文化遗产名录）。

江华县国家、省、市级非物质文化遗产项目名录（数据截至2018年12月）

序号	项目类别	项目信息			项目传承人信息	
		名称	级别	保护单位	姓名	级别
1	民间舞蹈	瑶族长鼓舞	国家级	江华文化馆	赵明华	国家级
					赵雄、邓启文	市级
2	民间文学	盘王大歌	国家级	江华文化馆	郑德宏、赵庚妹	省级
					赵世宜、李银萍	市级
3	民间舞蹈	串春珠	省级	江华文化馆	盘财益	省级
					盘玉金、盘玉德	市级
4	传统手工技艺	瑶族织锦八宝被	省级	江华文化馆	黎柳娥、陈香秀、金桂凤	市级
5	民间医药	风湿骨痛病"贴灵丹"疗法	省级	江华文化馆	罗振习	省级
6	民俗	奏铛	省级	江华文化馆		
7	民间音乐	蝴蝶歌	市级	江华文化馆		
8	民俗	度曼妮	市级	江华文化馆		
9	民俗	盘王节	市级	江华文化馆		

续表

10	民俗	瑶族炮节	市级	江华文化馆		
11	民俗	婚嫁歌堂	市级	江华文化馆		
12	民俗	火烧龙狮	省级	江华文化馆	张太华	市级
13	民间舞蹈	滚珠龙	市级	江华文化馆	汤发军、龙永红	市级
14	传统手工技艺	瑶香制作技艺	市级	江华文化馆	盘上仁	市级
15	传统手工技艺	瑶银制作技艺	市级	江华文化馆	蒋登甫	市级
16	传统手工技艺	摩崖石刻拓片	市级	江华文化馆	杨宗君	市级
17	民间舞蹈	瑶山人龙	市级	江华文化馆	李贱生、卢进凤	市级

（三）江华非物质文化遗产保护及旅游利用成效

在国家政策的引导下，江华瑶族自治县凭借自身的地域优势和文化优势，使非物质文化遗产保护工作有序推进。目前，江华瑶族自治县拥有国家级非物质文化遗产保护中心1个、省市县级非物质文化遗产保护中心1个。为了最大限度地保护和传承县内的非物质文化遗产项目，江华瑶族自治县加强对非物质文化遗产资源的立法保护，将非物质文化遗产技术传承和保护提上了立法保护的议事日程。目前正在进行立法调研，成立了非物质文化遗产保护小组和专家委员会。为了培养更多年轻传承人，江华瑶族自治县不断壮大培养和教习专门的人才队伍，加大力度扶持非物质文化遗产项目传承人，积极引导非物质文化遗产进校园、进课堂。同时，在保护和传承非物质文化遗产工作的前提下，积极探索非物质文化遗产项目产品传承、创新的有效途径，助力乡村振兴，取得了良好的效果。

在旅游利用方面，每年瑶族盘王节，在政府、当地居民、企业、媒体、游客等多重力量的共同作用下，游客量和旅游收入逐年上升，盘王节已经发展成为推动江华瑶族自治县社会经济发展的一个重要旅游品牌，较好地实现了民族文化与民族经济的有效嵌合。此外，瑶族每年的传统节庆"二月初一"赶鸟节中，都要吸引县内外慕名而来的游客数万人。近年来，江华还成功举办了瑶医瑶药节、农民丰收节、竹元寨河灯节、槟榔芋节等节庆活动，对瑶族非物质文化进行了很好的展示。

二、江华非物质文化遗产旅游开发面临的问题和困境

主要有两个方面的困境。一方面，过度开发导致非物质文化遗产失真。非物质文化遗产的产业化既可以为非物质文化遗产保护提供资金支持，也有利于非物

质文化遗产所蕴含的文化魅力和精神力量传承和发展。但是，在市场经济条件下，对一些非物质文化遗产资源进行旅游开发时，过度的商业化及不当的开发模式会导致非物质文化遗产的本真性遭到破坏。部分传统民俗、节庆活动的举办地点和活动内容、活动形式都根据旅游消费市场的需求进行了调整，导致这些非物质文化遗产的深层内涵逐渐消失。如瑶族盘王节在政府的主导下，大部分是在县城沱江举行，节日内容以利于群体参与、具有展演性的活动为主，放大了盘王节的娱乐功能，忽视了传统盘王节祭祖、祈福的活动内容和文化意义。

另一方面，非物质文化遗产传承保护开发的阻力较大。江华生态环境脆弱，经济发展相对滞后，非物质文化遗产旅游开发的外在阻力较大，传承保护弘扬不力，使得许多非物质文化资源非常脆弱。如瑶族织锦制作工序复杂，传承人越来越少，面临生存危机。由于非物质文化遗产开发的经济回报低且慢，需要较长时间的学习和经验积累，较难满足年轻人对经济价值的追求。如瑶族银器的制作，该技艺的传承人年老，后继乏人，增加了这门技艺传承和发展的难度。产业结构的变化及现代化工艺的发展，使传统手工艺面临逐渐消亡的危机，如瑶鼓的制作等。可见，江华瑶族自治县非物质文化遗产资源的保护、传承和开发这条路还很长，合理的旅游开发作为保护和弘扬非物质文化遗产传承的有效途径，还需继续释放作用力。

三、江华瑶族自治县非物质文化遗产与旅游融合发展的方式选择

非物质文化遗产与旅游融合发展需要选择一个方式。非物质文化遗产与旅游产业融合的方式，有学者分为资源融合、技术融合、市场融合、功能融合等四种。江华非物质文化遗产与旅游融合发展也可以借鉴这四种方式来构建。

先说第一种，资源融合。资源融合是指非物质文化遗产以旅游资源的形式融入旅游产业，具体而言，是指通过瑶族民俗博物馆、瑶族非物质文化遗产展示馆展示形式，让游客来观赏。这种融合的方式就是直接观赏，融合程度相对较浅，主要是对非物质文化遗产进行直接的旅游开发利用。目前县里有一家规划展示馆，瑶族博物馆项目还在规划建设当中。

其二，技术融合。是指借助先进的技术手段，将非物质文化资源的文化元素融入旅游商品、餐饮、民族服饰之中，催生新型旅游产品和旅游形式；广泛应用现代化信息技术，创新产业体制、经营管理模式及产品市场，进而提升非物质文化遗产旅游的发展水平。主要有瑶族餐饮（如瑶族十八酿、瓜箪酒）、瑶族刺绣、

八宝被的制作等。

其三，市场融合。市场融合是指通过市场运作，开发少数民族节庆游（如瑶族盘王节、瑶族炮节、壮族四月八、瑶族赶鸟节）、演艺（如瑶族长鼓舞、串春珠、瑶山人龙）、民俗体验（如瑶族婚俗坐歌堂、度曼妮习俗等）、特色体育项目（如瑶族射弩、瑶族木棒球）等旅游活动，以满足游客参与体验、感知非物质文化遗产的需求。

其四，功能融合。是指将非物质文化遗产的某些功能与旅游相结合，开发传统医药保健（如瑶医"脉通贴"三联一体疗法、传统瑶医药等）、传统技艺修学（如瑶族"八宝被"制作工艺、瑶族瓜箪酒的酿造技艺、瑶族长鼓制作技艺、瑶族传统银器的制作技艺等）等旅游项目，以满足游客获取、体验某种技艺或功能的需求。

非物质文化遗产与旅游业通过资源融合、技术融合、市场融合、功能融合，最终形成多种新型旅游形式和旅游产品，将带来以下几方面的融合发展效益：其一，非物质文化遗产与旅游的融合发展，将激发非物质文化遗产本身的内在活力，增强当地居民的民族文化认同感和保护意识，进而促进非物质文化遗产的保护与传承；其二，通过融合发展，更多的游客开始接触、认知、消费非物质文化遗产。旅游形式、旅游产品的更新，能够吸引更多的游客前来体验、消费，对拉动消费市场具有重要意义；其三，非物质文化遗产是在人类千百年来的发展历程中积淀而成，承载着一个民族的历史记忆，是民族文化的精髓，将其融入旅游活动，能够丰富旅游内涵，使人们在旅游的过程中感受民族文化的独特魅力；其四，非物质文化遗产与旅游的融合发展，既能满足人民日益多样化的旅游需求，也能满足产业发展需求，进而实现供求平衡和资源优化配置。

四、对江华非物质文化遗产与旅游融合发展的几点建议

江华非物质文化遗产与旅游融合的发展前景可期，近年来也经过了许多有益的探索，但离成功还有一段距离，需要政府主导，社会参与，全民努力，多措并举，才能实现其成为县域经济和乡村振兴支柱产业目标。

（一）坚持普查引领，建立非遗项目数据库

江华有哪些非物质文化遗产项目可以融入旅游市场，有哪些非遗项目可以通过旅游开发的形式达到传承保护的目的，我们一定要审慎，先要弄清楚。在促进非物质文化遗产与旅游业融合发展之前，首先应当全面开展非物质文化遗产的分

布区域、历史渊源、基本内容、主要特征、重要价值、濒危状况等的考察，分门别类整理，通过实地调查、入户访谈、重点走访等形式深入了解和把握县内各类、各项非物质文化遗产项目，为当地非物质文化遗产的科学传承和合理开发奠定基础。

（二）坚持市场导向，选准项目融合方向

市场是配置资源效率最高的方式。因此，江华在促进非物质文化遗产与旅游业融合，要坚持市场导向，把市场价值当作非物质文化遗产资源转化为旅游产品的基本前提。这就要求所选的项目既能够开拓旅游项目、丰富旅游内涵、增强体验价值，又有利于非物质文化遗产项目的保护和传承。同时，应该建立相应的管理机制，加强融合发展过程中，应当根据市场需求特点选择恰当的项目，坚持"保护为主，抢救第一，合理利用，加强监督"，规范开发行为和运营模式，在利用非物质文化遗产获取经济收入的同时，也要对其本真性、整体性进行保护。

（三）坚持规划先行，积极稳妥逐步实施

江华的非物质文化遗产从分布范围上看，全县林区和农区片都有分布，且两地在数量、类型、特征、濒危程度等各方面都存在一定差异；从涉及的民族来看，瑶族占绝大多数，壮族也有，但非常稀少；从类别上看，江华的非物质文化遗产类别涉及了民间文学、传统音乐、传统舞蹈、传统技艺等多种。因此，在具体实施过程和发展过程中，需要进行整体性统筹规划，分步实施，渐进式推进。一个融合项目要多方考察调研，成熟后方能上马，不能违背旅游市场发展规律，不搞整体推进，不能盲目上马。

（四）坚持创新谋划，实现非遗与旅游无缝连接

旅游在某种程度上就是看新鲜，所以新奇感是旅客对旅游目的地的内在要求之一。因此，创新是旅游产业发展的不竭动力。旅游产业融合的本质特征也在于创新，融合的过程实际上就是创新的过程。因此，江华在推进非物质文化遗产与旅游业融合发展的过程中，必须增强创新意识，提高创新能力，以新技术、新方法来理清市场脉络，从资源、技术、市场、功能等多种角度来探寻二者的契合点。根据江华非物质文化遗产传承发展与旅游产业发展的实际需要，从战略层面加强制度、技术资本、人才方面的创新，从企业管理层面加强经营模式、价值链及人才结构方面的创新，进而拓展新手段和新途径，促成新型旅游形式、旅游产品和旅游业态的产生。